Karl Heinz Ritschel

SALZBURGER MINIATUREN

Karl Heinz Ritschel

Salzburger Miniaturen

[signature: Karl Heinz Ritschel]

OTTO MÜLLER VERLAG

Die Deutsche Bibliothek - CIP-Einheitsaufnahme

Ritschel, Karl Heinz:
Salzburger Miniaturen / Karl Heinz Ritschel. - Salzburg ; Wien : Müller, 1998
ISBN 3-7013-0979-5

ISBN 3-7013-0979-5
© 1998 Otto Müller Verlag Salzburg/Wien
Umschlaggestaltung: Leo Fellinger
Umschlagbild: Salzburg vom Turm der Kollegienkirche, 1947
Ölskizze von Lucas Suppin (1911–1998)
Reproaufnahme: Foto Factory
Satz: Fotosatz Rizner, Salzburg
Druck und Bindung: Wiener Verlag, Himberg

Für Christine und Victoria

Vorwort

Miniatur ist bekanntlich ein kleines Bild. Aus solchen kleinen Bildern setzt sich letztlich die Geschichte zusammen. Sie sind Steine eines Mosaiks, eines Mosaiks also, das als gesamtes Bild im konkreten Fall Salzburg heißt. Durch Jahre hindurch habe ich Facetten des Salzburgbildes zusammengetragen. Mehr noch, Jahrzehnte beschäftigt mich das unendliche Thema Salzburg, zu dem ich eine Reihe von Publikationen beisteuern konnte. Ich ging und gehe davon aus, quellengetreu zu sein, aber gleichzeitig lesbare Bilder der Salzburger Geschichte aufzuschreiben, die letztlich zu einem Gesamtbild zusammenwachsen.

Zu danken habe ich dem ORF-Landesstudio, das mir die Plattform für meine wöchentliche Rundfunksendung „Von Salzburg und Salzburgern. Historische Miniaturen von und mit Karl Heinz Ritschel" gegeben hat. Diese Sendungen, überarbeitet und vermehrt durch andere Beiträge, sind die Grundlage dieses Buches. Der Dank gilt auch dem Verleger Arno Kleibel vom Otto Müller Verlag, der spontan der Publikation dieser Miniaturen zustimmte.

Karl Heinz Ritschel

Alles schon dagewesen

Wie oft heißt es doch: Nichts Neues, alles schon dagewesen. Daran erinnerte ich mich, als ein Tabakgesetz in Kraft trat, das aus den Österreicherinnen und Österreichern eine Nation von Nichtrauchern machen wollte. Im alten Salzburg, das ein durchaus lebenslustiges Land mit einer ebenso lebenslustigen Residenzstadt war, wurde gewaltig gegessen, getrunken und gespielt. Der Tabakgenuß war so sehr in Mode gekommen, daß Erzbischof Guidobald Graf Thun 1657 eine Verordnung erließ, wonach der Verkauf und Gebrauch des „Rauch-Tabacks bey Strafe" verboten wurde. Und es hagelte Strafen um Strafen – doch das Verbot blieb leider wirkungslos. Daraufhin hob der Landesherr knappe vier Jahre später seine Verordnung wieder auf und verwandelte sie stattdessen in eine höchst einträgliche Tabaksteuer.

Und weil auch eine generelle Autobahnmaut eingeführt worden ist: Auch das ist ja nicht neu. Denn wenn seit der Eröffnung auf der Tauernautobahn bei St. Michael eine Mautstelle eingerichtet ist, so ist sie gar nicht weit entfernt von der alten Mautstelle, bei der jeder, der den Tauern überqueren wollte, seinen Obulus zu entrichten hatte. Und vor rund 90 Jahren diskutierte der Salzburger Gemeinderat sehr heftig die Errichtung des Mauthäuschens an der linken Uferseite des Mozartstegs. Mehrfach beschäftigte dieses Thema, das ja noch heute existierende Mauthäuschen an der linken Uferseite, den Gemeinderat. Es wurde schließlich genehmigt, als der Mozart-Eisensteg-Verein das Projekt vorlegte, das Häuschen mit 6 Quadratmeter Grundfläche und zweieinhalb Meter Höhe so in das Flußbett hinauszubauen, daß vom Gehsteig nur ein Meter in Anspruch genommen wurde. Der Steg wurde also von einem privaten Verein errichtet, der sich über die Maut finanzierte. Wenn heute in der öffentlichen Wirtschaft solche Projekte diskutiert werden, die private Betreiber übernehmen oder überhaupt durchführen sollen, dann kehrt man langsam zu alten Prinzipien zurück, daß nicht alles die öffentliche Hand machen muß.

1905 gab es auch eine lange Debatte, ob das Mauthaus für den neuen Makartsteg in die Brückenflucht oder zwischen zwei Alleebäume gebaut werden sollte. Der Antrag, einen Baum zu fällen, um das Haus in die Brückenachse zu setzen, wurde schließlich angenommen, jedoch mit dem Zusatz, das Einnehmerhäuschen dürfe nur mit

Holz oder Koks geheizt werden, um die Umgebung nicht durch Rauchentwicklung zu belästigen.

Gleichzeitig diskutierte der Gemeinderat die Ermäßigung der Maut bei der städtischen Hauptbrücke, der heutigen Staatsbrücke. Beschlossen wurde, für den schweren Fuhrwerksverkehr Blocks zu 50 auf Namen lautende Karten abzugeben, die um 33,33 Prozent billiger waren als bisher. Für Personen wurden Blocks mit 100 und mit 50 Karten mit einer 25prozentigen Ermäßigung ausgegeben. Bei jedem Überschreiten der Brücke, in welche Richtung immer, mußte eine Karte abgegeben werden. Immerhin hatten 1904 die Mauteinnahmen der Salzburger Hauptbrücke sich auf mehr als 13.000 Kronen belaufen.

Übrigens, die Fuhrwerker wandten sich auch gegen das Verlegen von Steinen auf den Straßen, weil die Unfallgefahr für die Pferde zu groß sei. Das Salzburger Volksblatt schrieb in einem Kommentar, in dem es das Ansuchen unterstützte: „Wir leben ja nicht in Schilda, sondern in der Saisonstadt Salzburg und möchten dieselbe nicht zum Gespött der Fremden gemacht sehen."

Wie gesagt, alles schon dagewesen.

Zwischenstation Bramberg

In den letzten Tagen des Zweiten Weltkriegs ging es vielen Menschen um das nackte Überleben, und es hieß – Zeit zu gewinnen. Das galt auch für die Rettung unschätzbarer Kulturgüter aus den Wiener Sammlungen, vor allem des Kunsthistorischen Museums. In Salzbergwerken wie Aussee, Hallein und ebenso in Ischl-Lauffen waren Kisten und Ballen gelagert und verzweifelt versuchten Kunsthistoriker und Restauratoren diese Zeugnisse der Geschichte zu erhalten, denn es gab konkrete Absichten, in dem Wahn des zerfallenden nationalsozialistischen Reiches auch die Kulturgüter mit in den Abgrund zu reißen, sie also zu zerstören.

Eine Episode, eine Station dieser Rettung war auch Bramberg im Oberpinzgau.

Am 4. Mai 1945 gegen 5 Uhr früh fuhren zwei Lastkraftwagen mit 184 Gemälden, 49 Säcken voller Gobelins und 2 riesigen Kisten mit

Plastiken von Lauffen ab mit dem vagen Ziel, für die Kunstschätze in Tirol Unterschlupf zu suchen. Die SS bewachte den Transport und zwei Restauratoren aus Wien, die Professoren Josef Hajsinek und Franz Sochor, begleiteten den Transport.

In Bramberg blieb der Konvoi stecken. Eines Abends erschien auf dem Weyerhof ein Unterscharführer der SS und gab dem Besitzer Peter Meilinger einen Zettel des Ortspfarrers, auf dem handschriftlich stand: „Nimm die Sachen auf, es handelt sich um das Wertvollste, das wir in Österreich noch haben." Dann folgte die Unterschrift des Pfarrers. Das Abladen der Lastautos begann. Franzosen, Polen und Ukrainer, die dem Weyerhof als Arbeitskräfte zugeteilt waren, halfen der SS, die Kisten und Ballen wurden in der Gaststube gestapelt.

Peter Meilinger hat Jahre später aufgeschrieben, was sich zugetragen hatte. Demnach baten ihn die beiden Akademischen Restauratoren, zu versuchen, entweder den heranrückenden Amerikanern, die schon auf dem Weg nach Zell am See sein sollten, oder den sich bildenden neuen österreichischen Behörden Meldung von dem Konvoi zu machen. Dem schloß sich ein Unterscharführer, ein Hamburger, an, weil er anders als seine Vorgesetzten diese einmaligen Werte, darunter fünf Bilder von Rembrandt, acht von Brueghel, auch die berühmte Bauernhochzeit war dabei, sieben von Velazquez, zwei von Albrecht Dürer und je ein Bild von Rubens und von Tizian nicht zerstören lassen wollte. Im Begleitkommando begann man um das Schicksal der Kunstwerke lautstark zu streiten.

Der Bruder des Hofeigners, Franz Meilinger, der gerade verwundet und auf Krücken aus dem Lazarett nach Hause gekommen war, fuhr mit der Pinzgaubahn nach Zell, wo er auch ein amerikanisches Vorauskommando fand, zu dem er aber nicht vorgelassen wurde. Zivile Stellen hatten kein Interesse an Bildern, sie hatten andere Sorgen, sie erkannten die Wichtigkeit nicht.

Peter Meilinger berichtete, daß in seinem Haus sich unter der vollzählig anwesenden Begleitmannschaft der Entscheidungskampf Vernichtung oder Erhaltung der Kunstwerke immer gefährlicher zuspitzte. In der Debatte bekräftigten die Begleitoffiziere ihre Standpunkte mit durchgeladenen Handfeuerwaffen. Das Resultat der Debatte war ein Kompromiß. Am 7. Mai begann ein wildes Aufladen der Kunstwerke auf die Lastwagen. Sie wurden, so Meilinger, wie Bauschutt gestapelt. Einer der Restauratoren bat mit Tränen in den

Augen, doch noch einmal zu versuchen, irgendwelche offiziellen Stellen zu informieren, um die Wertsachen aus den Händen der Soldaten zu befreien, denn er und sein Kollege könnten sich nicht so frei bewegen, weil sie ständig von SS-Wachen kontrolliert würden. Peter Meilinger und ein Nachbar fuhren mit den Rädern nach Mittersill. Der Polizeiposten war unbesetzt, und in der Gemeindestube verhandelten gerade alter und neuer Bürgermeister um die Übernahme der Amtsgeschäfte. Auch sie interessierte ein Bildertransport nicht. Nebenbei: Währenddessen wurden die Fahrräder der zwei Bramberger gestohlen.

Inzwischen war der Konvoi abgefahren und noch in Mittersill in Fahrtrichtung Zell gesichtet worden. Wie die Aktion ausging? Die Kisten wurden schließlich in St. Johann in Tirol in einer Villa gelagert, von den Amerikanern sichergestellt und im Herbst 1945 unversehrt dem Kunsthistorischen Museum in Wien zurückgegeben.

Vom Netz der Almkanäle

Salzburgs Kulturbauten sind weltberühmt. Doch eine der wichtigsten liegt unter der Erde, nämlich das Netz des Almkanals. Schon im 9. Jahrhundert haben durch die Verlegung des Riedenburgbaches die Mühlen in Mülln zu arbeiten begonnen. Unter Erzbischof Konrad I. haben Domkapitel und Stift St. Peter gemeinsam in den Jahren von 1136 bis 1143 den ersten 400 Meter langen Stollen an der Schmalseite zwischen Festungsberg und Mönchsberg durch den Berg hindurch schlagen lassen. Und immer wieder wurden neue Stichkanäle geschlagen und von immer weiter her wurden Gerinne gebaut, um aus der Königsseeache zu Füßen des Untersberges das Wasser in die Stadt zu bringen. Unter Erzbischof Friedrich III. durften Mitte des 14. Jahrhunderts die Bürger einen weiteren Stollen durch den Mönchsberg treiben, um das Bürgerspital und Gewerbebetriebe wie Schmieden, Sägen oder Mühlen mit Wasser zu versorgen. 1548 entstand das städtische Brunnhaus, um die Häuser mit Wasser zu versorgen, und es gab vom Stiftsarmstollen aus hölzerne Brunnenleitungen für die Pferdeschwemmen, Bäder, Brunnen und Fischkalter. Schließlich wurde 1664 am Südhang des Festungsberges ein Wasserhebewerk errichtet.

Das war notwendig, damit der Residenzbrunnen sprudeln konnte und höhergelegene Häuser, etwa am Abhang des Nonnberges im Kaiviertel, Wasser beziehen konnten. Das Raffinierte an dem Almkanal war aber, daß die Hahnenstücke der Brunnenröhren geöffnet werden konnten und das Wasser ungehindert durch Judengasse und Getreidegasse floß, um die Straßen zu reinigen. Man darf nicht vergessen, in den mittelalterlichen Gassen hat es gestunken. Sie waren schmutzstarrend, denn in sie wurden einfach Geschirre aller Art entleert. Als der Nürnberger Schusterpoet Hans Sachs nach Salzburg kam, war er begeistert von dieser Form der städtischen Reinigung, denn so etwas war dem Vielgereisten noch nicht begegnet. In seinem Lobspruch auf die Stadt Salzburg hielt er fest: „Auch kommet in die Stadt gerunnen / ein Bach, den heißet man die Alben /, den kann man schwellen allenthalben / in Brünsten und in Feuersnot."

Bis 1862 blieb diese Form der städtischen Müllabfuhr Brauch. Man kann sich wohl vorstellen, wie sich die Gassen in einen Bach verwandelten und wie die Passanten nach Hause eilten, wenn einmal wöchentlich zu bestimmter Stunde der Wasserfluß durch die Gassen flutete, gurgelnd in der Schmutzrinne, der breiten Gosse, die in der Mitte der Gasse verlief. Welche Erlösung es wohl gab, wenn der ganze Dreck hinweggeschwemmt war und welche Pein, nun wiederum eine Woche darauf warten zu müssen.

Die technische Meisterleistung aus dem Mittelalter ist großartig. Ohne diesen Almkanal hätte es vom 16. bis in das 19. Jahrhundert keine Möglichkeit gegeben, um Gewerbe- und Industriebetriebe zu entwickeln. Das galt für Lederfabriken, Gewürz- und andere Mühlen, Pulverfabriken, Feigenkaffeeröstereien und gar erst für die Brauereien.

Im 20. Jahrhundert verfiel zunehmend das Netz des Almkanals, ja man sprach in den siebziger Jahren sogar davon, den Almkanal zuzuschütten. Doch 1979 wurde die Generalsanierung beschlossen. Almmeister Wolfgang Peter berichtete, daß noch immer 14 Kraftwerke, darunter das Kraftwerk Pulvermühle der Stieglbrauerei und selbst das städtische Notstromaggregat das Wasser des Almkanals nutzen. Dazu kommen die Anspeisung von Teichen, von Kühl- und Klimaanlagen wie etwa vom Festspielhaus und Augustinerbräu. Die jährliche Almabkehr gibt seit Jahren Gelegenheit, einen Teil des Almkanals zu besuchen. Es ist wahrlich faszinierend, dieses kulturhistorisch so wichtige Bauwerk, – wenn auch etwas mühselig –, zu besuchen.

„Heinz, komm reden"

In der Flachgauer Gemeinde Bürmoos ist im Herbst 1995 eine Wiederauflage der Romantrilogie „Die Glasbläser von Bürmoos" von Georg Rendl vorgestellt worden.

„Ich war fast bis zum Skelett abgemagert, und meine dünnen, zerschlissenen Kleider hingen bloß so an mir, mein Zustand glich einem Rausche. Schwindlig vor Hunger war ich, als an einem Jännermorgen der Gedanke, vor dem Sterben noch etwas zu wirken, in mich kam. Ich wollte das Gewissen derer aufrütteln, die sich der Armen und Ärmsten nicht erbarmten. Ich schrieb wie in einem Fieber, schrieb ‚Vor den Fenstern' in einem Zuge hin, gehetzt von Todesangst. Als der Roman fertig vor mir lag, schickte ich ihn, so wie er war, mit allen ihm anhaftenden Fehlern fort. Einige Tage darauf bekam ich freundlichen Bescheid und zugleich eine rettende Geldsumme".

Das erzählte Georg Rendl, und es war auch die Geburtsstunde des Salzburger Dichters Rendl, der am 1. Feber 1903 in Zell am See geboren wurde. Rendl besuchte in Salzburg die Volks- und Realschule, wurde Wanderlehrer der Bienenzucht und leitete in Bürmoos eine Bienenfarm mit 160 Völkern. Weil der Vater für eine Siedlungsgenossenschaft gebürgt hatte, die Bankrott machte, verlor die Familie alles Vermögen. Rendl wurde Ziegelarbeiter, schuftete beim Bahnbau, in einem Bergwerk und wurde schließlich Glasbläser. Als die Hütte zusperrte, wurde er arbeitslos, bald darauf obdachlos. Er begann das Schicksal der Arbeitslosen in Romanform niederzuschreiben. Und der namhafte Inselverlag gab dem jungen Autor nicht nur einen Vertrag, sondern bot ihm ein Monatshonorar. Rendl konnte als freier Schriftsteller leben. Binnen fünfzig Tagen schrieb er nun den bezaubernden lyrischen Bienenroman als dichterische Darstellung des Lebens der Bienen. Und dieser Bienenroman erschien als erstes Buch 1931, das soziale Epos „Vor den Fenstern", der soziale Aufschrei des Getretenen, kam ein Jahr später auf den Büchermarkt. Eine ganze Reihe von Büchern, zwei Bände Lyrik und Theaterstücke, die sowohl das Salzburger Landestheater als auch das Wiener Volkstheater spielten, aber auch Jugend- und Kinderbücher umfaßt das Werk Rendls. Doch davon will ich nicht erzählen.

In St. Georgen bei Oberndorf bezog Rendl 1938 einen alten Flachsstadl, den er um- und ausbaute. Ganz einsam in der Au, unter-

Georg Rendl (1903–1972) in seinem Garten – Dichter, Bühnenautor, Maler und Bienenzüchter.
Bild: Archiv Ritschel/F. M. Salus

In Georg Rendls Atelier – Auf der Staffelei das letzte unvollendete Bild: Der Zug der Krähen.
Bild: Archiv Ritschel/L. Vuray

halb der Kirche, lag dieses „Haus in Gottes Hand", das ihm den Stoff für das gleichnamige Buch gab. Hier lebte Rendl inmitten schöner Dinge heimatlicher Kunst, einer großen Bibliothek, die zum Teil ein Geschenk Stefan Zweigs war, als dieser aus Salzburg emigrierte. Hier malte er seine Hinterglasbilder und seine Ölgemälde, denn Rendl war eine Doppelbegabung. Der Malerdichter malte auch kühn geschwungene Faschen um die kleinen Fenster des Hauses, pinselte große Heiligengestalten an die Wände eines Zubaues, baute mühsam selbst eine Kapelle, deren Wände er mit dem Sonnengesang des Franziskus schmückte.

Jahrelang war Rendl schwer krank, doch noch einmal konnte er darüber hinwegkommen. Er lernte mühsam wieder sprechen, begann wieder zu schreiben und war glücklich in seinem Haus und sagte: „Ich will Zeugnis ablegen für den Reichtum dieses Lebens, das uns nur ein einziges Mal anvertraut worden ist." Das war sein Lebensmotto.

Es war köstlich, Georg Rendl zu besuchen. Im Sommer hingen prall die reifenden Birnen am Spalierbaum, wucherten die Königskerzen in ihrem strahlenden Gelb hoch, drängten sich um das ganze Haus, und das breite Heer der Sonnenblumen drehte die riesigen Köpfe stets nach der Sonne, die Rendl rechtzeitig barg, um den gefiederten Besuchern des Winters einen Vorrat anzulegen. Denn im Winter knisterte der Ofen stets, zog der Duft gebratener Äpfel durch die Stuben, und um das Haus herum gab es eine ganze Armada von Vögeln, denn an Bäumen, Sträuchern und Staketenzaun hatte Rendl große Stücke Rindertalg – Unschlitt – gebunden. Da flogen die Amseln, Meisen, Spatzen, alles an Fluggetier, das überwintert, gab sich hier ein Stelldichein. Hundertschaften von Vögeln umlebten dieses Haus.

Nur eine kleine Freundesschar fand zu dem einsam gewordenen Dichter, die aber hielt zu ihm. Ich selbst erinnere mich an Anrufe mit dem kurzen Satz „Heinz, komm reden", was am Wochenende darauf zu stundenlangen Diskussionen in der Stube Rendls führte. Und er begann noch einmal ein Epos zu schreiben, das Fragment bleiben sollte. Er nannte es „Der Bettler". Doch am 10. Jänner 1972 erlag er, allein in seinem Haus, einem Hirnschlag. Nun aber lebt er wieder mit einem seiner wichtigsten Werke unter uns.

Venedig-Friaul-Salzburg

Als geschichtliche Reminiszenz sind wieder die Samer über den Tauernpaß aus dem Friaulischen ins Salzburgische gezogen. Ich will deshalb noch einmal historische Bezüge darstellen, denn Gemona, zu deutsch Glemaun, und Venzone, zu deutsch Peuscheldorf, waren mit dem Fürstentum Salzburg jahrhundertelang durch einen Handelsweg verbunden. Am alten Dom von Gemona war Rupertus mit dem Salzfaß zu sehen. Die Saumzüge gingen von Gemona direkt nach Salzburg und umgekehrt. Leerfrachten wurden durch Salztransporte ausgeglichen. Die Bedeutung Salzburgs als Handelsumschlagplatz, die Stadt betrieb einen großen Eigenhandel und einen noch größeren Provisions- und Speditionshandel, war nur deshalb gegeben, weil der direkte Kontakt zur Serenissima, zur Republik Venedig, bestand. Wie bedeutend dieser Umschlag war, zeigt uns, daß zum Beispiel im Jahr 1508 Salzburg mit der Zahl der gemieteten Räume im Fondaco dei Tedeschi, dem Kaufhof der Deutschen in Venedig, dem heutigen Hauptpostamt am Canal Grande, unmittelbar nach Augsburg und Nürnberg folgte.

In Salzburg waren übrigens die Handelshäuser, die den Venedigerhandel betrieben, besonders gekennzeichnet. Sie durften den Löwenkopf als Zeichen ihrer Verbindung mit der Republik an ihren Häusern führen. Durch die Bomben des Zweiten Weltkriegs wurden etliche dieser Löwenköpfe, die noch erhalten waren, zerstört. Der letzte ist oberhalb des Portals des Hotels Elefant in der Sigmund-Haffner-Gasse zu sehen. Hier war ehedem ein Handelshaus.

Gemona war der südliche Ausgangspunkt des südlichen Saumverkehrs nach Salzburg. Dort saßen eigene sogenannte Aufgeber, die die aus Venedig dorthin verfrachteten Waren den Säumern zum Weitertransport nach Salzburg übergaben. Von Venedig kamen die Waren auf dem Wasserweg nach Latisana oder Portogruaro und dann zu Lande nach Gemona. Sehr stark war der Weintransport. Wenn auch meist über Kaufleute gehandelt wurde, kam es doch vor, daß spezielle Weine direkt von Säumern gekauft wurden, die so nebenbei auf eigene Rechnung Weinhandel betrieben.

Viele Händler sind namentlich bekannt, so etwa Hans Goldseisen aus dem 16. Jahrhundert, der in Gemona große Lagerräume und Gewölbe gemietet hatte. Während in Salzburg und in Venedig sich die Fakturen der Kaufleute befanden, waren in Gemona und Venzone Vermittler, Aufgeber oder sogenannte Verweser tätig. Schon aus dem Jahr 1385 ist ein Sendbrief des Christof Pruner als Aufgeber von Gemona an den Salzburger Georg Aiglen wegen eines Weintransports überliefert. Einige Jahre später dürfte Pruner den Namen Fontano angenommen haben. Da gibt es von ihm Briefe und Mahnschreiben einer Geldschuld wegen an den Salzburger Auftraggeber. Auch aus dem 15. und 16. Jahrhundert sind eine Reihe von Händlern namentlich bekannt, die in Gemona Salzburgs Interessen vertraten. Das Ende der Handelsbeziehungen kam erst mit dem Ende der Republik Venedig im Jahre 1805.

Als Salzburger Eigenheit ist noch daran zu erinnern, daß an der Handelsstraße von Friaul nach Treviso das Gut Naunzel, Noncello, in der Nähe von Pordenone lag, das durch eine Schenkung Kaiser Heinrichs III. dem Salzburger Erzbischof gehörte. Dort gab es auch eine Pfarre St. Rupert. Bei Spengenberg, also dem heutigen Spilimbergo, eine Stadt, die trotz der Erdbebenschäden einen Besuch wert ist, wurde ein eigener Zoll eingehoben und zwar nach der Größe der Frachtstücke, die sogenannte „Spengenberger Elle".

Dieses friaulische Gebiet ist eine kulturträchtige Landschaft, – und mit dem europäischen Paßland, dem Fürstentum Salzburg, durch die geografische Bedeutung der Tauerndurchlässe sehr eng verbunden.

Vom Schwitzen und Baden

In den Jahrzehnten nach dem Zweiten Weltkrieg ist hierzulande das Schwitzbad, also die Sauna, wieder modern geworden. Wieso wieder? Ja, denn kaum jemand weiß, daß das Schwitzbad schon bei den Bajuwaren, die Salzburg besiedelten, bekannt war und schon im Gesetzbuch dieses Stammes aus dem 8. Jahrhundert, der „Lex Baiuvariorum", erwähnt ist. Und schon im Mittelalter gab es gewerbsmäßige Badestuben. So ist aus der Stadt Salzburg die „Ordnung die Maister und Gesellen des gantzen Handwerchs der Bader auff den syben Stuben zu Saltzburg" aus dem Jahr 1472 erhalten. Salzburg hatte damals etwas über fünftausend Einwohner und besaß neben privaten sieben öffentliche Bäder. Das waren das Spitalbad in der

Getreidegasse nächst dem Bürgerspital, das Griesbad in der Griesgasse Nummer 7, das Bad in der Neustift in der Nähe des Waagplatzes, das Rappelbad in der Pfeifergasse, das Bad „enthalb der Bruck", nämlich dort, wo heute das Platzl ist, und je ein Bad in den Vorstädten Mülln und Nonntal. Um 1500 kam dann als achte Badestube das Bruderhaus- oder Sebastiansbad in der Linzergasse, gleich neben der Sebastianskirche, hinzu.

Die Badeordnung von 1472 überliefert uns Details. Es gab je einen Männer- und Weiberboden, und es waren eine ganze Anzahl von Badedienerinnen und Knechten tätig, denn da gab es eigene Angestellte zur Besorgung der Steine, zum Binden der Wedel, zum Flechten von strohenen Badehüten, damit die nassen Haare nicht ins Gesicht fielen, dann Bewachungsdienste für die abgelegten Kleider. Doch die beiden wichtigsten Gehilfen des Baders waren der „Scherknecht", der also rasierte und die Haare schnitt, sowie der „Laßknecht", der das Aderlassen besorgte, das damals zur Gesundheitspflege gehörte. Der besorgte auch kleine chirurgische Dienste und setzte nach einem Schwitzbad auch die Schröpfköpfe auf. Man besuchte das Schwitzbad regelmäßig, meist wöchentlich oder zumindest vor Festtagen. Um den Gemeindearmen diese Wohltat zukommen zu lassen, gab es eigene Almosenstipendien. Da zahlten Wohltäter an bestimmten Tagen Freibäder, die allen zugänglich waren. Es gab Dauerstiftungen, sogenannte Seelbäder.

Nach 1600 begann langsam aber stetig das Sterben der Schwitzbäder. In manche dieser städtischen Badestuben hatten sich Mißbräuche eingeschlichen, und die Kirche wetterte gegen dieses Lottertum. Im Laufe der folgenden Jahrhunderte steigerte sich die Leibfeindlichkeit als Ausdruck der Religiosität dieser Zeit. Noch wichtiger aber wurde die ärztliche Wissenschaft, die sich gegen den übermäßigen Gebrauch des Schwitzbades wendete, einmal als Herde der Verbreitung ansteckender Krankheiten und zum anderen meinten die damaligen Mediziner, die Erwärmung des Körpers im Schwitzbad sei an und für sich schon höchst ungesund. Das Werk des gebürtigen Trientiner Arztes Hippolytus Guarinoni, der in Hall in Tirol, der bekannten Bergwerkstadt, praktizierte, über Gesundheitspflege mit dem Titel „Vom Greuel der Verwüstung menschlichen Geschlechts", es erschien 1610, trug wesentlich dazu bei, das Schwitzbad auszurotten.

Im Laufe des 18. Jahrhunderts erloschen die meisten Badeöfen in der Stadt. Es war kein Bedarf mehr. Baden war nicht mehr modern.

Es kamen höchstens noch ein paar alte Leute, die diesem Brauch anhingen. Auf dem Land war die Situation etwas anders, denn zwischen Stadt und umgebendem Flachland und den Gebirgsgauen gab es einen Unterschied. Vor allem erhielt sich besonders in der Gegend von Rauris, Taxenbach und dem Gasteinertal das Schwitzbad bis etwa um das Jahr 1800 herum. In diesen Tauerntälern hielt sich also das Saunabad am längsten in ganz Mitteleuropa, bis es schließlich vor rund 50 Jahren aus dem Norden wieder zu uns gekommen ist. Im Gebirge waren es weniger die öffentlichen Bäder, es gab viele bäuerliche Privatbäder. Bei den Höfen standen, wegen der Feuersgefahr abseits der Hauptgebäude, kleine Holzhäuschen, ausgestattet mit einem Ofen. Im 19. Jahrhundert hielt man sie nur mehr für Brechelbäder, also für das Dörren des Flachses geeignet. Doch im Mittelalter wurden diese Häuschen in der wichtigsten Funktion als Schwitzbäder errichtet und nebenher zum Flachs- und Obstdörren benutzt. Schließlich wurden zum Teil auch Waschküchen daraus oder Werkstätten, Schnitzhütten, in die eine Hainzelbank gestellt wurde, um Schindeln zu machen.

Es war der Salzburger Landesarchivar Herbert Klein, der einen Bericht des hochfürstlich salzburgischen Landrichters von Rauris, Josef Geißler, vom 18. Juli 1793 ausgegraben hat. Der Beamte war angewidert von den Badesitten und schrieb in seinem Bericht: „Dieser uralte wider gute Sitten Ehrbarkeit und Gesundheit, zur Holzverschwendung gereichende Mißbrauch ist hier im ganzen Gericht eingeführt. Fast bei jedem Bauer, auch hier und da bei Kleinhäuslern, befindet sich ein von Holz gebautes Schwitzbad und beinahe würden solche die Zahl von hundert ausmachen. Theils von der Nothwendigkeit und der Feuergefahr belehrte Besitzer, besonders hier im Markt, haben in meinem kurzen Hiersein etwelche ganz abgebrochen und hiedurch den Grund ihrer Gärten vergrößert. Es wird aber auch künftig der sorgsamste Bedacht genohmmen werden, durch versagende Reparationen und Holzbewilligungen diese im Grunde auszurotten."

Aus dem Bericht des wackeren Beamten erfahren wir aber noch mehr: „Der Gebrauch hievon wird Ostern, Pfingsten und Weynachten folgendergestalten gemacht: Der in solchen Schwitzbädern ganz gemauerte Ofen, worauf Kieselsteiner von mittelmäßiger Größe liegen, wird stark geheizt und das Hausgesinde, männlichen und weiblichen Geschlechts separiert, bereitet sich vorher durch Brantwein und Midrität – Midrität war eine beliebte Universalmedizin – zur

Ausdünstung, stellt sich ganz nakend auf die darin angebrachte Bank, dann wird warmes Wasser auf die erhitzten Kieselsteine des Ofens gegossen, welches einen unleidentlichen Dunst verursachet, jedem wird sodann eine Portion warme Lauge zu trünken gegeben und endlich der Körper des Badenden in die Zichtigung genohmen – das heißt also mit dem Badewedel geschlagen – mit warmem Wasser begossen und derb herabgewaschen, daher geschieht es sehr oft, daß Leute, die nicht eiserne Naturen haben krankbedeubt herausgebracht werden müssen."

Im Nachbargericht Taxenbach wieder meldete der Pfleger, es gebe noch so viele Schwitzbäder, die vom Landvolk zugleich zum Tuchansechten, Waschen, Ledern und Brechelbädern gebraucht werden, daß er Wochen brauchen würde, um sie zu verzeichnen.

Immer mehr drängten die Pfleggerichte auf Stillegung der Schwitzbäder. Die Pfleger von Kaprun und Mittersill rühmten sich, unter dem Druck der Obrigkeit das Schwitzbaden abgeschafft zu haben. Dabei ging diese Badefeindlichkeit der Ämter nicht nur auf die vermeintliche Sittlichkeitsverletzung und auf Gesundheitsgründe zurück, man sah in der Beheizung und der Errichtung der Badehütten auch eine liederliche Holzverschwendung.

Was ein Fresko erzählt

Wie oft erzählen doch Gebäude, Denkmäler, Bilder und vieles andere mehr regelrecht Geschichten. Eine höchst interessante Geschichte ist an einem kleinen Bildchen in der Salzburger Franziskanerkirche abzulesen. An der vorderen Säule des gotischen Hochchores, rechts vom Hochaltar, ist ein Fresko zu sehen, gemalt auf die runde Säule aus Konglomeratgestein, auf die der Putz für das Fresko aufgebracht wurde. 1456 datiert, zeigt dieses Bild eine gezimmerte Hütte, in der zwei Werkleute arbeiten: Der eine, bekleidet mit rotem Rock und grünem Hut, behaut den Grundstein, der andere, angetan mit einem linnenen Kleid, des Kontrastes wegen lila gerandet, und mit einem roten Hut, arbeitet an einem Maßwerk. Der im roten Kittel ist Meister Hans von Burghausen, angetan mit dem Festgewand der Maurer aus rotem Loferer Tuch. Dieses rote Tuch kam aber als Hofkleid nur einem Angehörigen des Hofgesindes zu. Da Hans von Burghausen wohl für Salzburg, nicht aber im Dienste Salzburgs gearbeitet hat, ist diese Darstellung ein ehrendes Gedenken. Sein Geselle Stephan Krumenauer hingegen stand sehr wohl im Hofdienst. Ihn zeigt das Fresko jedoch, um den Schüler vom Meister abzuheben, im Alltagskleid, aber eben mit dem roten Hut des Hofgesindes.

Im mittelalterlichen Zunftwesen herrschte eine genau abgestufte Hierarchie, und die zeigt uns eben auch dieses kleine erhaltene Mauerbild, das vor etlichen Jahren freigelegt worden ist, dessen Maler Konrad Laib mit seinen Schülern in der Steinmetzenhütte der beiden Abgebildeten aus- und eingegangen ist.

Das Bildnis kann uns auch an den ersten Maurerstreik in Salzburg erinnern. 1459 ist Krumenauer vor dem Stadtgericht im Rathaus erschienen, um die Frage zu stellen, ob die Salzburger Maurer zu Recht verhinderten, daß er am Bau des Berchtesgadener Probsteihofes in Salzburg weiterarbeite. Die Antwort war, Krumenauer müsse warten, bis an diesem Gerichtstag der Richter den Stab aus der Hand legen würde. Sollte bis dahin keine offizielle Klage eingelangt sein,

Der Baumeister und sein Geselle – Die Fresken an einer der Säulen des gotischen Hochchores der Franziskanerkirche zeigen Meister Hans von Burghausen (links) und seinen Gesellen Stefan Krumenauer. Bilder: Foto Factory

würde das Verbot, heute würde man sagen einstweilige Verfügung, aufgehoben sein. Wenige Tage später aber verklagten die Steinmetze der Stadt Krumenauer, weil er ihnen die Mitarbeit am Berchtesgadener Hof verboten hatte. Die Auseinandersetzung war vom Brotneid diktiert. Sie nahm immer heftigere und deftigere Formen an, bis Krumenauer dem Gericht erklärte, er sei schon zweimal von den Maurern verklagt worden, sei ihnen aber keine Rechenschaft schuldig, denn als Hofgesinde unterstehe er ja nicht dem Stadtgericht, sondern dem Hofmarschall. Der Streit endete letztlich mit einer gütlichen Einigung.

Einmal hieß es Maurer und einmal Steinmetz: Beide Bezeichnungen galten für eine Zunft. Und Hofmaurer war ein besonderes Amt, das sich in einem hohen Ansehen und auch sehr wohl in klingender Münze ausdrückte. Das alles erzählt der Rest eines kleinen, ausgeblichenen Freskos an dieser in die Höhe strebenden Säule der Stadtpfarrkirche zu „Unserer Lieben Frau", wie die Franziskanerkirche einst hieß, denn sie war ja ursprünglich die Stadtpfarrkirche der Bürger, und in ihr standen eine ganze Reihe von Altären der verschiedenen Zünfte, die sich, anders angeordnet als in der heutigen Form, an die vier Säulen im hohen Chor drängelten.

Diese Funktion der Stadtpfarre hatte die Franziskanerkirche vom 12. Jahrhundert an bis zum Jahr 1634. Und Hans von Burghausen hatte 1408 auf Kosten der Stadt und ihrer Bürger den Bau des gotischen Chorraumes begonnen, der schließlich von seinem Schüler Stephan Krumenauer vollendet wurde.

Im Jahr Eins der Zweiten Republik

Mit einem großen Zuspruch lief 1995 im Salzburger Museum Carolino Augusteum eine Ausstellung über Kriegsende, Neubeginn und Besatzungszeit in Stadt und Land Salzburg. Und es kamen nicht nur die Großväter und Großmütter, sondern sehr viele Schulklassen, Eltern mit Kindern und Enkeln, um an diese zuerst wirklich triste Zeit und dann die Aufbauphase zu erinnern.

Immer wieder hat es, neben all dem Elend, Erfolgserlebnisse gegeben. So am Montag, dem 25. Juni des ersten Nachkriegsjahres. Da hieß es in den damals noch von den amerikanischen Streitkräften herausgegebenen „Salzburger Nachrichten":

„Es gibt wieder Weißgebäck" und weiter: „Am Montag in den ersten Einkaufsstunden sah man vor den Salzburger Bäckerläden nur freundliche Gesichter. Besonders die Hausfrauen strahlten, konnten sie doch etwas heimbringen vom täglichen Einkauf, was es seit langer Zeit nicht mehr gegeben hat: Weißgebäck! Und was für Weißgebäck, aus leuchtendem Weißmehl, wie man es bis jetzt nur bei den amerikanischen Soldaten gesehen hatte. Aus unserer Erinnerung war der Anblick solchen Weißbrotes schon längst entschwunden. Es ist daher selbstverständlich zu nennen, daß unsere braven Hausfrauen für den Frühstückstisch sofort das frische und so verlockend schöne Weißgebäck in allen Abarten wie Semmerln, Kipferln und natürlich auch die so beliebten Salzstangerln einkauften, um die lieben Familienangehörigen mit dieser Freudenbotschaft und diesen längst entbehrten österreichischen Leckerbissen zu überraschen. Da es auch weiße Strutzen zu kaufen gibt, wird es bald auch das Salzburger Leibgericht: gute Knödel aus Weißbrot geben. So war der gestrige Montag ein Tag, der wieder einen frohen Ausblick in eine leichtere und schönere Zukunft gewährte."

Wie gesagt, das war am 25. Juni 1945, und diese Selbstverständlichkeit – für uns heute –, war damals eine lange Meldung wert. Wobei ja Salzburg besser gestellt war als viele Teile Österreichs. Vor allem in Wien litten die Menschen noch bittere Not.

Zu dieser Zeit aber gab es eine weitere Freude für die Salzburger, denn die Glocken hatten wieder zu läuten begonnen. Man muß wissen, daß von 500 Kirchenglocken im gesamten Lande im Jahr 1942 rund 370 von den Kirchentürmen heruntergeholt wurden, um eingeschmolzen zu werden. Doch in mehreren Lagerhäusern fanden sich etwa 60 dieser abgenommenen Glocken, darunter das Geläute der Stiftskirche St. Peter und die große Glocke von Maria Plain, die „Stürmerin", die zur Erinnerung an die Toten des Ersten Weltkriegs aufgezogen worden war.

Von den 108 Kirchenglocken in der Stadt Salzburg wurden fast 100 abgenommen. Nur dem Dom und der Franziskanerkirche waren einige kleinere Glocken belassen worden. Von 62 Glocken im Bezirk Hallein wurden mehr als 40 eingezogen, darunter auch die noch aus gotischer Zeit stammende Glocke der Dürrnberger Wallfahrtskirche. Der Flachgau mußte von 168 Glocken mehr als 130 abgeben, der

Pongau konnte von 86 Glocken nur 26 retten, der Pinzgau verlor von 138 Glocken über 100 und der Lungau mehr als 50 von 63 Glocken. Das Geläute von St. Leonhard aus 1472 jedoch konnte gerettet werden. So war es ein Fest, als ein Teil der Glocken wieder ihre Stimmen schallen lassen konnte.

Die radikale Art, die Kirchen ihrer Glocken zu berauben, hatte sich schon im Jahr 1938 gezeigt, als der Gauleiter von Salzburg, Dr. Rainer, schon nach kurzer Anwesenheit in Salzburg erklärt hatte, daß in Salzburg zu viel geläutet würde und dies die Morgenruhe störe.

Ein eigenes und hartes Schicksal hatte der Lungau. Es dauerte geraume Zeit, bis überhaupt aus dem Lungau Nachrichten nach Salzburg gelangten, wie nämlich die Lungauer das Kriegsende überstanden hatten. Zuerst marschierten britische Truppen in den Lungau ein, erst in der zweiten Junihälfte wurde der Lungau als letzter Teil Salzburgs von den Amerikanern besetzt. Als die Engländer einmarschierten, glich der Lungau einem Heerlager. In dem kleinen Gebiet lag die sogenannte Mackensen-Division mit ihren 19.000 Pferden und den dazugehörigen Mannschaften. In den Tälern wimmelte es von Soldaten aller Waffengattungen, so daß der Lungau in den ersten Wochen nach Kriegsende ein Auffanglager für deutsche Kriegsgefangene mit weit über 70.000 Mann war. Um das Futter für die vielen Pferde aufzubringen, wurden von den Tieren ganze Strecken buchstäblich kahlgefressen.

Von Tamsweg bis Unternberg zog sich ein riesiges Heerlager mit unzähligen Zelten hin. In Mauterndorf zum Beispiel waren zudem bei damals etwa 1.200 Einwohnern mehr als 2.300 Flüchtlinge untergebracht. Gerade diese Unterbringung und Verpflegung des Flüchtlingsheeres und der Masse von Soldaten, der Schutz der Bevölkerung vor Plünderungen und Ausschreitungen waren die ersten Aufgaben der sich neu formierenden Behörden.

Während in den anderen Salzburger Gauen sich doch eine halbwegs gute Ernte abzeichnete, bildete gerade der Lungau die Ausnahme. Die gewaltigen Massierungen von Truppen und Pferden führten dazu, daß die Ernte als so gut wie vernichtet zu betrachten war. Die Hilferufe waren ernst, denn man brauchte bis zur nächsten Ernte Heu und Getreide im weitestgehenden Ausmaß, wenn nicht der Viehbestand drastisch reduziert werden müßte.

Im Frühsommer versuchte man auf den verwüsteten Flächen noch Kartoffeln anzubauen und Kunstwiesen anzulegen. Die Salzburger

Kammer für Landwirtschaft und Ernährung stellte in großen Mengen Saatkartoffeln, Grassamenmischungen, Saatwicken, Saaterbsen und anderes mehr zur Verfügung.

Aus den anderen Gauen des Landes hingegen wurden positive Ernten gemeldet, das galt für die Heumahd, für die Roggen- und Weizenernte und auch für die Kartoffeln und andere Hackfrüchte, wie Futterrüben.

Und nun erfuhr man auch in der Stadt wieder mehr über all das, was in den Monaten vorher geschehen war, denn erst am 4. Juli 1945 wurde der Postverkehr, der in den letzten Kriegstagen, Ende April, völlig zusammengebrochen war, in Salzburg und Oberösterreich, also in der amerikanischen Zone, wieder aufgenommen. Es dauerte noch geraume Zeit, bis Briefe auch in andere Besatzungszonen oder gar in das Ausland transportiert wurden. In den ersten neun Tagen liefen in Salzburg in den Postämtern täglich 20.000 Briefe ein, in Linz waren es 40.000, und viele Menschen erfuhren vom Schicksal ihrer Angehörigen, waren glücklich über Lebenszeichen oder verzweifelt ob mancher trister Nachricht. Dieses langsame, man kann sagen Warmlaufen der Normalität ist für alle, die das nicht miterlebt haben, kaum vorstellbar. Es sei denn, man sieht Fernsehberichte aus den jugoslawischen Nachfolgeländern, wie sich dort nach den Kämpfen wieder neues Leben regt. Im Land Salzburg ist, den Bombenkrieg ausgenommen und einzelne Zwischenfälle weggezählt, der direkte Schrecken des Krieges dem Land und seinen Menschen erspart geblieben, weil sich stets Männer fanden, die den Befehlen zu wahnwitziger Zerstörung und sinnlosem Widerstand nicht gehorchten.

Neben all den Fragen und Problemen des täglichen Lebens, des Überlebens, des Wiederaufbaus war gerade in Salzburg nicht nur der Wunsch mächtig, Musik und Theater wieder den richtigen Stellenwert zu geben. Man hat es einfach getan. Schon wenige Wochen nach Kriegsende wurde damit begonnen, das Mozarteumorchester neu aufzustellen. Zum Dirigenten wurde Domkapellmeister Joseph Messner berufen. Das Orchester spielte zuerst nur für amerikanische Soldaten, und ein Teil des Orchesters wirkte im Landestheater mit, das zuerst auch nur für Besatzungsangehörige geöffnet war.

Das erste Orchesterkonzert vor der amerikanischen Truppe brachte Mozarts Kleine Nachtmusik, Tschaikowskys Symphonie pathetique und die dritte Leonoren-Ouvertüre. Doch schon wenige Tage später wurde dieses Konzert auch für die Zivilbevölkerung wiederholt.

Gleichzeitig begannen die Vorarbeiten für drei Festspielwochen, die vom 12. August bis 1. September dauerten. Reiseverkehr gab es noch keinen. Die Besucher rekrutierten sich aus der einheimischen Bevölkerung und aus der Besatzungsarmee.

Am Donnerstag, dem 12. Juli 1945, wurde auch das Salzburger Landestheater wiedereröffnet. Vier Tage in der Woche, Dienstag, Donnerstag, Samstag und Sonntag, spielte es für die Amerikaner und die restlichen drei Tage, Montag, Mittwoch und Freitag, für die Zivilbevölkerung. Die erste öffentliche Veranstaltung war eine Akademie, deren Programm Kammersänger Max Lorenz von der Wiener Staatsoper und Burgschauspieler Albin Skoda gestalteten. Die provisorische Leitung des Landestheaters hatte Egon Hilpert, der spätere und schon legendäre Chef der Bundestheaterverwaltung, übernommen. Sicher, es war schwierig, Unterkünfte und Verpflegung für Schauspieler aufzutreiben – dennoch konnte Hilpert aus dem Vollen schöpfen. In St. Gilgen, aber auch in anderen Orten rund um die Stadt hatten prominente Sänger, Sängerinnen, Schauspieler und Schauspielerinnen, Musiker und Dirigenten Zuflucht gefunden.

Die Theaterarbeit eröffnete Theo Lingen, der Molnars spritzige Komödie „Spiel im Schloß" inszenierte und gleichzeitig eine der Hauptrollen übernahm. Neben ihm standen unter anderen Albin Skoda und Siegfried Breuer auf der Bühne. Die zweite Neuinszenierung war Schnitzlers „Liebelei" mit prominenter Besetzung wie Albin Skoda und Alexander Trojan. Generalmusikdirektor Karl Böhm dirigierte die Neuinszenierung der „Fledermaus", in der Johannes Heesters und Max Lorenz zu sehen und zu hören waren. Genauso aber wirkten Maria Cebotari und Theo Lingen mit, den Frosch spielte Hans Moser.

Bunte Abende wechselten mit Schauspielen, Operetten- und Opernaufführungen ab, wobei sehr bald diese Aufführungen für die amerikanischen und österreichischen Gäste gemeinsam vorbereitet wurden. Wobei es immer noch, vor allem in der leichten Muse, Abende ausschließlich für Besatzungssoldaten gab.

Auf den Festspielplan wurde Mozarts „Entführung aus dem Serail" im Stadttheater gesetzt, das Landestheater inszenierte Hofmannsthals Schauspiel „Der Tor und der Tod". Von den fünf Symphoniekonzerten fanden drei im Festspielhaus und zwei im Mozarteum statt, es gab zwei Chorkonzerte mit den Wiener Sängerknaben, die auch in Westösterreich in Sicherheit waren und in der Felsenreitschule sechs Serenaden.

Vergleicht man das Programmangebot heute mit damals, so ist dies an sich unvergleichlich. Doch dieses schmale und dennoch mutige Programm von 1945 hat den unbändigen Willen bewiesen, wieder an österreichische Tradition anzuknüpfen, sich nicht unterkriegen zu lassen.

Das Jahr Eins der Zweiten Republik wurde voller Zuversicht und auch erfolgreich bewältigt.

Professoren auf Schleichwegen

Was heute kaum mehr jemand weiß ist, daß der Marienfeiertag am 8. Dezember gleichzeitig der Festtag der Salzburger Universitätskirche, bekannter unter dem Namen Kollegienkirche, ist. Unter Erzbischof Johann Ernest von Thun wurde diese Kirche nach Plänen Johann Bernhard Fischer von Erlachs erbaut. Am 1. Mai 1696 legte Abt Edmund von St. Peter den Grundstein, und am 20. Mai 1707 wurde die Kollegienkirche zu Ehren der Unbefleckten Empfängnis Mariens geweiht. Diese Weihe war nicht zufällig, denn die benediktinischen Professoren hatten sich durch ein Gelübde verpflichtet, für die Lehre von der unbefleckten Empfängnis einzutreten. Dieser Kirchenbau war zugleich auch der letzte Bau für die alte benediktinische Universität.

Die meisten Universitäten, so auch die von Wien, Graz und Innsbruck, waren von Jesuiten beherrscht. Hier in Salzburg aber entstand in der Barockzeit eine benediktinische Schule, die sich auch den Hörerzahlen nach durchaus mit Wien oder Leipzig messen konnte. Die geistesgeschichtliche Bedeutung bewies Salzburgs Universität allein schon dadurch, daß aus ihr mehr als 400 Bischöfe und Äbte hervorgegangen sind.

Das Bestreben, ein Bildungszentrum in Salzburg zu schaffen, geht bis in das 9. Jahrhundert zurück, als Bischof Arn, der dem bayerischen Hochadel, dem Geschlecht der Faganer entstammte, in St. Peter eine Schreibschule installierte. Hier wurden Bücher kopiert, daraus entwickelte sich eine Lateinschule. Später war die hochfürstliche Normalschule im Durchgang von der Residenz zum Universitätsplatz über dem Ritzerbogen angesiedelt. Und im 16. Jahrhundert hielt drei Jahrzehnte lang der aus Bayern zugewanderte Johann Mulinus eine Poetenschule in den Lokalen der Stadttrinkstube in Gang, in welcher er Latein, Griechisch und die Freien Künste lehrte.

Erzbischof Wolf Dietrich plante konkret eine Hohe Schule, weil er erkannte, daß er zur Erhaltung der Selbständigkeit des Landes eine eigene juristisch geschulte Beamtenschaft brauchte. Er berief die Franziskaner, die 1588 eine Art Gymnasium gründeten, das jedoch nur vier Jahre dahinvegetierte. Wolf Dietrich versuchte das Theologenkonvikt mit einer Schulordnung zu versehen, aber erst sein Nachfolger Marcus Sitticus konnte mit den Benediktinern einen Vertrag zur Führung eines Gymnasiums schließen, das dann zur Hohen Schule mutieren sollte. Es kam zu einem Zusammenschluß mehrerer benediktinischer Klöster, um die nötigen Lehrer zu beschaffen. Schließlich stellte das Stift Ottobeuren im Schwabenland den Großteil der Lehrkräfte, doch die Professorengruppe mußte ganz geheim und auf Um- und Schleichwegen nach Salzburg reisen, weil man erfahren hatte, daß von Jesuiten ausgesandte Häscher die Gruppe fangen sollten, denn München und der dortigen Jesuitenschule war das benediktinische Vorhaben so ganz in der Nähe höchst unliebsam. Doch unter dem Jubel der Bevölkerung zogen die Professoren in Salzburg ein, und im November 1617 konnte die Schule schon eröffnet werden. Nach wenigen Tagen zählte sie 147 Studenten. Die Hörerzahl stieg aber bald auf über 400 Studenten, die damit zu einem wichtigen wirtschaftlichen Faktor wurden, denn Salzburg zählte um die Mitte des 17. Jahrhunderts nur rund 8.000 Einwohner.

Erzbischof Paris Lodron konnte die Ernte einbringen: Am 4. Oktober 1622 erhob Kaiser Ferdinand II. das Gymnasium zur Universität, und 1625 bestätigte Papst Urban mit einer eigenen Bulle Salzburgs Gelehrtenschule.

Doch, wie man aus dieser Vorgeschichte sieht, war es anfangs gar nicht so ungefährlich, Professor zu werden und zu sein.

Der Dom in neuem Glanz

Langzeitig waren stets andere Teile des Salzburger Doms eingerüstet. Umweltverschmutzung, aber auch falsch verstandene Methoden der Steinbehandlung früherer Renovierungen haben vor allem der

Marmorfassade schwer zugesetzt. Deshalb war eine höchst aufwendige Generalsanierung notwendig, sollte der Dom doch für das Jubiläum „1200 Jahre Erzdiözese" in seinem Glanz erstrahlen. Die Renovierung war dringend, und das Bauwerk ist es auch wert, saniert zu werden. Dieser barocke Dom hatte mehrere Vorgängerbauten, doch in der Regierungszeit des Erzbischofs Wolf Dietrich brach am 11. Dezember 1598 gegen Mitternacht im Dom ein Feuer aus, vernichtete den Dachstuhl, sowie alle fünf Türme mit den Glocken. Altäre, Orgel und Kunstwerke im Inneren blieben großteils unbeschädigt. Wolf Dietrich wollte den Dom neu eindecken. Der Versuch schlug fehl. Daraufhin gab er den Befehl zum totalen Abbruch. Acht Jahre dauerte das Abtragen der Ruinen. Der Friedhof rings um den romanischen Dom wurde aufgelassen, 55 Bürgerhäuser, die den Bauplänen im Wege standen, wurden weggerissen. Nach Plänen des Italieners Vincenzo Scamozzi sollte der neue Bau aufgeführt werden. Doch als der Bau beginnen sollte, war Wolf Dietrich inzwischen auf der

Residenzplatz mit Blick zum Dom – Kupferstich um 1690 von Johanna Sibylle Küsel (um 1650–1717) aus der „Historia Salisburgensis" der Brüder Mezger, die 1692 erschienen ist. Bild: Archiv Ritschel

Festung inhaftiert worden. Sein Nachfolger Marcus Sittikus ließ die inzwischen errichteten Grundmauern des Doms wieder schleifen und holte Santino Solari nach Salzburg. Ab 1614 entstand nach dessen Plänen der heutige Dom. Die Einweihung erfolgte schließlich unter Erzbischof Paris Lodron, denn Marcus Sittikus war nach nur sieben Jahren Regierungszeit gestorben.

Zu Rupertus im Jahre 1628 kam es zum großartigen Domweihfest. Dieses eine Woche lang währende Fest war das prunkvollste Ereignis seiner Zeit. Auf Kosten des Erzbischofs wurde das Volk gespeist, konnte von den eigens aufgestellten Ständen Wein holen, soviel es wollte, täglich gab es Feuerwerke und strahlende Beleuchtung, an allen Altären wurde ohne Unterbrechung Messe gelesen, weil von nah und fern die Geistlichen kamen und dafür vom Erzbischof je einen Domweihtaler erhielten. Als in feierlicher Prozession die Rupertusreliquien in den Dom gebracht wurden, gab es einen Festzug von 781 Personen; im Zug waren auch 651 Pferde. Die ganze Landfahne, die bewaffnete Macht des Erzstifts, begleitete den Zug und stand Spalier, die Musketiere in roten spanischen Röcken, die städtischen Fähnlein in gestreiften Mänteln. Der Erzbischof fuhr in Begleitung des Domkapitels und Hofstaates in 30 sechsspännigen Karossen, voran ritten Trompeter und vier Kompanien Reiterei. Bischöfe, Äbte und Pröpste aus der riesigen Kirchenprovinz waren zugegen, aber auch Churfürst Ferdinand von Köln, Churfürst Maximilian von Bayern, Herzog Albrecht von Bayern oder Erzherzog Leopold von Österreich waren als Ehrengäste anwesend. Die Prozession zog durch die ganze Stadt. Voran schritten nach Trompetern und Paukern die Handwerkerzünfte, die Bruderschaften, die Ordensleute, der Klerus, die Hofmusik, die Prälaten des Kapitels, der Hofstaat, schließlich folgten der Erzbischof und seine fürstlichen Gäste. Es war ein farbenfrohes und prachtvolles Fest.

Der erste Bombenangriff auf Salzburg am 16. Oktober 1944 zerstörte die Vierungskuppel des barocken Domes. Sicherungsarbeiten begannen sofort. Aber schon im Juli 1945 begann der Wiederaufbau des Domes. Das Dombaukomitee unter Leitung von Erzbischof Andreas Rohracher hatte Landeshauptmann Dr. Schemel und Bürgermeister Dipl.-Ing. Hildmann als Mitglieder, und der Wiener Dombaumeister Karl Holei erstellte die Pläne zur Restaurierung. Stadt und Land und das Salzburger Volk unterstützten den Wiederaufbau in dieser Notzeit.

Oh, du gute alte Zeit

Zum Weihnachtsfest gehört untrennbar das den Weltball umspannende Weihnachtslied „Stille Nacht, heilige Nacht." Keine Angst, ich will nun nicht zum wahrscheinlich xten Mal die Entstehungsgeschichte dieses Liedes erzählen und auch nicht vom Tonsetzer Franz Xaver Gruber oder dem Textdichter, dem Geistlichen Joseph Mohr. Nein. Ich will erzählen von der Mutter Joseph Mohrs, von dem schweren Schicksal einer jungen Frau, die Liebe wollte und sich ins Elend brachte. Die Mutter Mohrs stammte aus Hallein. Anna Schoiber war 1751 geboren worden, der Vater Anton war Schreiber am Salzamt und Salzeinnehmer. Die Familie hatte nicht nur ihr Auskommen, sie war durchaus wohlgestellt und auch angesehen. Doch als Anna 15 Jahre alt war, starb der Vater. Mit dem Verlust des Amtes verlor die Familie auch das Wohnrecht. Die Witwe Maria übersiedelte mit Anna, mit 15 Jahren galt sie durchaus als erwachsen, nach Salzburg, wo die beiden Frauen im Nöstlerhaus Steingasse Nr. 9, direkt an der Imbergstiege gelegen, man muß es so bezeichnen, in Armut lebten. Ihren Lebensunterhalt verdienten sie sich mit Strickarbeiten, Konfektionskleidung gab es damals noch keine, und Frau Schoiber und ihre ledige Tochter verkauften ihre handgestrickten Kleidungsstücke entweder beim Strumpfwirker Laubacher in der Pfeifergasse 9 oder arbeiteten auf Bestellung.

Das Leben war höchst schwer. Anna gierte nach Lebenslust und nach Liebe. Für die Mutter Maria Schoiber bedeutete es Schande und der unsittliche Lebenswandel Annas brachte großen Kummer. Anna hatte wechselnde Beziehungen zu Männern, sie war zu arm, um das Glück zu haben, geheiratet und damit eine ehrsame Bürgersfrau zu werden.

Der Versuch, Liebesbeziehungen aufzubauen, endete jeweils damit, den Behörden wieder ein uneheliches Kind anzeigen zu müssen. Dreimal mußte die Anna Schoiberin bei den Magistratsbehörden vorsprechen, wurde wegen „fleischlichen Verbrechens" in das sogenannte Fornikationsprotokoll eingetragen und hatte eine Geldbuße zu entrichten. Dreimal stand ein anderer Kindesname in den Urkunden, weil uneheliche Kinder damals nicht den Namen der Mutter, sondern der unehelichen Väter erhielten.

Das Fornikationsprotokoll aus den Jahren 1795 bis 1804 der Stadt Salzburg enthält folgende Eintragung: „3. Jänner 1796. Anna Schoiberin von Hallein geboren, Salzeintragerstochter, 38 Jahre alt und durch 32 Jahre hier, ledig, ernähre mich mit Handarbeit und Inngelegen, zeige mich an, daß mit dem Felix Dreithaler, Tagwerker allhier, vier Wochen vor Jakobi vorigen Jahres am Mönchsberg fleischlich verbrochen habe und schwanger sey. Dies ist mein Verbrechen.

Das erste geschah vor 18 Jahren mit einem Soldaten Leopold Gönngbacher, der nun im Felde steht. Das Kind, ein Knab, ist gestorben.

Das zweyte geschah vor 13 Jahren mit Peter Paul Gregg, hochfürstlicher Kammerdiener. Dieses Kind, ein Maidl, lebt und wird von ihrem Vater erhalten. Ich habe wegen diesem Verbrechen die Geldstrafe erlegt.

Das dritte Verbrechen geschah vor drei Jahren mit dem Soldaten Johann Mohr, der von hier desertierte. Das Kind, ein Knab, lebt und hat von gemeinen Almosen wöchentlich 30 Kreuzer. Ich bin wegen meinem dritten Verbrechen noch nicht abgestraft."

Diesem erschütternden Protokoll ist der Vermerk angefügt: „Worauf sie mit Vorbehalt der Strafe entlassen wurde."

1872 starb Anna Schoiber an Lungenschwindsucht.

Oh, du gute alte Zeit.

Ein fast vergessenes Jubiläum

Das Jahr 1995 brachte für Österreich und Salzburg bedeutende Jubiläen. Dabei ist untergegangen, daß just 190 Jahre davor, genau am 26. Dezember 1805, Salzburg zum ersten Mal der österreichischen Monarchie eingegliedert wurde. 1803 war offiziell die Herrschaft der Fürsterzbischöfe zu Ende gegangen und das Land Salzburg dem aus der Toskana vertriebenen Habsburger Ferdinand gemeinsam mit Eichstätt als Kurfürstentum übertragen worden. Dessen Herrschaft dauerte nur bis Ende 1805, dann brachte der Friede von Preßburg zwischen Österreich und Frankreich die Einverleibung Salzburgs und auch Berchtesgadens in die österreichischen Länder. Dieser Friede war für Österreich höchst bitter, denn es verlor nicht nur Venetien, Istrien und Dalmatien, sondern auch Tirol, Vorarlberg und eine ganze Reihe anderer Bistümer, die alle Bayern zugeschlagen wurden.

Der Friede währte jedoch nicht lange, denn nicht nur Österreich wollte die verlorenen Länder zurückholen. In Tirol stellte sich Andreas Hofer an die Spitze einer Volksbewegung, um die Heimat zu befreien. So erklärte Österreich im April 1809 Frankreich den Krieg. Als im Oktober 1809 der Friede von Schönbrunn geschlossen wurde, gingen das Innviertel, ein Teil des Hausrucks, Nordtirol, Vorarlberg, Berchtesgaden und Salzburg an Bayern. Und so wurde Österreich in allen Grenzgebieten angeknabbert. In Salzburg aber hatten gleichfalls heftige Kämpfe getobt. Nicht nur in Tirol. So verteidigten der Gastwirt Josef Struber und der Bauer Peter Sieberer aus Buchberg bei Pfarrwerfen heldenmütig den Paß Lueg. Die Verteidigung war in einer Sitzung in Radstadt beschlossen worden, wo der Kapuzinerpater Joachim Haspinger die gemeinsame Aktion beschworen hatte. Im Pinzgau wiederum war es der Aichbergwirt Anton Wallner, der unterhalb von Taxenbach die sogenannte Halbstundenbrücke mit vierhundert Bauern lange Zeit gegen die Übermacht von 7000 Bayern verteidigte.

Für Salzburg brachen schlechte Zeiten an, denn ununterbrochen mußten die durchziehenden Truppen, also Bayern, Sachsen und Franzosen verpflegt werden. Für den Kontrollpunkt Lofer zum Beispiel galt, daß Saalfelden, Taxenbach, Kaprun und Mittersill drei Monate hindurch täglich 1.500 Rationen Brot und Fleisch, mehr als 6.000 Liter Hafer, 100 Zentner Heu und 50 Zentner Stroh zu liefern hatten. In die Stadt Salzburg wurden von der ersten bayerischen Division 900 Mann verlegt, nach Morzg, Hellbrunn, Anif, Leopoldskron, Viehhausen und Gois 600 Mann und 450 Pferde. Nach Wals, Feldkirchen, Siezenheim und Umgebung 1.200 Mann, in den Raum Hallein, Adnet, Grödig und Oberalm 1.800 Mann usw. Doch das war nicht alles: Von der sächsischen Division kamen in die Stadt Salzburg 1.100 Soldaten, in das Gebiet Mattsee, Obertrum und Seeham 1.000 Mann. Dazu kamen in der Stadt noch 30 Offiziere und 24 Diener vom Hof des Marschalls Lefevre, fast 500 Mann seiner Garde, 50 französische Gendarmen und hunderte Offiziere und Mannschaften der Besatzungsverwaltung mit Ärzten, Bäckern, Pionieren, Dienern, zu denen, wie es in zeitgenössischen Berichten heißt, „ein beträchtlicher weiblicher und männlicher Troß" kam. Überdies mußte die Stadt Salzburg den ausgerückten Truppen täglich 60.000 Rationen Brot und Fleisch liefern, am 30. Oktober 1809 zudem 100 Eimer Branntwein.

Es war eine schwere Zeit für das Land. Der Niedergang setzte mit voller Kraft ein, das einstmals blühende Fürstentum wurde als königlich-bayerische Provinz nicht nur ausgepowert, sondern verfiel in einen Dämmerschlaf, der Jahrzehnte andauern sollte, denn als nach der Abdankung Napoleons am 3. Juni 1814 im Vertrag zwischen Österreich und Bayern die Rückgabe Salzburgs an Österreich fixiert wurde, die dann der Wiener Kongreß endgültig beschloß, blieb Salzburg vorerst als bloße Kreisstadt den Linzer Behörden unterstellt.

Millennium und Sühnebrief

Österreich feierte im Jahr 1996 das sogenannte Millennium, also tausend Jahre Österreich, denn am 1. November 996 ist in einer Schenkungsurkunde Kaiser Ottos III. an das Bistum Freising erstmals der Name Österreich als Ostarrichi erwähnt, wobei es heißt, daß diese Region im Volksmund Österreich genannt wird. Das heißt also, daß der Name an sich weit älter ist.

Die Stadt Salzburg feierte gleichfalls ein Millennium, denn Kaiser Otto III. hatte am 28. Mai 996 dem Erzbischof Hartwig das Recht verliehen, in Salzburg einen täglichen Markt einzurichten und Münzen nach Regensburger Gewicht zu schlagen. Diese Verleihung des Marktrechtes war für die Entwicklung Salzburgs von höchster Bedeutung. Und der Erzbischof begann auch fleißig, eigene Münzen schlagen zu lassen.

Die kaiserliche Urkunde könnte vermuten lassen, daß erst mit diesem Zeitpunkt ein Markt in Salzburg anzunehmen sei. Doch der Text ist wörtlich abgeschrieben von der Verleihung des Markt- und Münzrechtes an das Bistum Freising, das diese Privilegien sechs Tage vorher erhalten hatte. Der Schreiber der kaiserlichen Kanzlei wechselte bloß die Namen der Städte aus. Sowohl der Bischof von Freising, wie auch der Erzbischof von Salzburg waren mit Otto nach Rom gezogen, wo dieser zum Kaiser Otto III. gekrönt wurde. Der Papst, der dies vornahm, war übrigens Gregor V., mit bürgerlichem Namen Brun von Kärnten, ein Vetter Ottos. An die Krönung schloß eine Synode, in der der Kaiser Privilegien verteilte, so eben die des täglichen Marktes in Salzburg und der eigenen Münze, deren Ertrag dem Erzstift, also dem geistlichen Landesherrn, zufloß. Es ist aber mit Sicherheit anzunehmen, daß es vor der Verleihung des Marktrechtes bereits einen Markt gegeben hat und zwar vor der Porta der Pfalz, also auf dem heutigen Waagplatz. Schließlich ist Salzburg schon 774 in den Salzburger Annalen als Civitas, also als Stadt, bezeichnet worden. Ganz abgesehen, daß Salzburg als Juvavum schon in der Antike zu den ersten Orten Noricums gehörte, die das Munizipalrecht, also Stadtrecht, erhielten, ist Salzburg, vom Mittelalter her gesehen, die älteste Stadt im heutigen Österreich.

Wir wissen allerdings sehr wenig von Verwaltung, Verfassung und dem Recht der Stadt. Die älteste überlieferte Urkunde entstand fast 300 Jahre später. Es ist dies der Sühnebrief von 1287, mit dem Erzbischof Rudolf von Hohenegg einen Streit zwischen den Bürgern, nämlich zwischen Reichen und Armen, schlichtete, indem er , wie es heißt, die „lieben purgaer von Salzburch" beschwören läßt, alle Zwietracht auf immer und „ewichlich zu vergezzen", so daß der Streit weder mit Worten noch mit Werken wieder erhoben werde. Er verhänge Bußen über etwaige Friedensbrecher.

Was heißt das nun, ein Streit zwischen den reichen und den armen Bürgern? Die genaue Untersuchung der Namen der unterzeichneten Bürger ergibt, daß in der Fraktion der Reichen Männer aufscheinen, die in prominenten Stellungen tätig waren, daß jedoch bei den Armen es sich keinesfalls um wirkliche Gemeindearme handelt. Der Erstunterzeichner Meinhard Neumeister war zum Beispiel ein höchst vermögender Fernhändler. Es dürfte sich bei den beiden Fraktionen vielmehr um eine Auseinandersetzung zwischen alteingesessenen Familien und jüngst zugewanderten gehandelt haben, die durchaus die gleichen Rechte erhalten wollten, wie die alten Salzburger Familien. Das blieb übrigens ein Streitpunkt bis in das späte 19. Jahrhundert.

Dieser Sühnebrief, den die Vertreter der beiden Parteien auch im Namen ihrer Anhänger beschworen, enthält in seinem zweiten Teil insgesamt zehn Rechtssätze, die nicht nur für Salzburg, sondern für alle erzbischöflichen Städte und Märkte gelten sollten. Er verpflichtete die Bürger außerdem zur Verteidigung der Stadt, jeder müsse dazu einen eigenen Harnisch besitzen. Die Ummauerung Salzburgs war in dieser Zeit gerade fertig geworden, und so waren die Bürger verpflichtet, diese Mauern auch zu verteidigen.

Wenn heute Fremdenführer den Gästen erklären, hier liege in Salzburg Klosterstadt, Bischofsstadt und Bürgerstadt nebeneinander und in unserem Jahrhundert sei noch die Festspielstadt dazugekommen, dann bezieht sich für die ersten drei Bezirke das nicht nur auf die Bauten, sondern geht auf historische Bezüge zurück. Die Bewohner der Stadt waren in den Anfängen Hörige entweder des Klosters, des Bischofs oder des Domkapitels, also sogenannte Eigenleute, die leibrechtlich von ihren Herren abhängig waren.

In den Reichsstädten hatte sich die Freiheit für die Bürger viel rascher durchgesetzt, vor allem weil die Könige diese freien Reichsstädte sich selbst unterstellt und damit den Territoriumsfürsten entzogen hatten. Im gesamten Erzstift Salzburg, im Fürstentum Salzburg, gab es keine einzige Reichsstadt. Die Erzbischöfe zögerten lange Zeit, die Bürger aus der leibrechtlichen Abhängigkeit zu entlassen. Nach und nach gaben sie den Bürgern in den zu Salzburg gehörenden Städten in Kärnten und in der Steiermark die Bürgerrechte. Die Hauptstadt Salzburg aber mußte erleben, daß die Freiheit ihrer Bürger sehr lange eingeschränkt blieb. Daß das Leben als Höriger nicht unbedingt schlecht sein mußte, zeigt ein Beispiel, daß elf freie Bürger aus Regensburg sich freiwillig dem Salzburger Domkapitel als Hörige und Zinspflichtige unterstellten. Die Handwerker, die in der Stadt ansässig waren, zählten überwiegend entweder zur Familie von St. Peter, des Erzbischofs oder Nonnbergs, weil die Klöster, der Erzbischof, aber auch das Domkapitel interessiert waren, möglichst selbständig und ertragreich zu wirtschaften und daher alle Gewerbezweige, die sie brauchen konnten, in der Stadt ansiedelten. Das Bürgerrecht hingegen besaßen Bäcker, Wirte, Goldschmiede, Sattler, Schmiede oder Steinmetze – insofern sie nicht auch Eigenleute der Klöster waren. Metzger und Fleischhauer hingegen wurden erst sehr spät Bürger, denn sie übten – wie es hieß – ein unehrliches, also wenig angesehenes Gewerbe aus. Von der kleinen Schar der Kaufherren und vor allem der Fernhändler, Exporteure und Importeure würden wir heute sagen, ging der Anstoß zur Entwicklung einer

freien Bürgerschaft aus. Das entwickelte sich ab dem Beginn des 12. Jahrhunderts. Im 13. Jahrhundert löste sich langsam eine freie Bürgerschaft aus der Abhängigkeit von Erzbischof und Klöstern, wie der schon zitierte Sühnebrief dokumentiert.

Ältestes Salzburger Stadtsiegel – Vom Jahre 1249 an war dieses Siegel in Verwendung.
Bild: Carolino Augusteum/R. Poschacher

Weit mehr als ein Bürokrat

Ich möchte an einen Rechtsgelehrten und Staatsmann erinnern, der für Salzburgs Geschichte Bedeutung hatte. Es ist dies Johann Franz Thaddäus Kleimayrn, der am 25. September 1733 in Zell im salzburgischen Zillertal zur Welt kam. Der Vater war salzburgischer Rat und Pfleger zu Kropfsberg und stand der Gerichtsobrigkeit der Hofmark Lammersbach in Tux im Zillertal vor. Der Vater unterrichtete den Kleinen, unterwies ihn in Latein und war von einer Lateinbildung so überzeugt, daß ihm seine Söhne bereits in der ersten Grammatikalklasse nur lateinische Briefe schreiben durften. 1740 brachte der Vater den Sohn nach Salzburg ins Gymnasium, danach studierte dieser an der hiesigen Universität, übersiedelte zum kaiserlichen Reichskammergericht nach Wetzlar und nach Göttingen, doch schon Ende 1755 wurde er zum Salzburger Hofrat einberufen. Die Karriere war steil: Wirklicher Hofrat, Hofbibliothekar mit freier Wohnung, 1761 nach dem Tod des Vaters, als Anerkennung des Amtseifers, das Erträgnis des Pflegers von Kropfsberg, schließlich Hofratsdirektor und 1789 wurde Kleimayrn in den salzburgischen Adelsstand erhoben. Im Reichsadelsstand war die Familie schon vom Großvater her. 1796 wurde Kleimayrn zum Hofkanzler bestellt, doch der Landesherr Erzbischof Hieronymus von Colloredo flüchtete während der napoleonischen Kriege und einer der Statthalter, die er einsetzte, war Kleimayrn. Ferdinand von Toskana berief ihn in den neuen Staatsrat und bestellte ihn zum Präsidenten der obersten Justizstelle. Doch schon am 5. März 1805 starb der 72jährige und wurde am Friedhof zu St. Peter in der Familiengruft, heute die Laube 25, beigesetzt. Kurfürst Ferdinand war so bestürzt über den Tod dieses wichtigen Mitarbeiters, daß er der Witwe die ungewöhnlich hohe Pension von 800 Gulden gewährte.

Für die Salzburger Geschichte ist Kleimayrn nicht wegen seiner steilen Staatskarriere wichtig, denn dies war nur der äußere Rahmen. Er ordnete erstmals die Archive des Landes. In sechs Bänden gab er alle das Halleiner Salzwesen betreffenden Verträge und Akten heraus. Sein Hauptwerk aber wurde der 1784 erschienene umfangreiche Foliant mit dem langatmigen Titel „Nachrichten vom Zustande der Gegenden und Stadt Juvavia vor, während und nach Beherrschung der Römer bis zur Ankunft des Heiligen Rupert und von deren Verwandlung in das heutige Salzburg." Es war das Fundamentalwerk der salzburgischen Staats- und Kirchengeschichte, das noch wertvoller wurde durch den Anhang von bis dahin unedierten Urkunden aus dem 6. bis 10. Jahrhundert.

Die angesehene „Jenaer Allgemeine Literaturzeitung" schrieb dazu: „Unstreitig sind die Nachrichten von Juvavia sowohl in Rücksicht des Gegenstandes als der historischen Genauigkeit, der gründlichen und auf alle Verhältnisse des Erzstiftes Salzburg sich ausbreitenden Kenntnisse und der edlen Freimütigkeit und Wahrheitsliebe, mit welcher es behandelt worden ist, für unsere deutsche Geschichte eines der wichtigsten Werke der neuesten Zeit. Es ist kein Wunder, daß Salzburg vor anderen katholischen Ländern so große Fortschritte in der Aufklärung zum Voraus hat. Wo der gelehrte unbefangene Unternehmungsgeist in so hohem Grade herrscht, als aus diesem Werke hervorleuchtet und so großmütig wie hier geschätzt wird, da muß die Aufklärung mit großen Schritten vorwärtsrücken."

Sein Bruder sagte von ihm: „Dem Herrn Geheimen Rat von Kleimayrn kann aber wohl nicht, wie sonst insgemein den Deutschen nachgesagt werden, daß er mit Seel und Leib bei Tische sei, denn bei ihm ist Erstere fast immer nur in der Geheimen Hofkanzlei." Als er starb, fanden sich unter den Handschriften Aphorismen über „Allgemeine Ansichten aller positiven Staatsgesetze". Darin zeichnete er sich selbst seine Richtlinien vor: „Sei guttätig, wirksam, teilnehmend, tolerant, hilfreich, wahrhaft, redlich und billig".

Warum die Richterhöhe so heißt

Warum heißt die Richterhöhe auf dem Salzburger Mönchsberg mit ihren so charakteristischen Türmen Richterhöhe? Die Frage wird immer wieder gestellt. Hier nun die Antwort: Sie hat den Namen von dem Marmordenkmal, das einen Mann in Bergsteigertracht zeigt, dessen Blicke gegen die Berge gerichtet sind. Das Denkmal des Wiener Bildhauers Trautzl, das 1907 aufgestellt wurde, zeigt Eduard Richter und nach ihm ist diese Höhe benannt.

Wer aber war Eduard Richter? Er war Geograph und Historiker und vor allem begeisterter Bergsteiger. Er war ein großartiger Mensch, ein Lehrer, der seine Schüler und später Hörer an der Universität begeisterte.

Eduard Richter wurde 1847 im niederösterreichischen Mannersdorf geboren und studierte an der Wiener Universität Geschichte. Am wichtigsten aber wurde für den Studenten der damals einzige Professor für Geographie an einer österreichischen Universität, Friedrich Simony. Simony begeisterte den Bergsteiger Richter, als er in einer Vorlesung Ansichten aus dem Ötztal vorstellte. Es entwickelte sich ein Gespräch, daraus wurde eine enge Verbindung und durch Simonys Vermittlung erhielt Richter 1871 eine Lehrerstelle am Staatsgymnasium in Salzburg, wo er nun Geschichte und Geographie unterrichtete. Bald wurde er als Freund in das Haus des Kaufmannes Carl von Frey in dem alten Turm auf dem Mönchsberg eingeführt. 1872 heiratete er die einzige Tochter des Hauses, Juli von Frey, zehn Monate später wurde eine Tochter geboren, kurz darauf starb die Gattin. Vier Jahre später ehelichte Richter eine Freundin seiner ersten Frau, Luise Seefeldner. Dieser Ehe entsprangen drei Töchter. Besondere Freunde Richters waren die Brüder seiner zweiten Frau, dann der Professor der Oberrealschule, Eberhard Fugger, mit dem er wiederholt die Untersberg-Eishöhlen durchkletterte, dann der Direktor der Gewerbeschule, Camillo Sitte, und Gymnasialdirektor Hermann Pick. Alles Namen, die in Salzburgs Geschichte Glanz besitzen.

Richter wurde als einer der bedeutendsten Alpinisten wiederholt Funktionär in der Sektion Salzburg des Alpenvereins, dessen Vorsitz er von 1883 bis 1885 führte. Sein Name ist mit der Errichtung des Schutzhauses auf dem Untersbergplateau, mit der Herstellung des Dopplersteiges und mit der Erbauung der Kürsingerhütte im Obersulzbachtal verknüpft. In der Gesellschaft für Salzburger Landeskunde war er gleichfalls tätig. Er publizierte auch in den Jahresbänden, vor allem seine grundlegenden „Untersuchungen zur historischen Geographie des ehemaligen Hochstiftes Salzburg". Richter untersuchte Gletscherphänomene, die er 1888 in seinem Werk „Die Gletscher der Ostalpen" zusammenfaßte. Er war Mitautor einer Monographie des Berchtesgadenerlandes und redigierte das Alpenvereinswerk „Die Erschließung der Ostalpen".

Obwohl Richter in der Wissenschaft angesehen war, fehlte ihm eine formale Voraussetzung, um an die Universität berufen zu werden. Mit 38 Jahren holte er das Versäumnis nach und promovierte zum Doktor der Philosophie. Sofort wurde er auch als ordentlicher

Professor für Geographie an die Grazer Universität geholt. Neben der Gletscherforschung beschäftigte ihn die Seenforschung, wobei ihm die Entdeckung der sogenannten Sprungschicht und die Aufhellung der Vorgänge beim Gefrieren der Seen besondere Anerkennung brachten. Seine „Geschichte der Gletscherschwankungen" brachte ihm neuerlich Ruhm, seine Liste der Publikationen und Vorträge ist lang und 1899 war Richter Rektor der Grazer Universität. Am 6. Februar 1905 erlag er einem Herzleiden. Salzburg setzte dem Mann dann das würdige Denkmal.

Das Gesinde ging „schlenkeln"

Während einer Bildungswoche in Maria Alm leitete ich ein Gespräch mit Zeitzeugen, die über ihren Ort vor 50 Jahren berichteten. Eine Bäuerin erzählte, wie Knechte und Mägde immer mehr verschwanden und wie sich das Bild der Landwirtschaft so vollständig wandelte, daß wir uns heute gar nicht mehr vorstellen können, wie vor einigen Jahrzehnten sich das Leben auf dem Lande abgespielt hat.

Um die Jahrhundertwende gab es im Pinzgau an die 14.000 Beschäftigte in der Land- und Forstwirtschaft. Davon waren 5.318 Personen Gesinde, also Mägde und Knechte. Das ergibt die hohe Zahl, daß fast 39 Prozent der Beschäftigten dem Gesindestand angehörten. Im gesamten Land Salzburg waren es an die 60.000 Beschäftigte, davon gegen 10.000 Gesinde, wobei der Prozentanteil zwischen rund 21 und eben bis zu 39 Prozent schwankte.

Offiziell wurde man Gesinde nach dem Schulabgang mit 14 Jahren. Doch arbeiteten, wenn die körperliche Entwicklung gegeben war, schon 11- und 12jährige regelmäßig und gingen nur sporadisch zur Schule. Dazu kam noch das Dasein als Hüterbub oder Hütermädl. Das Gesinde war in den Familienverband des Bauern eingegliedert. Kost und Kleidung waren Teil des Lohns, die Arbeitszeit war nicht geregelt, im Sommer dauerte sie von Sonnenaufgang bis zum Sonnenuntergang, im Winter hatten es die Knechte etwas leichter, die Mägde hatten auch noch des abends in der Stube zu tun. Ob Sonn- oder Feiertag, täglich mußte zwei- bis dreimal in den Stall gegangen werden. Freizeit gab es wenig, und wenn eine Magd sie nützen wollte, mußte sie fragen, ob sie den Hof verlassen dürfe und gar, ob sie den Tanzboden besuchen könne. Bei den erwachsenen Knechten ging es leichter. Sie durften ins Wirtshaus gehen, aber sie hatten vielfach schon auch zu fragen, denn der Bauer hatte Macht über sie.

Es gab jedoch Tage mit erleichterter Arbeit, viel mehr Feiertage als in der Stadt, denn so viele Feste wurden im bäuerlichen Milieu begangen, etwa die Namenstage der Apostel, des heiligen Josef oder gar Marie Lichtmeß am 40. Tag nach Weihnachten.

Im bäuerlichen Arbeitsjahr bedeutete Lichtmeß das Ende der Arbeiten im Haus und den Beginn der Feldarbeit. Das Gesinde erhielt den Jahreslohn und konnte den bisherigen Dienst aufsagen. Zwischen dem alten und dem neuen Dienstjahr hatte das Gesinde ein paar freie Tage. In Bayern und in Österreich, auch im Salzburgischen, sagte man dazu, das Gesinde konnte „schlenkeln", es waren die Schlenkeltage.

Und es war wichtig, zu Lichtmeß den Dienstplatz zu wechseln, um so zu zeigen, daß man seinen Vertrag treu erfüllte. Wechselte ein Knecht oder eine Magd während des Jahres, wurde sofort gefragt, ob da ein Gesinde hinausgeworfen worden sei oder weshalb man gehe. Bald gab es da keinen Hof mehr, der den Knecht oder die Magd haben wollte. Denn ein ganz genaues Ritual zwischen Bauer, Bäuerin auf der einen, und Knecht und Magd auf der anderen Seite regelte das Arbeitsverhältnis.

Ein Teil des Gesindes waren vielfach auch die jüngeren Geschwister des Bauern, die nicht erben konnten. Die breiteste Gruppe des Gesindes waren die 14- bis 30jährigen, bei den Männern noch einige Jahre mehr hinzugerechnet, dann erst konnten sie heiraten und irgendwo eine kleine „Sache" erwerben oder hatten selbst die Chance, eine Keusche zu erben. Eine andere Gruppe waren die Mägde und Knechte, die diesen Beruf in der gesamten Lebensarbeitszeit ausübten. Sie hatten oft ein trübes Schicksal zu erwarten, wenn sie rundum von Hof zu Hof wandern mußten, um erhalten zu werden.

Die rasche Industrialisierung und vor allem die Mechanisierung führten zur praktischen Vernichtung dieses Berufes, der auch aus heutigem Sozialversicherungsdenken heraus nicht begreifbar wäre.

Irrenarzt und Geschichtsschreiber

„Unvergänglicher als Erz und Marmor bleibt seine Geschichte der Stadt Salzburg", schrieb die Stadtgemeinde Salzburg auf die Gedenktafel für den heimatlichen Geschichtsschreiber, die sie an der salzachseitigen Front des Alten Rathauses anbrachte. Es handelt sich um Franz Valentin Zillner, der vor 180 Jahren am 14. Februar 1816 in der Griesgasse 11 in Salzburg geboren wurde und dessen Todestag sich am 17. Dezember 1996 zum hundertsten Mal jährte.

Der Vater Johann Anton Zillner hatte sich noch unter der Herrschaft von Erzbischof Hieronymus vom Zimmermann zum Maschinenbauer hochgedient und war von den österreichischen Behörden als Baubeamter zur Saline nach Hallein versetzt worden. Der Sohn kam in Salzburg zur Welt, weil der Vater zu dieser Zeit mit der Einrichtung einer Steinsäge im Marmorbruch Untersberg beauftragt war. Die Kindheit verbrachte Zillner in Hallein im sogenannten Kleuzhaus. Der Name kommt daher, daß auf dem Dachboden das für Salzfässer gekloben Holz getrocknet wurde. Rechnen und Schreiben lernte er vom Vater, von der Mutter Lesen, dann kam er zum Lehrer der Salinenschule und ein Jahr in die öffentliche Schule. Mit 11 zog Zillner als Gymnasiast nach Salzburg. Bei der ersten schriftlichen Lateinaufgabe wurde er von 84 Schülern der 83., doch er schuftete hart, und in der 4. Klasse führte er den Spitznamen „der kleine Cicero".

Franz Valentin Zillner (1816–1896) – Der Irrenarzt wurde zum Geschichtsschreiber der Stadt Salzburg und zum „Vater der Salzburger Landeskunde".
Bild: Carolino Augusteum

1830 starb der Vater. Mit dem Schiff übersiedelte die Witwe Zillner ihre Habseligkeiten und ihre zwei Buben nach Salzburg. Sie wohnten in der Döllerergasse. Der Gymnasiast wurde Erzieher und Lehrer für Koststudenten, dann erhielt er einen Freiplatz im Kollegium Rupertinum. In der Uniform der Rupertiner hielt er schließlich die lateinische Abschiedsrede am Schluß der Gymnasialstudien. Ihn zog es nach Wien, wo er nicht nur Medizin studierte, sondern auch die alten Klassiker, moderne Sprachen, Geschichte, Naturwissenschaften, Germanistik und Arabisch.

Wiens medizinische Schule war im Aufstieg, hatte Lehrer wie Hyrtl, Rokitansky, Hebra und Skoda. 1841 war Zillner Doktor der Medizin, im Jahr darauf folgten das geburtshilfliche und das chirurgische Diplom, dann hörte er noch zwei Jahre verschiedenste Privatkurse und machte Spitalspraxis.

1844 bewarb sich Zillner um die mit 300 Gulden dotierte Stelle eines Sekundararztes im St. Johannsspital. Der Dampfer brachte ihn nach Linz, von dort wanderte er zu Fuß durch das Salzkammergut in seine Geburtsstadt. 1848 heiratete er in Wien Emely, die Tochter eines Arztes, die er als Student kennengelernt hatte. Zillner hatte die Stelle eines provisorischen Irren- und Leprosenarztes in Salzburg erhalten. Bräutigam, Brautführer und viele Gäste trugen die Uniform des Studentenkorps. Zillner wurde zum Gemeinderat und auch zum Oberleutnant der Akademischen Legion gewählt. Einer seiner ersten Anträge im Gemeinderat galt der Einführung der Hundesteuer. Sie trug ihm den wenig schmeichelhaften Namen „Hunde-Herodes" ein. Er schied aus dem Gemeinderat, um sich völlig der Irrenanstalt zu widmen. Eine ganze Reihe von wissenschaftlichen Arbeiten führten zur Berufung in verschiedene gelehrte Gesellschaften.

Franz Valentin Zillner, ein heiterer Gesellschafter, wurde auch der Gründer der „Gesellschaft für Salzburger Landeskunde". Er war auch der Motor für die Versammlungen dieser um Land und Stadt so verdienten Vereinigung. Er trat Versuchen entgegen, den Verein auf die naturwissenschaftliche Erforschung des Landes zu beschränken, verfaßte die Statuten, entwickelte den Plan zur Herausgabe der Mitteilungen der Landeskunde und war in verschiedensten Vorstandsfunktionen tätig. Zillner verfaßte eine ganze Reihe von Publikationen über Salzburger Themen. Herausgegriffen sei hier nur die dreibändige Geschichte der Stadt Salzburg, die ein Standardwerk wurde.

Die Mozarts im Tanzmeisterhaus

Einen Tag vor Mozarts Geburtstag, – Wolfgang Amadeus Mozart wurde am 27. Jänner 1756 im Hagenauerschen Haus in der Salzburger Getreidegasse geboren –, wurde 1996 das wiedererstandene Wohnhaus der Familie Mozart, das Eckgebäude am Makartplatz und der Theatergasse, wiedereröffnet. Dieses Wohnhaus war am 16. Oktober 1944 durch eine 500 Kilo Fliegerbombe zu zwei Dritteln zerstört worden. Die Bemühungen, dieses sogenannte Tanzmeisterhaus wieder aufzubauen, schlugen fehl. Die Ruine wurde abgetragen und ein Bürohaus kam an ihre Stelle. Das unbeschädigte Drittel, in dem auch der Tanzmeistersaal gelegen ist, blieb erhalten. 1955 konnte die Internationale Stiftung Mozarteum diesen Teil kaufen und darin ein Museum unterbringen. Durch großzügige Spenden und Sponsoren, vor allem aus Japan, gelang es, 1989 das Bürohaus zu erwerben. Es gab heftige Diskussionen, ob man nach Abriß dieses Bürokomplexes historisierend die Fassaden des Mozarthauses aufbauen dürfe. Ich meine, es ist eine Kulturtat, die hier geschehen ist, denn unmittelbar nach dem Krieg wäre es für jedermann selbstverständlich gewesen, den zerstörten Teil des Hauses wiederzuerrichten. So ist mit 50 Jahren Verspätung der Wiederaufbau gelungen.

Doch nicht von diesem Wiederaufbau soll die Rede sein, sondern von der Geschichte dieses Hauses, die bis auf das Jahr 1614 zurückgeht, als der Salzburger Bürger und Schopper, das heißt Bootsbauer, Ruep Wülpenhover, richtig Wildenhofer, mit Erzbischof Marcus Sittikus Grundstücke tauschte und so eine „Hofstatt" vor dem Lederertor erhielt, um ein Haus zu bauen. 1618 verlieh der Erzbischof dem Lederer Balthasar Mayr neben dem Wildenhoferhaus einen neuen gemauerten Stadl. Beide Besitztümer wurden mehrfach vererbt, bis schließlich 1684 und 1685 die Freifrau Maria Katharina Kuen von Belasi beide Grundbesitze kaufen konnte. Ihr Gatte war in Salzburg Kämmerer, Hofkammerrat, Hauptmann und Pfleger zu Golling, der gemeinsam mit seinem Bruder in den Grafenstand erhoben worden war mit dem klingenden Titel Khuen von Belasy Grafen zu Liechtenberg, Freiherrn auf Neuen-Lempach zu Kammer und Prielau. 1711 verkaufte die Familie Khuen von Belasy den Besitz an Anna Eva Spöckner, und ihr Gatte Lorenz Spöckner erhielt die gnädige Erlaubnis, in diesem Haus Tanzstunden für Adelige zu geben. Von da an hieß das Haus Tanzmeisterhaus. Den Saal gab es noch nicht, denn es durfte nur Einzelunterricht gegeben werden.

Man darf sich nicht eine Tanzschule im heutigen Sinn vorstellen, denn der Unterricht bei Meister Spöckner war viel umfassender. Hier wurden die jungen Damen und Herren des Adels für ihren Antritt bei Hofe vorbereitet. Das bedeutete viel mehr als gute Manieren und die Beherrschung von Tänzen. Das umfaßte das Hofzeremoniell genauso wie die Kunst des Parlierens, des höflichen Umgangstones und die Kunst, sich geistvoll unterhalten zu können.

Um 1730 ist dann schon ein größerer Tanzsaal vorhanden gewesen, denn 1731 erlaubte Fürsterzbischof Leopold Anton Freiherr von Firmian dem Tanzmeister „Mascera-Bälle" zu veranstalten. 1739 übernahm der Sohn Spöckners, Franz Karl Gottlieb Spöckner, das Haus. Er war hochfürstlicher Tanzmeister und fürstlicher Kammerdiener. Er war Leopold Mozart freundschaftlich verbunden, und dieser komponierte für ihn einige Tänze und spielte bei den Maskenredouten als Geiger mit, 1747 war Spöckner auch einer der Trauzeugen der Eltern Mozarts.

Wie aber kamen nun die Mozarts von der Getreidegasse in das Tanzmeisterhaus?

Das Wohnhaus der Familie Mozart – Fotografie des Tanzmeisterhauses am Makartplatz vor seiner Zerstörung durch einen Bombentreffer. Bild: Carolino Augusteum

Als Tanzmeister Spöckner 1767 starb, erbte das Haus seine Cousine oder wie man damals sagte Base Maria Anna Raab. Es gab keine Bälle mehr. Die Hausbesitzerin vermietete Zimmer an adelige Studenten und den Tanzmeistersaal für Hochzeiten und andere Feste. Leopold Mozart hatte längst schon eine größere Wohnung gesucht, denn die Behausung im 3. Stock des Hagenauerischen Hauses in der Getreidegasse bestand nur aus je einem Wohn-, Schlaf- und Arbeitszimmer, einem Kabinetterl und einer Küche. Vater Mozart hatte dem Hausherrn Hagenauer geschrieben, ob denn nicht noch ein paar Zimmer angebaut werden könnten und 1771 schrieb Leopold Mozart im Februar aus Venedig seiner Frau, ich zitiere: „Es bleibt übrigens immer richtig, daß wir mit Gottes Hilfe zu Ostern gewiß in Salzburg sein werden. Ich hätte bald geschrieben ‚zu Hause', allein mir ist eingefallen, daß wir zu Hause nicht wohnen können. Du mußt mir also schreiben ob wir beim Sailerwirt, beim Stern oder beim Saulentzl einlogieren sollen. So, wie wir, wie die Soldaten untereinander schliefen, können wir nicht mehr sein. Der Wolfgang ist nicht mehr sieben Jahre alt."

Doch es dauerte noch weitere gute zwei Jahre, denn Vater Mozart war mit Wolfgang auf Reisen, bis die Mozarts ihre neue Wohnstätte beziehen konnten. Im Spätherbst 1773 bezog die Familie eine Achtzimmerwohnung, die gegen den Hannibalplatz zu im 1. Stock und gegen die tiefer gelegene Theatergasse zu im 2. Stock lag. Im Tanzmeistersaal stellte Leopold Mozart wiederholt Klaviere auf, die ihm von den Erzeugern zum kommissionsweisen Verkauf übergeben wurden. Es gab Hauskonzerte, Festivitäten wie etwa das Bölzlschießen, das Preisschießen auf Juxscheiben, die oft mit deftigen Sprüchen und Figuren verziert waren. Die Familie Mozart hatte einen großen Freundeskreis, der nun im Tanzmeisterhaus aus- und einging. Geselligkeit wurde ganz großgeschrieben. Zu diesem Kreis gehörten der hochfürstliche Primarleibarzt Parisini, der Großkaufmann Lorenz Hagenauer, Sigmund Haffner, Sohn des Salzburger Bürgermeisters, oder Luise, die Tochter des Eisenhändlers Robinig, der Konzertmeister und Komponist Michael Haydn, der Hoftrompeter Andreas Schachtner, der Hoforganist Anton Cajetan Adlgasser, Abbé Joseph Bullinger, Hauskaplan des Grafen Lodron, aber auch Maria Anna Gräfin Lodron, die Gattin des Obersthofmarschalls oder der Hofkammerrat Graf Uiberacker oder der Landschaftskanzler von Schiedenhofen. Und die Hausbesitzerin Maria Anna Raab ist in die Mozartliteratur als „Tanzmeister-Mitzerl" eingegangen. Lange Zeit hatte man Mitzerl für eine

Geliebte Mozarts gehalten, denn in einem Brief an die Schwester Nannerl hatte Wolfgang Amadeus geschrieben: „An die Jungfer Mitzerl bitte alles Erdenkliches. Sie soll an meiner Liebe nicht zweifeln, sie ist mir beständig in ihrer reizenden Negligé vor Augen. Ich habe viele hübsche Mädel hier – in München nämlich – gesehen, aber eine solche Schönheit habe ich nicht gefunden." Diese Jungfer war 46 Jahre älter als Wolfgang und nahm den Spaß nicht übel.

Wolfgang Amadeus Mozart wohnte in dem Tanzmeisterhaus vom 17. bis zum 25. Lebensjahr. Diese Zeit wurde allerdings durch viele Reisen unterbrochen. Dennoch entstanden eine ganze Reihe von wichtigen Werken in der Wohnung am Hannibalplatz, wo er auch sein erstes Klavierkonzert komponierte.

Als der Komponist im November 1780 nach München reiste, um die Uraufführung des „Idomeneo, Re di Creta" vorzubereiten, wußte er wohl nicht, daß er Salzburg endgültig verließ. Er kam im Sommer 1783 mit seiner Frau Constanze noch einmal nach Salzburg und wohnte beim Vater im Tanzmeisterhaus. Im Jahr darauf heiratete das Nannerl den Gerichtspfleger zu St. Gilgen, Johann Baptist Berchtold zu Sonnenburg. Mit dem Tod von Vater Mozart im Jahr 1787 endete die Verbindung der Familie zu diesem Haus.

Die Bedeutung Seekirchens

Die Gemeinde Seekirchen ist ein besonderer Ort. Vor mehr als dreihundert Jahren, am 28. März 1679, hat Erzbischof Max Gandolf Graf Kuenburg die Seekirchener Pfarrkirche zum heiligen Petrus zu einer Kollegiatkirche erhoben. Warum aber gerade Seekirchen? Im Güterverzeichnis des Bischofs Arn aus dem 8. Jahrhundert ist der Ort Seekirchen an erster Stelle unter zehn Kirchen des Salzachgaues genannt, und in der Lebensbeschreibung des Heiligen heißt es ausdrücklich, daß Rupert auf seiner Reise zu einem See, dem Wallersee, kam, und an der Stelle, wo die Fischach aus dem See fließe, zu Ehren des Apostels Petrus eine Kirche weihte. Archäologische Grabungen brachten die Grundmauern einer rupertinischen Kirche zutage. Die Wissenschafter zweifeln nicht mehr, daß Rupert, bevor er nach Salzburg zog, zeitweilig in Seekirchen gelebt hat.

Diese Tradition also ist zu bedenken, wenn man überlegt, warum Max Gandolf gerade den Ort für ein Stift ausersehen hat, wo nach seinem Willen Rupertus besonders verehrt werden sollte.

Dazu aber kommt noch eine Legende: Der schon früh verwaiste, aus Graz gebürtige Max Gandolf, kam zu seinem Onkel, dem Salzburger Domherrn Wolf Wilhelm von Schrattenbach, der seinen Neffen schon als 22jährigen gleichfalls zum Domherrn machen konnte. Max Gandolf studierte in Graz, Salzburg und Rom, wurde 1655 Bischof von Lavant und ein Jahr später Bischof von Seckau. Die Gegend von Seekirchen war sein Lieblingsaufenthaltsort, und er soll in der Pfarrkirche versprochen haben, wenn er jemals Erzbischof von Salzburg werde, gerade an dieses Gotteshaus zu denken. Am Pfingstsonntag, 1. Juli 1669, schlug der Blitz in den Turm der Pfarrkirche ein, die bis auf die Grundmauern niederbrannte. Und als man dem Erzbischof davon berichtete, soll er mit einem Seufzer gesagt haben: „Ich erinnere mich, wessen mich Gott ermahnt!" Er ließ die Pfarrkirche sofort neu errichten und wenige Jahre später zum Kollegiatstift erheben.

Max Gandolf gab Seekirchen ein Kapitel mit einem Dechanten an der Spitze, der mit 6 Weltpriestern in einer Priestergemeinschaft leben, das Stundengebet verrichten, feierliche Gottesdienste abhalten und die Seelsorge besorgen sollte. Der Erzbischof gab aber auch Weisungen, wie der Lebenswandel der Kanoniker sein sollte, welche Kleidung sie zu tragen hatten, usw. Dazu kam eine entsprechende Dotation, zu der die im Flachgau um Seekirchen gelegenen Pfarren und Bruderschaften kräftig beisteuern mußten. Dabei war man nicht engherzig in der Begriffsbestimmung „rund um Seekirchen", denn es mußten nicht nur die Pfarren aus dem Dekanat Köstendorf, sondern auch aus Laufen und Teisendorf, Hallein, Werfen und Saalfelden recht erhebliche Geldmittel zusteuern, ja sogar aus dem Lungau wurden noch über 3.000 Gulden eingeholt.

Ein Stiftsökonom hatte die wirtschaftlichen Dinge zu betreiben und ein eigener Schulmeister mußte die Jugend Seekirchens in Lesen und Schreiben unterrichten und ihr die Grundbegriffe des Glaubens und gute Sitten beibringen. Es gab einen eigenen Kantor, einen Organisten, Choralisten und Diskantisten, um die Gottesdienste musikalisch schöner zu gestalten, und auch einen Orgeltreter, der die Blasbälge zu betätigen hatte und gleichzeitig als Stiftsbote tätig war.

Das Kollegiatstift blühte, bis Salzburg als geistliches Fürstentum endete. Zeitweilig aufgehoben, dauerte es bis 1832, bis nach dem Willen des Kaisers das Kollegiatstift wieder erstand, 1879 wurde Seekirchen anläßlich der 200-Jahr-Feier vom Papst wieder zu einem Kollegiatstift erhoben und 1979 setzte Erzbischof Karl Berg für Seekirchen ein neues Statut in Kraft. Die Ernennung zum Kanoniker von Seekirchen ist auch heute eine Auszeichnung für den betreffenden Priester.

Das Prunkstück Residenz

Die alte fürsterzbischöfliche Residenz zu Salzburg war jahrelang eine Baustelle. Vor allem mußte die Freskendecke im Carabinierisaal restauriert werden, aber auch andere Bauschäden waren zu beheben, und die Residenz mußte baulich saniert werden. Das ist Anlaß, sich mit diesem zentralen Bau der Altstadt näher zu befassen.

Das Geviert des Schlosses beherrscht das Zentrum Salzburgs, ragt gebieterisch vor der Bürgerstadt auf, schon optisch ein Zeichen der Machtfülle der regierenden Erzbischöfe. Vor der Herrschaftszeit Wolf Dietrichs war die Residenz wesentlich bescheidener, sie hatte ihre Hauptfront dem Alten Markt zugekehrt. Im Volksmund hieß diese Schloßansicht „Rinderholz", weil genau vor dem Schloß ein Balken angebracht war, an dem an Markttagen das feilgebotene Vieh festgebunden wurde. Heute ist dort der Tomaselli-Garten. Von dieser behäbigen Kleinstadtidylle ist nichts mehr geblieben.

Sieben Erzbischöfe bauten an der Residenz, wie sie uns überliefert ist: Wolf Dietrich, Marcus Sittikus, Paris Lodron, Guidobald Thun, der das oberste Stockwerk aufsetzte –, Max Gandolf, Johann Ernst Thun und Anton Fürst Harrach, dessen Wappen das Hauptportal schmückt. Der letzte regierende Erzbischof, Hieronymus Colloredo, ließ noch Stukkaturarbeiten vornehmen. Dieser Zentralbau des weltlichen Salzburg bekennt die ganze Eigenheit Salzburger Bauens: die Verbindung senkrechter und waagrechter Linien von Flächen und Würfeln.

Die Anlage der Residenz ist um drei große Höfe, Haupthof, Toskanahof und Dietrichsruh, dem ehemaligen Garten Wolf Dietrichs, gruppiert.

Vom Residenzplatz her betritt man den Haupthof durch das Prunkportal, und dem Eingang gegenüber ist das Untergeschoß in Arkaden geöffnet; in der mittleren schwingt in der Tuffsteingrotte ein Muskelprotz von Herkules seine Keule, um einen wasserspeienden Drachen zu erschlagen. Eine breite, tonnengewölbte Treppe führt in das Schloß. Diese Stufen sind so gebaut, daß sie mit Galaroben und Talaren würdig beschritten werden kann. Der große Saal der Carabinieri-Leibgarde – es waren fünf Offiziere und dreißig Mann – zeigt drei mythologische Deckenbilder aus der Zeit um 1690, gemalt von dem aus Venedig zurückgekehrten Salzburger Johann Michael Rottmayr. In diesem Saal hielten die Carabinieri in roten, goldbetreßten Röcken, gelbledernen Beinkleidern und hohen Sporenstiefeln Wache, während auf den Gängen und vor den Türen die Soldaten der Trabantengarde, weiß gekleidet, rote Schärpen, spanische Federhüte, in der Hand Hellebarden, wie Zinnsoldaten standen.

Lukas von Hildebrandt erbaute die Prunkräume. Hier erschienen bei feierlichen Anlässen die obersten Hofchargen, die hochfürstlichen Offiziere und Räte, die Ritter des Rupertiordens, die Kammer- und Hofherren in spanischer Tracht und die Edelknaben in kirschroten Samtwämsern.

Die Deckengemälde im Rittersaal und Audienzsaal stammen ebenfalls von Rottmayr, in den beiden dazwischen liegenden Sälen, Konferenzzimmer und Antecamera von Martin Altomonte. Zur ursprünglichen Einrichtung gehörten Brüsseler Gobelins mit Szenen der römischen Geschichte, in die das Wappen Wolf Dietrichs eingewebt ist. Die Möbel, die heute die Prunkräume schmücken, wurden später aufgestellt, denn die Residenz wurde mehrmals geplündert: von den Soldaten Napoleons, von den Bayern, von Österreichern und Großherzog Ferdinand III. von Toskana, der von 1803 bis 1805 als Churfürst in dem verweltlichten Salzburg herrschte, der auch die kostbare Silberkammer leerte, Möbel, Goldschmiedearbeiten und das goldene Tafelgeschirr nach Florenz mitnahm. Was in der Residenz noch geblieben war, wurde schließlich über Befehl der Wiener Bürokratie dem „Allerhöchsten Kabinett der Hauptstadt" einverleibt.

Dennoch ist die Residenz ein Prunkstück geblieben.

Kapuzinerberg im Frühling

Der Kapuzinerberg, mitten in der Stadt Salzburg gelegen, ist stets menschenleer. Der steile Anstieg ist dem Zeitgenossen wohl zu beschwerlich, währenddessen der langgezogene Mönchsberg mit Spaziergehern vollgepflastert ist. Nur wahre Kenner und wirkliche Wanderer begegnen hier auf dem Kapuzinerberg einander, tauschen freundlichen Gruß aus wie im Hochgebirge.

Gerade im Vorfrühling ist dieser Kapuzinerberg einen Besuch wert. Er ist flächenmäßig der größte der Stadtberge, aus Dolomitfels und Kalkgestein bestehend, und er fällt zur Linzer Gasse und zur Steingasse in oft sehr schroffen Felswänden ab.

Bevor Erzbischof Wolf Dietrich 1594 mit dem Bau des Klosters begann, weil er die Kapuziner in das Land gerufen hatte, wurde der Kapuzinerberg Imberg genannt. An der Stelle des Klosters stand das Trompeterschlößl, ein Befestigungswerk, das durch Mauern mit dem Steintor und dem Ostertor in der Linzer Gasse verbunden war. In der ältesten Stadtdarstellung, in der im Jahr 1493 erschienenen Schedelschen Weltchronik, ist das zinnenbewehrte Trompeterschloß ein ebenbürtiges Pendant der damals noch kleinen Festung Hohensalzburg.

Der Hauptweg auf den Kapuzinerberg führt durch das rundbogige Portal des Hauses Linzer Gasse Nr. 14. Den Fahrweg hinauf hatte Wolf Dietrich aus dem Kalksteinfelsen ausbrechen und mit Bohlen belegen lassen. Die heute daneben laufende steinerne Treppe ist im 18. Jahrhundert entstanden, denn ein Bäckermeister hatte nicht nur diesen Stufenweg, sondern auch die Kapellen mit den Heiligenfiguren gestiftet. Etwa auf halber Höhe durchquert der Bohlenweg die Felixpforte, die Paris Lodron 1632 errichtete, weil er den gesamten Kapuzinerberg mit einer Befestigungsanlage versehen ließ. Vorbei geht der Weg am sogenannten Paschinger Schlößchen, das einstmals dem Dichter Stefan Zweig gehörte. Gegenüber ist das Kloster der Kapuziner. Das Portal trägt das Wappen Wolf Dietrichs, sehenswert sind die herrlichen inneren Türflügel, die noch aus dem alten romanischen Dom stammen. Man kann zu dem Kloster und damit auch auf den Kapuzinerberg von der Steingasse ausgehend eine mehrfach geknickte steile und lange Treppe hinaufgehen. An dieser Treppe liegt auf halbem Weg die kleine St.-Johanns-Kirche am Imberg, die vermutlich der erste kirchliche Mittelpunkt der rechten Altstadt war.

Wunderschön ist der Blick von der Hettwerbastei auf die Salzburger Altstadt, ein Blick, oftmals von den Vedutisten gemalt. Am Kloster vorbei führt ein herrlicher Spazierweg längs der alten Lodronschen Befestigungsmauer. Wege zweigen zur bayerischen Aussicht und noch einmal zu einer oberen Stadtaussicht ab. Das Franziskischlößl, von Paris Lodron 1629 erbaut, ist seit Jahren leider eine Bauruine. Hier war eine Jausenstation untergebracht, von den Wanderern des Kapuzinerberges mit Begeisterung frequentiert. Man kann nun über einen steilen Pfad vorbei an dem kleinen Gasthaus Schweizerhäusl hinunter nach Schallmoos und Gnigl steigen oder aber einen gänzlich naturbelassenen Weg zurückwandern. Da ist der Ruf des Kuckucks zu hören. Hochalpine Pflanzen, wie die Alpenrose und die langstielige Feuerlilie, aber auch Königskerzen, mannshoch emporwuchernd, Himbeer- und Brombeersträucher und die verlockenden Perlen der Tollkirschen sind inmitten des Buchenwaldes erhalten geblieben. Daß sich auf dem Kapuzinerberg 1948 ein Gamsbock ansiedelte, war eine Sensation. Vier Jahre später wurde von Tierfreunden eine Geiß ausgesetzt. Kein Wunder, daß nunmehr eine Gemsenfamilie den Kapuzinerberg als ureigenstes Revier betrachtet. Das zeigt schon die Einmaligkeit dieses Berges, der wirklich zu einer Frühlingswanderung einlädt.

Die Legende von St. Leonhard

Eines der besonderen Kleinode in unserem Land ist die hochgotische Wallfahrtskirche St. Leonhard bei Tamsweg. Jenseits der Murbrücke führt ein steiler Weg zu der 160 Meter über dem Tal auf einem Vorsprung des Schwarzenberges gelegenen Kirche. Doch sie ist nicht einfach eine Wallfahrtskirche, sondern eine mauerumgürtete Wehrkirche, die 1430 bis 1433 von dem Salzburger Peter Harperger erbaut wurde. Doch schon seit 1421 wurden Wallfahrten auf den Berg unternommen. Und warum dieser so massige und kunsthistorisch heute wertvolle Bau entstanden ist, erzählt uns die Legende, die zur Gründung dieses Wallfahrtsortes führte.

St. Leonhard war ein fränkischer Abt aus edlem Geschlecht, der um das Jahr 560 gestorben ist und der sehr rasch als Patron um

Krankenhilfe und für glückliche Geburten angerufen wurde. Dann wurde ihm die Befreiung von in Ketten geratenen Menschen anvertraut und zwar Ketten durch Gefangenschaft, aber auch von durch die Bande Satans Geknechteten, worunter man den Irrsinn meinte. Ein Kennzeichen der Leonhardskirchen sind deshalb auch die Umfriedung mit eisernen Ketten. Im Lande Salzburg ist die Verehrung Leonhards seit dem 12. Jahrhundert nachweisbar, und schließlich wurde im 15. Jahrhundert der heilige Leonhard zum Viehpatron, der er ja auch heute noch ist.

In eben diese Zeit fällt die Entstehung der Lungauer Kirche. Es geschah eines Tages im Jahr 1421, daß die Figur des heiligen Leonhard plötzlich von der Empore der Tamsweger Pfarrkirche verschwand. Man fand den Leonhard in einem Baum auf dem Bühel in der Nähe des Marktes. Man trug das Bildnis wieder zurück in die Pfarrkirche, doch nach acht Tagen war es wiederum verschwunden. Und abermals fand man es an dem Stamm eines Baumes auf dem Bühel. Der Schulmeister Leonhardus trug seinen Namenspatron, natürlich dessen Bild, zurück in den Ort und der Mesner versperrte es in der Sakristei. Doch kurz später war es wieder am waldigen Ort. Der Erzpriester von St. Michael und zwei andere Priester befanden,

Die wehrhafte Wallfahrtskirche St. Leonhard – Der Schöpfer dieser um 1835 entstandenen Lithographie ist unbekannt. Bild: Carolino Augusteum

„daß man der rechten Wahrheit und der Zeichen innen wurd" und legten das Bild im Pfarrhof in eine Truhe, jeder von ihnen legte ein Schloß an, dessen Schlüssel jeder der drei Herren behielt und überdies wurde die Truhe versiegelt. Auch drei Bürger waren als Zeugen anwesend, nämlich Mert Strasser aus St. Michael, der Schulmeister Leonhardus Feuerbeck und Christian Schmied, der das Bild in die Truhe verpackte. Die Legende erzählt nun, daß das Bild von Montag bis Donnerstag Nacht verschlossen war, doch dann, am nächsten Morgen, stand es plötzlich wieder in dem Baum, dabei war die Truhe unversehrt. Innerhalb von Tagen geschahen Wunderzeichen auf dem Bühel, und die Menschen begannen, zu diesem Ort zu pilgern.

Der genaue Zeitpunkt, wann Baubeginn war, ist nicht feststellbar. Doch am 20. September 1433 weihte der Bischof von Chiemsee, Johannes Ebser, der ja auch Salzburger Weihbischof war, die Kirche ein. Das bedeutet, daß nur wenige Jahre für den Bau zur Verfügung standen, welche Begeisterung also in der Bevölkerung vorhanden sein mußte, um dieses gewaltige Werk zu schaffen.

Aus dem Testament eines Linzer Bürgers aus dem Jahr 1479 ist zu entnehmen, daß er nach seinem Ableben von den Erben wünschte, innerhalb Jahresfrist seien je zwei Wallfahrten nach Rom, Aachen, Mariazell, St. Wolfgang am Abersee und St. Leonhard bei Tamsweg zu unternehmen. Damit war unser St. Leonhard damals also die drittwichtigste Wallfahrt auf dem Boden des heutigen Österreich.

Der letzte Barockfürst

Erzbischof Sigmund Graf Schrattenbach steht im Schatten seiner großen Vorgänger. Über ihn ist relativ wenig bekannt. Gäbe es nicht das Sigmundstor – und bis vor wenigen Jahren den Sigmundsplatz – würde sein Name kaum erwähnt werden.

Sigmund Graf Schrattenbach war der letzte Fürst des Rokoko in Salzburg. Für seine Klugheit spricht, daß er voraussagte, nach ihm werde es nur mehr einen regierenden Erzbischof geben, denn dann komme die Säkularisation, die Aufhebung der geistlichen Herrschaft also, was ja auch tatsächlich seinem Nachfolger Hieronymus Colloredo geschah.

Sigmund entstammte einem alten steirischen Adelsgeschlecht und wurde am 28. Februar 1698 in Graz geboren. Er wird als eher kleinwüchsig, hager und unschön beschrieben, aber als eifriger Arbeiter, der deshalb mit 52 Jahren zum Domdechanten, also zum Vorsitzenden des Domkapitels gewählt wurde. Drei Jahre später wurde er Erzbischof. Doch nicht ohne Hindernisse, denn lange konnte sich das Kapitel auf die Wahl des neuen Erzbischofs und Landesfürsten nicht einigen. Wenn nach der 50. Abstimmung keine Einigung erzielt worden wäre, wäre das Recht der Ernennung an den Papst gefallen, ja er hätte einen Erzbischof ernennen müssen. Es war nun am 13. Wahltag in der 49. Abstimmung, daß sich das Kapitel schließlich auf Sigmund Graf Schrattenbach einigte.

Erzbischof Sigmund wurde ein fleißiger Herrscher, der alle Akten selber studierte und am liebsten auch eigenhändig erledigte. Er war ein Vertreter der Sittenstrenge und gründete für Raufer und Unzüchtige bei St. Rochus in Maxglan ein Arbeitshaus. In Mülln errichtete er zwei Waisenhäuser. Sein Verhältnis zum Domkapitel aber blieb schlecht. Man sagte ihm nach, daß er an seinen Meinungen, die er als Eingebungen des Heiligen Geistes betrachtete, stur festhielt und auch durch Argumente nicht zu überzeugen war. Umgekehrt gab es von seiten des Kapitels, vor allem des Domdechanten Graf Ferdinand Christof Zeil, manch intrigenhafte Szene.

Fürsterzbischof Sigmund wurde auch angekreidet, daß er eine Jesuitenmission mit der sogenannten Christenlehr-Bruderschaft duldete. Die Kinder wurden in Kom-

Erzbischof Sigmund Graf Schrattenbach – Das Porträt des letzten Salzburger Barockfürsten wird dem Maler Franz Xaver König (um 1711–1782) zugeschrieben. Bild: Carolino Augusteum/E. Tischler

panien eingeteilt und militärisch gedrillt, in Wien sagte man als Zweck dieser Bruderschaft, es würden der Kaiserin Maria Theresia gute Soldaten ausgebildet.

Das Bild des Erzbischofs wäre aber zu dunkel gezeichnet, sollte man nicht auch die Vorteile hervorheben. Er belebte den Bergbau noch einmal, er ließ das Neutor bauen, und die Brüder Wolfgang und Johann Baptist Hagenauer, die er berufen hatte, das Kunst- und Bauwesen des Erzstiftes zu leiten, konnten auf dem Domplatz die prachtvolle Marienstatue aufstellen. Schrattenbach, der die Künste liebte, wurde auch ein Förderer des jungen Mozart, dem er auch die erste Reise nach Italien möglich machte.

In seinem Privatleben war der Fürst ohne jeden Makel. Weder Jagd- noch Spielleidenschaft waren bei ihm festzustellen. Er war ein Tierfreund. Er liebte Hunde, und da er nicht alle Hunde, die er anschaffte, um sich haben konnte, gab er sie reihum sozusagen in Kostplätze. Und man sagt, daß die Pflegehalter den Fürsten reichlich ausnützten, wie er überhaupt großzügig in Gnadenerweisen war. Wenn jemand ihm ein Gnadengesuch, noch dazu in Versform, vorlegte, konnte der Fürst kaum widerstehen, Hilfe zu gewähren.

Die letzte Phase der Regierungszeit Schrattenbachs war überschattet von einem dramatischen Getreidemangel im ganzen Land. Fürsterzbischof Sigmund starb nach langem Gallen- und Nierenleiden am 16. Dezember 1771.

Dombaumeister Santino Solari

Am 10. April 1646, also vor mehr als 350 Jahren, verstarb in Salzburg Santino Solari, der Erbauer des Salzburger Doms und vieler anderer Bauten. Solari stammte aus dem Intelvital, zwischen dem Comosee und dem Luganosee gelegen, einem wunderschönen Hochplateau. Santino Solari ist um 1576 geboren und wahrscheinlich in Mailand ausgebildet worden, was auch erklären würde, warum er die Kompanie der Stukkateure, die den Salzburger Dom so glänzend ausschmückte, gerade aus Mailand berufen hat.

Marcus Sittikus Graf Hohenems war im Frühjahr 1612 Erzbischof geworden. Schon ein halbes Jahr später war Santino Solari als Baumeister nach Salzburg gerufen worden. Eine schnelle Entscheidung, doch man darf nicht vergessen, daß hier die Grundmauern eines Dombaues brachlagen. Doch Solari setzte den Bau so, wie er ihm von seinem Vorgänger Scamozzi überliefert wurde, nicht fort, er riß die Grundmauern ab und drehte den Dom wieder in die ursprüngliche Achse zurück. Doch nicht nur der Dombau beschäftigte den italienischen Baukünstler. Marcus Sittikus gab ihm den Auftrag, das Lustschloß Hellbrunn zu errichten, welches vor dem Dreißigjährigen Krieg zum einzigen Beispiel eines italienischen Landsitzes sub urbana, also außerhalb der Stadt, in unseren Landen, also diesseits der Alpen, wurde.

Santino Solari war nicht nur Architekt und Baumeister, sondern gleichzeitig auch Künstler, und es ist zu vermuten, daß so manche Figur in dem so figurenreichen Hellbrunn mit seinen Wasserspielen auch aus der Hand dieses Italieners stammt, wenngleich wir nichts Genaues wissen.

Solari war ein wichtiger Mann im Erzstift, denn er war der Leiter des gesamten Bauwesens. Um nur einige Stationen seiner Bautätigkeit anzuführen: Da ist der Umbau der Burg Tittmoning in ein Jagdschloß. Die von Marcus Sittikus gestiftete Gnadenkapelle in der Schweizer Stiftskirche Einsiedeln hat Solari entworfen. Er schuf die kleine Kirche von Obertauern, errichtete unter Paris Lodron die Rupertuskapelle in der Villa Lagerina bei Rovereto, dem Lodronschen Familienbesitz, und erbaute die Lodronschen Familienpaläste, wie das alte Borromäum und das später in das Hotel Krebs umgewandelte Gebäude, aber auch einen Palast in Gmünd, und er beriet das Stift Nonnberg und das Stift St. Peter. Die sogenannte Haymerlevilla, dann Pfarrhof St. Elisabeth, war einst das Wohnhaus Solaris, der jedoch durch die Gunst der Erzbischöfe Gründe erhielt und so auch in der Altstadt drei große Bauten errichten konnte, nämlich am Mozartplatz die Häuser 8 bis 10, die schließlich von den Erzbischöfen angekauft wurden. Im Eckhaus zur Pfeifergasse etablierte der geschäftstüchtige Baumeister überdies eine Trinkstube, in der er, wie es heißt, gern selbst den leutseligen Wirt spielte.

Santino Solari war in erster Ehe mit der Italienerin Laura Lucia verheiratet, die 1628 starb, und in zweiter Ehe mit der Salzburgerin Anna Maria Antorfer. Aus beiden Ehen gingen 12 Kinder hervor. Der älteste Sohn Ignazio wurde Maler, von ihm stammt die Kreuzigung Christi an der linken Hochwand in St. Peter, der zweite Sohn Christof war an der Kurie in Rom tätig, und die Töchter heirateten angesehene Beamte.

Als Santino Solari starb, war es ihm nicht vergönnt, den Dom wirklich fertig zu sehen. Der Baumeister wurde in einer Gruft am Petersfriedhof beigesetzt, die noch immer existiert, allerdings wurde eine Büste des italienischen Baukünstlers, die einst in der Arkadengruft stand, in das städtische Museum gebracht. 1946 konnte diese Büste aus dem Bauschutt des durch eine Fliegerbombe in Trümmer gelegten Museums unversehrt geborgen werden.

Aus der Hochblüte des Bergbaues

Welche Rolle das Bergbau- und Hüttenwesen, vor allem in der Silber- und Goldproduktion, im Mittelalter in Salzburg gespielt hat, ist meist nur Fachleuten bekannt und kaum zu erahnen. Schon vor dem Jahr 1500 war hierzulande eine Blütezeit des Montanwesens, besonders im Rauriser- und Gasteinertal, aber auch im Lungau und anderen Orten. Diese Reviere waren nicht etwa Kleinstbetriebe, sondern hatten europäischen Zuschnitt.

Im Gasteinertal ist es dem Institut für Ur- und Frühgeschichte der Universität Wien gelungen, 4.000 Bergbau-Werkzeuge aus dem 16. Jahrhundert auszugraben. Diese Werkzeuge und Beschläge wurden bei Böckstein gefunden, wo vom 14. Jahrhundert an Silber und Gold abgebaut wurden. Unter der Leitung einer jungen Historikerin haben Studenten eine alte Schmiede bei einem Bergknappenhaus ergraben mit stumpfen Eisen, Schlägeln, Steigeisen, Zimmermannswerkzeugen, aber auch Achsen von Hunten, also den Wagen zum Transport des gebrochenen Gesteins, und vieles andere mehr.

Der Edelmetallbergbau hatte in der Mitte des 16. Jahrhunderts seine größte Zeit. So wurden 1557 830 Kilo Gold und 2.723 Kilo Silber gewonnen.

Das Salzburger Montanwesen stand auf hohem Niveau. Der Humanist Georg Agricola nahm 1526 auf seiner Rückreise von Italien den schwierigen Weg über die Rauriser Tauern, um dort genau den Silber- und Goldbergbau zu studieren. Schon Anfang des 16. Jahrhunderts hatten sächsische Fürsten in Salzburg angefragt um Entsendung von Experten, die vor allem die Kenntnisse des Goldbergwerkmahlens vermitteln sollten. Erzbischof Leonhard von Keutschach war zwar nicht grundsätzlich gegen die Weitergabe dieser Kenntnisse, doch die Durchführung verzögerte er. Wenige Jahrzehnte später aber gingen Salzburger Berater etwa in das Fürstentum Bayreuth und dann in Bergwerke im Oberharz, um ihre Kenntnisse weiterzugeben.

Wenn man weiß, daß allein im Gasteinertal 135 Gesteinsmahlwerke tätig waren, kann man sich den Umfang des Bergbaues vorstellen. Dabei gab es fürchterliche Umweltschäden, denn die im Rauriser und Gasteiner Revier abgebauten Erze mußten verschiedenen Röstverfahren unterworfen werden, um die Arsenhaltigkeit, den Hittrach, zu vermindern. Die Röst- und Schmelzgase wirkten schädlich auf Pflanzen, Tiere und Menschen. Der Fischbestand in den Bächen ging drastisch zurück.

Schon 1489 waren die Fugger und die Wieland aus Augsburg groß in das Erzgeschäft eingestiegen, doch nach 20 Jahren stiegen die Fugger in Salzburg plötzlich wieder aus, denn in Tirol waren sie ganz groß in das Geschäft mit dem Landesherrn gekommen. Umso mehr engagierte sich das Augsburger Haus Wieland. Gegen 1530 waren in dem Großrevier Gastein–Rauris cirka 1.700 Menschen im Erzbergbau tätig, wenige Jahre später war die Zahl auf 600 Bergleute gesunken, doch nur wenige Jahre nachher waren es schon weit mehr als 1.000. Interessant ist, daß im Gasteiner Raum die Mehrheit der Bergleute als „Kostknechte" lebten. Fast jeder zweite Bauernhof beherbergte zwei, drei oder auch mehr Bergarbeiter, die Kost- und Herbergsgeld zu bezahlen hatten. Besser hatten es die sogenannten Söldner, die kleine Keuschen bewirtschafteten, also eine Art Nebenerwerbsbauern waren, und die im Montangewerbe arbeiteten.

Für den Landesherrn waren diese Unternehmen willkommen, denn er erhielt etwa 20 Prozent der Edelmetallproduktion als Steuergeld. Nimmt man noch die Einkünfte aus dem Salzmonopol, so ist es nicht zu verwundern, mit welchem Prunk die Salzburger Fürsten bei den diversen Hoftagen auftreten konnten.

Die Italianità Salzburgs

Salzburg gilt als Stadt mit einer ausgeprägten Italianità, das heißt also mit einem stark vom Süden her beeinflußten Aussehen. Das ist kein Zufall, denn die schöne Stadt, wie der Dichter Georg Trakl sie gepriesen hat, verdankt ihr so südlich barockes Wesen dem Bauwillen von Erzbischöfen, die durch ihre italienische Verwandtschaft und durch lange Aufenthalte in Italien geprägt worden sind. Und natürlich auch sehr stark den von den geistlichen Landesherren aus dem Süden berufenen Baumeistern.

Es sind vor allem drei Regionen vorrangig zu nennen, mit denen Salzburg engen Kontakt hatte: Das Trentino, also Welschtirol, dann Venedig, denn Salzburg war eine Drehscheibe im Venedigerhandel, der eine Haupteinnahmsquelle der Salzburger Bürgerschaft darstellte. Schließlich ist es der lombardische Raum, der vor allem kulturell für die Salzburger Geschichte prägend wurde.

Im tirolischen Raum, in Bozen, befand sich bereits im Mittelalter mit der Bozener Messe ein Punkt ständiger Berührung: Salzburger Kaufleute boten Leder, Barchentstoffe und das kostbare Salz an. Dafür übernahmen sie Wein, Olivenöl, toskanischen Safran, oberitalienische Papiere, Lorbeer, Orangen, Pfirsiche, Edelkastanien und lombardische Tuche als Rückfracht.

Als vor einem guten Jahrzehnt bei den archäologischen Grabungen im Hof des Toskanatraktes der Residenz zwei mittelalterliche Zisternen freigelegt wurden, kam eine überraschende Vielzahl von Gebrauchsgegenständen aus Ober- und Mittelitalien zutage. Sie sind der Beweis für die engen Handelsbeziehungen im Spätmittelalter und im 16. Jahrhundert.

Im Kampf mit dem Löwen – Die einstige romanische Pfeilerstütze wurde zum Bau des Kanzelaufganges in der Franziskanerkirche verwendet. Bild: Foto Factory

61

Doch die Kontakte reichen viel tiefer in die Geschichte; mit den lombardischen Landen begannen sie bereits im 8. Jahrhundert, als Salzburg noch Teil des bayerischen Herzogtums war. Damals wurde Salzburg durch den heiligen Bonifatius zum kirchlichen Zentrum im Süden des Herzogtums ausgestaltet und war damit direkter Nachbar des Langobardenreiches. Dadurch kam es zu wesentlichen, vor allem künstlerischen Impulsen, die sich in Salzburg noch an den romanischen Tympana, das sind mit Reliefs geschmückte Bogenfelder über Portalen oder Fenstern, ablesen lassen. Auch die romanischen Portallöwen, die es mehrfach in Salzburg gibt, sind ein Zeugnis des Kontaktes mit der Kunst der Lombardei. Kein Wunder, denn beim Salzburger Dombau von 1181 ist die solide Mitwirkung oberitalienischer Künstlergruppen gegeben.

Das galt erst recht für die Fürsten der Barockzeit, denn Wolf Dietrich von Raitenau und sein Nachfolger und Neffe Marcus Sitticus von Hohenems waren stark geprägt von ihrer italienischen Verwandtschaft, den Medici, und Paris Graf Lodron wiederum stammte aus der Gegend von Rovereto.

Diese Italianità galt nicht nur für die bildende Kunst, sondern gleichfalls für die Musik. Der erste bedeutende Hofkapellmeister, von Wolf Dietrich geholt, war der Augustinereremit Tiburtius Massaini aus Cremona. Und als der neue barocke Dom 1628 geweiht wurde, gewann den von Paris Lodron ausgeschriebenen Wettbewerb der junge Geiger Giovanni Floriani aus Rovereto, der die Violine als Soloinstrument hoffähig machte. Damit war erstmals die Geige, die in Cremona ihre Wiege hat, auf deutschem Boden hoffähig erklärt worden. Die Vorherrschaft italienischer Musiker hielt bis in das späte 18. Jahrhundert an, die Bauhütte des Domes aber blieb bis in das 19. Jahrhundert hinein mit Italienern besetzt.

Übrigens: Die gemauerten Getreidekästen, eine Spezialität im Lungau, sind sozusagen Überbleibsel italienischer Maurer, die auf ihren Reisen aus dem Süden nach Salzburg oder umgekehrt im Lungau Station machten.

Das Elend der Juden

Daß die Fortsetzung der Salzburger Getreidegasse, der einstigen Hauptstraße der kleinen Stadt, Judengasse heißt, ist kein Zufall. Hier gab es einstmals eine Synagoge, eine jüdische Schule und hier wohnten jüdische Mitbürger. Auch das war wiederum kein Zufall, denn diese Juden siedelten unmittelbar in der Nähe der alten Pfalz, vor deren Porta das erste Handelszentrum auf dem Gebiet des heutigen Waagplatzes entstanden war.

Doch die Geschichte der Juden in Salzburg ist mit unendlich viel Leid durchsetzt. Schon der erste Erzbischof Arn, der gleichzeitig ja auch noch Abt von St. Peter war, ließ sich um 803 einen jüdischen Arzt kommen, und vereinzelt gab es jüdische Händler. Seßhaft und nachweisbar sind jüdische Mitbürger ab dem frühen 13. Jahrhundert. Ende des 13. Jahrhunderts taucht erstmals ein Personenname auf, eine Jüdin namens Hanna, die verbrannt wurde. Warum, wissen wir nicht. In der ersten Hälfte des 14. Jahrhunderts sind namentlich jüdische Geldleiher bekannt, darunter auch Geldleiher, die dem Erzbischof Friedrich III. große Summen gaben. Doch als 1348 ein Peststurm über Europa fegte, kam es europaweit zu großen Pogromen, weil man die Juden für diese Krankheit verantwortlich machte und damals wurde auch die erste Salzburger Judengemeinde vernichtet. Ebenso erging es der Halleiner Judengemeinde. Etwa zwei Jahrzehnte später gab es aber bereits wieder eine funktionsfähige Gemeinde. Sie konnte sogar die Synagoge wieder eröffnen. Aber schon wenige Jahre später, 1404, wurden diese Juden beschuldigt, aus der Müllner Kirche geweihte Hostien gestohlen zu haben. Alle Juden, es waren zwischen 60 und 70 Menschen, wurden gefangengesetzt. Die Folter führte auch zu den gewünschten Geständnissen, zu denen natürlich auch ein Ritualmord gehörte, bei dem ein Christenknabe getötet worden sein sollte. Die Hauptangeklagten begingen noch im Kerker Selbstmord. Alle anderen Juden wurden verbrannt, ausgenommen 25 Kinder, die jünger als 11 Jahre waren. Diese Kinder wurden getauft, wie auch ein erwachsener Jude, den man aus unbekannten Gründen verschont hatte, und zwei schwangere Frauen, doch galt deren Schonung nur, bis sie die Kinder zur Welt gebracht hatten. Was dann mit ihnen geschah, ist unbekannt.

Fünf Jahre später nahm Erzbischof Eberhard III. einen Mann namens Isaak auf und stattete ihn mit einem Empfehlungsschreiben an die Stadt aus, um ihm beim Schuldeneintreiben behilflich zu sein. Und wiederum entstand eine kleine Gemeinde, die aber wahrlich kein leichtes Leben hatte. Eine 1418 in Salzburg abgehaltene Provinzialsynode legte fest, Juden mußten einen gehörnten Hut tragen und Frauen am Gewand eine angenähte Schelle. Zeitweise wurde diese Bestimmung lax gehandhabt, dann aber immer wieder auch sehr streng ausgelegt.

Der wichtigste Erwerbszweig der Juden war die Geld- und Pfandleihe. Dieser Erwerbszweig war ursprünglich Christen verboten und zwar wegen des kirchlichen Gebotes, Geldverleih nicht mit Zinsen zu belasten. So kamen die jüdischen Bürger in den Verruf als Wucherer.

Waren ursprünglich bis in das 15. Jahrhundert die Juden im Bereich der Judengasse angesiedelt, so änderte sich das nach ihrer Wiederansiedlung im 15. Jahrhundert. Sie scheinen nun ausschließlich an der rechten Salzachseite gesiedelt zu haben. Der jüdische Friedhof lag oberhalb von Mülln am Abhang des Mönchsberges und wurde Ende des 15. Jahrhunderts zerstört. Es war auch kein Friedhof mehr vonnöten, denn im Frühjahr 1498 verfügte Erzbischof Leonhard von Keutschach für alle Juden die Landesverweisung. Von da an durften Juden die Stadt Salzburg überhaupt nicht oder nur mit Sondererlaubnis betreten, in der Stadt nicht übernachten; ein Ausnahmefall ist bekannt. Erst als 1867 das Staatsgrundgesetz Österreichs den jüdischen Mitbürgern die vollen Rechte zuerkannte, entstand langsam eine neue jüdische Gemeinde.

Von den Büchsenmachern

Das Salzburger Museum Carolino Augusteum besitzt in seiner Waffensammlung eine Reihe von Radschloßkarabinern aus der Garde des Erzbischofs Wolf Dietrich von Raitenau. Vermutlich waren es insgesamt 80 Radschloßkarabiner, da aus dieser Zeit auch 80 Lederschilder der Leibgarde erhalten sind. Wolf Dietrich nahm die Leibschützen von den einzelnen Fahnen, wie die Kompanien hießen, aus dem Lande, die jeweils Leute zur Garnison in die Hauptstadt abstellen mußten. Die gesamte salzburgische Landfahne bestand aus 13 Fähnlein, acht außer und fünf inner des Gebirges. Ein Fähnlein zählte 300

Mann, ausgenommen Abtenau mit 240 und Lofer mit 140. Also bestand ein Aufgebot etwa aus 3000 Mann. Doch es konnte ein zweites Aufgebot ausgehoben werden, das ergab etwa 7.600 Mann als die gesamte Heeresstärke des Landes.

Die Erzbischöfe waren als Landesfürsten natürlich interessiert, die Ausrüstung ihrer Truppe möglichst im Lande selbst herzustellen. Doch es gab zu wenig Büchsenmacher, so daß zur Zeit Wolf Dietrichs in der 2. Hälfte des 16. Jahrhunderts Waffen hinzugekauft werden mußten. Erst hundert Jahre später wurde das Gewerbe im Lande stärker. Im 17. Jahrhundert gab es drei Gerechtsame, wozu im 18. Jahrhundert eine vierte kam. Gerechtsame, das bedeutet soviel wie eine Konzession oder einen Gewerbeschein. Die Büchsenmacher gehörten in eine Innung mit den Schlossern, Zirkelschmieden, Windenmachern und den Groß- und Kleinuhrmachern. Die ersten Büchsenmacher Salzburgs waren in der Gstättengasse angesiedelt. Das ist den Häuserchroniken zu entnehmen. Eine Büchsenmacher-Gerechtsame übersiedelte dann in die Kreuzwirt- oder spätere Theatergasse und von dort im 19. Jahrhundert in die Linzer Gasse.

Die Büchsenmacher waren höchst angesehene Handwerker und viele dieser Radschloßkarabiner oder Radschloßbüchsen sind von den Meistern signiert worden. Um nur einige dieser Meister zu nennen: Da ist der Büchsenmacher Valentin Klett, der im thüringischen Suhl im preußischen Verwaltungsbezirk Erfurt lebte. Die Stadt Suhl war wegen ihrer Gewehrproduktion berühmt. Als der kaiserliche Kroatengeneral Graf Ludwig von Isola im Oktober 1634 Suhl niederbrennen ließ, wanderten viele obdachlos gewordene Einwohner aus. Darunter war auch die Familie Klett, die den Erzbischöfen Salzburgs bestens bekannt war, da sie seit mehr als einem halben Jahrhundert dem hochfürstlichen Zeugamt auf Hohensalzburg Waffen lieferte. Erzbischof Paris Lodron war es recht, in dieser unsicheren Zeit des Dreißigjährigen Krieges zusätzliche Rohrschmiede anzusiedeln. Er wies den lutherischen Kletts Ebenau als Platz an, wo sie ihre Büchsenschmiede errichten konnten. Mit einer einzigen Ausnahme hörten von diesem Zeitpunkt an die ständigen Waffenlieferungen aus Suhl nach Salzburg auf. Man hatte ja Ebenau.

Ein anderer Büchsenmeister war Georg Zellner. Der Name der Familie stammte von ihrem Wohnort in Zell am Wallersee bei Seekirchen, wo in der Nähe des Gasthauses Zell die Büchsenmacherei betrieben wurde. Schon 1366 hatte Friedrich von Seewalchen das Gut Zell dem

Abt Johann von St. Peter als Urbar abgetreten. 1392 wurde urkundlich ein Peter Zolner genannt, 1523 ein Hans und 1598 ein Georg Zellner als am Urbar-Gut sitzend, dieser hatte wiederum mehrere Söhne, und alle waren Büchsenmacher. Erst 1831 verkaufte ein Nachkomme, der das Gewerbe nicht mehr ausübte, das Gut. Namentlich sind 16 Büchsenmacher mit Namen Zellner aus dieser Werkstatt bekannt.

Ein anderer Büchsenmacher wiederum war Sebastian Scheidegger, der nach einer Lehre bei Johann Neureither in Salzburg 1726 Bürger und Meister in Salzburg wurde und noch in diesem Jahr die erste Büchsenmachergerechtsame in der Gstättengasse 21 übernahm.

Salzburger Pfennige

Die Stadt Salzburg hat es versäumt, ja ganz bewußt gar nicht wahrgenommen, daß sich am 28. Mai 1996 ein wesentliches Ereignis der Stadtgeschichte zum tausendsten Mal jährte. Es ist dies die Verleihung des Markt-, Maut- und Münzrechtes durch Kaiser Otto III. an Erzbischof Hartwig von Salzburg. Es war dies der 28. Mai 996. In ganz Österreich gibt es nichts Vergleichbares. Dieser kaiserliche Akt ist für die Entwicklung Salzburgs von prägender Bedeutung gewesen! Die Urkunde liegt im Wiener Haus-, Hof- und Staatsarchiv, trägt noch, wenn auch beschädigt, das kaiserliche Wachssiegel, und das Pergament ist mit dem Monogramm des jungen Kaisers versehen, der damit dem Salzburger Erzbischof dankte, daß er ihn mit einem Begleitschutz nach Rom zur Kaiserkrönung gebracht hatte, die wenige Tage vor diesem Verleihungsakt, nämlich am 21. Mai 996, stattgefunden hatte. Es würde zu weit führen, die Urkunde, die in mittelalterlichem Latein verfaßt ist, vollständig zu zitieren, doch hier ist, in Übersetzung, der wichtigste Satz: „Nämlich im Ort Salzburg einen an jedem Tag rechtmäßigen Markt und eine Münzstätte nach Regensburger Gewicht kraft kaiserlicher Vollmacht zu errichten und sogleich in Betrieb zu nehmen; den Zoll aber, der uns davon zusteht, haben wir im Schoß des heiligen Petrus und des heiligen Rupert zum Heil unseres Körpers und unserer Seele kraft unserer Macht dorthin – gemeint ist die Salzburger Kirche – übertragen, auf daß er dort dauernd bestehen soll. Gleichzeitig sichern wir allen, die diesen Markt aufsuchen, einen friedlichen Zugang und Rückweg kraft der Macht unseres kaiserlichen Bannes zu", usw. usw.

Das Recht eines täglichen Marktes war selten. Im gesamten Land Salzburg besaß nur die Hauptstadt dieses Privileg, wenngleich es in der Praxis vorerst gar nicht völlig genutzt werden konnte. Markt an drei oder vier Tagen genügte, um Salzburg zu versorgen.

Der junge sächsische Kaiser hatte mit dieser Verleihung nicht nur dem Erzbischof gedankt, sondern auch eine weitsichtige Tat gesetzt, denn durch die Lage Salzburgs als Wegkreuz über die Alpen war damit die Voraussetzung als wichtigster Umschlagplatz für den Fernhandel gegeben, und das sprach auch die Urkunde aus, als sie friedlichen Zugang und Rückweg zusicherte.

Auch die Verleihung des Münzrechtes war eine logische Entwicklung, denn in Salzburg waren schon im Jahr 916 Münzen geschlagen worden und zwar durch Herzog Arnulf von Bayern, der aus dem Exil in Ungarn zurückkehrte. Sein Silberpfennig trug bereits auf der Reversseite, also Rückseite, die Inschrift Juvavo civitas, – Stadt Salzburg. Numismatikern, also Münzfachleuten, ist bekannt, daß es einen Pfennig gibt, der vor 995 vom bayerischen Herzog Heinrich dem Zänker in Salzburg geprägt wurde. Daraus schließen die Fachleute, daß die Herzöge von Bayern in Salzburg eine eigene Münze unterhielten. Erzbischof Hartwig machte von seinem Münzrecht erst einige Jahre später Gebrauch. Die älteste bekannte Salzburger Münze stammt aus dem Jahre 1009. Dabei benützte Hartwig aber die schon in Salzburg bestehende bayerische Münzstätte. Erst Erzbischof Konrad I. ließ nach dem Jahr 1121 eigene Münzstätten errichten, eine in der erzbischöflichen Stadt Friesach in Kärnten, dort wurden die „Friesacher Pfennige" geprägt, und eine Münzstätte wurde in Laufen an der Salzach gebaut. Damit wich der Erzbischof der herzoglichen Münze in Salzburg aus.

Salzburger Münzen wurden durch den Fernhandel weit verstreut. Sie wurden in Rußland, den baltischen Ländern, in Skandinavien angetroffen. Mit Salzburger Münzen wurden Pelze eingekauft, aber auch Sklaven und Sklavinnen, nämlich aus den heidnischen Slawenländern, und in moslemische Harems verkauft. Die Münze brachte also nicht nur Fortschritt, sondern wurde auch zum schnöden Mammon.

Als Rupert nach Salzburg kam

Das Salzburger Dommuseum und die Erzabtei St. Peter hatten 1996 gemeinsam eine Ausstellung ausgerichtet, die der Tatsache gewidmet war, daß vor 1000 Jahren, also 696, der heilige Rupert nach Salzburg gekommen ist. Ein umfangreicher Katalog arbeitet auch wissenschaftlich dieses Thema auf, wobei der Historiker Heinz Dopsch sich mit der Frühgeschichte um Rupertus befaßte. Die Fragestellung lautet, ob die alte Römerstadt Juvavum erst unter Rupert zu neuem Leben erwachte oder ob schon vor der Ankunft dieses Missionsbischofs ein Wiederaufleben der Stadt, die ja bayerisches Herzogsgebiet war, stattgefunden hatte. In der Lebensbeschreibung Ruperts heißt es, daß Juvavum eine von Bäumen und Gesträuch überwucherte Ruinenstätte war. Doch es hatte kontinuierlich nach dem Abzug der Römer, die vor den vordringenden Stämmen der Völkerwanderung sich zurückzogen, eine Siedlung gegeben, denn es blieben sowohl Abkömmlinge der Kelten und vor allem der Romanen weiterhin in der Stadt. Gräber im Bereich von Residenzplatz, Kapitelplatz und Domplatz zeigen, daß jedoch die untere Siedlung, die Talsiedlung am Ufer der Salzach, aufgegeben worden war, daß aber auf der Nonnbergterrasse sehr wohl Menschen siedelten. Und seit den archäologischen Grabungen im Gebiet des Hohen Stocks auf der Festung wissen wir, daß auch dort Siedlungsgebiet gewesen ist. Also auf dem Nonnberg und Festungsberg überstanden Teile der ehemals römischen Stadtbevölkerung die schweren Zeiten der Völkerwanderung. Dort war aber auch die sogenannte Obere Burg, die von den Agilolfingern, als sie das Gebiet in Besitz nahmen, zur Residenz ausgebaut wurde. Dieses Castro superius –, lateinisch – zu deutsch Obere Burg – war nicht eine Burg im mittelalterlichen Sinn, sondern eine befestigte Bergsiedlung. Und noch bevor Rupert nach Salzburg kam, bestand auf dem Nonnberg eine dem heiligen Martin geweihte Kirche. Die bayerischen Herzöge aus dem Geschlecht der Agilolfinger waren von den merowingischen, fränkischen Königen eingesetzt worden, und so war die Weihe der Kirche an Martin, einem Heiligen aus dem Frankenreich der Merowinger, logische Konsequenz. Daß die bayerischen Herzöge so an Salzburg interessiert waren, war kein Zufall. Juvavum wurde schon in der ersten Hälfte des 8. Jahrhunderts in Salzburg umbenannt, und es ging eben um Salz. Die Salzgewinnung auf dem Dürrnberg und in Hallstatt war zum Erliegen gekommen, doch es gab die auszubeutenden reichen Solequellen von Reichenhall. Die Herzogsstadt Regensburg war weit entfernt. So war Salzburg als militärischer Stützpunkt zum Schutz der Salzgewinnung wichtig. Gleichzeitig wurde Salzburg auch die Basis zur Ausweitung des Herzogtums nach Süden. Ende des 7. Jahrhunderts wurde Salzburg zum Sitz eines Teilregenten, denn Theodbert, der älteste Sohn des Bayernherzogs Theodo, residierte hier als Mitregent.

Dieser in Salzburg residierende Mitregent Herzog Theodbert machte eine höchst eigenständige Politik. Als 702 der Langobarde Herzog Ansprand mit seinem Sohn Liutprand in Salzburg Asyl suchte, gewährte ihm dies Theodbert, und zehn Jahre später unternahm der Langobardenherzog mit seiner Hilfe einen Kriegszug, um sein Reich in Oberitalien wieder zu erobern. Das gelang ihm. Doch wenige Monate später starb Herzog Ansprand und es folgte ihm sein Sohn Liutprand. Dieser heiratete die Tochter Theodberts, Guntrud, in die er sich während seines Asyls in Salzburg verliebt hatte. Diese Ehe wurde die Besiegelung eines Bündnisses zwischen Bayern und Langobarden. Das war also das Umfeld, in das Rupert vor 1300 Jahren kam.

Der Salzburger Historiker Heinz Dopsch hat auf Grund seiner Quellenstudien und Auswertung verschiedenster Forschungsergebnisse versucht, eine Würdigung des heiligen Rupert für den Katalog der Ausstellung in St. Peter und im Dommuseum zu machen. Ich zitiere:

„Bei einer vorsichtigen Auswertung der historischen Quellen gewinnt man von Rupert das Bild des typischen ‚Adelsheiligen'. Aus hochadeliger Sippe stammend, entfernt verwandt mit dem alten fränkischen Königshaus der Merowinger, und als Bischof im traditionsreichen Worms am Rhein tätig, war sich Rupert seiner Bedeutung wohl bewußt. Nach Bayern kam er erst, als Theodo, der amtierende Herzog, ihm weitreichende Zusagen gemacht hatte, und er legte Wert darauf, mit großem Zeremoniell empfangen zu werden. Er trat nicht als einfacher Missionar auf, der sich nur der Bekehrung von Heiden durch Predigten und Taufe widmete, sondern er war der Vertraute des Herzogs, mit großen Vollmachten ausgestattet und mit wichtigen diplomatischen Aufgaben betraut. In engem Zusammenwirken mit den Agilolfingern, also den Herzögen von Bayern, machte er Salzburg zu einem politischen und kulturellen Zentrum, von dem aus wenige Jahrzehnte später die missionarische und politische Erfassung des slawischen Fürstentums Karantanien in Angriff genommen wurde."

Das heißt also, Abschied zu nehmen von dem traditionellen Rupertusbild. Der Überlieferung nach gilt er als der erste Bischof Salzburgs. Er wirkte hier vermutlich zwei Jahrzehnte lang, aber es gab offiziell das Bistum noch nicht. Er gründete das Kloster St. Peter, wie er auch Erentrudis nach Salzburg brachte und das Kloster Nonnberg gründete. Und er kam nach Salzburg, wo er schon eine intakte Siedlung vorfand, weil die bayerischen Herzöge erkannt hatten, welche geographische, wirtschaftliche und militärische Rolle dieser Platz besaß.

Rupert stammte aus dem fränkischen Hochadelsgeschlecht der Rupertiner, die mit dem merowingischen Königshaus verwandt waren. Warum er entgegen allen kirchlichen Vorschriften sein Bistum Worms verließ, wissen wir nicht. Wahrscheinlich waren es dynastische Fragen der Macht. Eine Verwandte von ihm war mit dem Bayernherzog Theodo verheiratet. So streckte er dorthin seine Fühler aus, umgekehrt soll der Bayernherzog von Regensburg aus, seiner Residenzstadt, Rupert gebeten haben, zu ihm zu kommen. Rupert, ganz der Hochadelige, schickte zuerst eine Gesandtschaft, um die Bedingungen auszuhandeln, und dabei war eine Generalvollmacht für die Missionstätigkeit in ganz Bayern. Herzog Theodo zog Rupert mit einer Schar von Adelsleuten entgegen. Der Bischof kam zuerst nach Regensburg, wo er den Herzog und dessen adeligen Hof taufte und zum Christentum bekehrte, zog dann weiter nach Lorch und von dort nach Seekirchen am Wallersee, wo er seine erste Kirche im Land Salzburg erbaute, und ließ sich dann Salzburg und das gesamte weite Umland für die Kirche schenken. Der Mitregent Theodbert behielt vermutlich nur die Obere Burg und wahrscheinlich auch das Gebiet zwischen Residenz- und Waagplatz, wo später eine Pfalz entstand und möglicherweise am rechten Salzachufer das bayerische Platzl. Die erste Tat Ruperts war die Errichtung der Abtei St. Peter, die heute das älteste Kloster im deutschen Sprachraum ist. Es war aber kein Kloster für ein kontemplatives Leben, nein, die Mönche hatten ihren Abt Rupert im ganzen Missionsgebiet zu unterstützen. Rupert baute seine Kirche wahrscheinlich genau dort, wo auch heute der Dom steht. Daran schloß unmittelbar das Kloster an. Erst als 987 das Kloster vom Bistum getrennt wurde, entstand das heutige Areal des St.-Peter-Bezirkes.

Rupert ist nie offiziell heiliggesprochen worden, zählt aber zu jenen Heiligen, die von Rom anerkannt und deren Feste im Heiligenkalender aufgeführt werden.

Im Zuge des Rupertusjubiläums ist es auch interessant, die Gründung von Bischofshofen zu betrachten. Der Ort geht auf Rupertus zurück, der hier im Pongau die Maximilianszelle als ältesten Stützpunkt der Salzburger Slawenmission geschaffen hat. Diese Maximilianszelle war ein kleines Kloster in der Einschicht im weiten Waldgebiet des Pongaus, zu dem jedoch sehr große Besitzungen gehörten. Die Gründungszeit liegt um 711, denn da hatte Theodbert nach der Erkrankung seines Vaters Theodo als bayerischer Herzog die Herrschaft übernommen und eine militärische Intervention in das Langobardenreich unternommen, um den von dort vertriebenen Herzog Ansprand wieder zu installieren. Diesen Vormarsch nützte Rupert, um ein Missionskloster im Süden Salzburgs zu errichten. Warum aber gerade an dieser Stelle im Pongau? Zwei Brüder der romanischen Adelsfamilie von Albina, die in Beziehungen zum bayerischen Herzogshaus standen, waren beim Jagen und Goldwaschen in das unerforschte Waldgebiet des Pongaus vorgedrungen. Entlang der Salzach waren Tonazan und Urso Albina, vermutlich war das heutige Oberalm das Stammhaus dieses Geschlechtes, in die Einöde gekommen, wo sie brennende Lichter sahen, einen eigenartigen wunderbaren Duft einatmeten und verschiedene Erscheinungen hatten. Tonazan berichtete Bischof Rupert davon, der einen Priester mit einem geweihten Holzkreuz dorthin entsandte, der dieselben Wunder wahrnahm und das Holzkreuz aufstellte. Der Herzog genehmigte die Errichtung des Klosters, und Rupert selbst zog nach Bischofshofen, um die Kirche dem heiligen Maximilian zu wei-

Der heilige Rupertus – Rotes Marmorrelief über dem Eingang zum Hohen Stock der Festung.
Bild: Archiv Ritschel/L. Vuray

hen. Bischofshofen wurde so zum Ausgang der Slawenmission. Zunächst wurden die Bewohner der weiteren Umgebung bekehrt, doch wenige Jahrzehnte später dehnte Bischof Virgil die Mission über ganz Kärnten aus.

Herzog Theodbert von Bayern, der nun die Regierungsgeschäfte wahrnahm, kam in den Pongau und übergab allen Besitz, den er dort hatte, an das Kloster. Auch die Brüder aus dem Haus Albino schenkten ihren Besitz in Oberalm, möglicherweise auch Niederalm, an die Maximilianszelle. Der Salzburger Historiker Heinz Dopsch vertritt die Ansicht, daß damit in späterer Zeit das große Waldgebiet des Pongaus zur Keimzelle des Landes Salzburg wurde.

Wenige Jahre nach dem Tod Ruperts um das Jahr 720 zerstörten Slawen bei einem Angriff das Kloster Pongau, doch die Maximilianszelle wurde erneuert, hundert Jahre später, als der Slawenfürst Liudewit einen Aufstand gegen die fränkische Herrschaft führte, erneut angezündet und völlig zerstört. Schon 821 wurde die wiederhergestellte Kirche von Erzbischof Adalram geweiht.

Rupert hatte aus seiner fränkischen Heimat ihm treu ergebene Gefährten mitgebracht, angeblich 12, so wie einst Christus seine Apostelschar erwählte, die ihn in Salzburg in seinem Wirken unterstützten. Als 714 sein politisch gefährlicher Gegner im Frankenreich, der Hausmeier Pippin, starb, entschloß er sich, in seinen eigentlichen Bischofssitz in Worms zurückzukehren. Ihn plagten Todesahnungen. Und gegen Ende des Jahres 715 verließ er Salzburg und starb wahrscheinlich am 27. März 716 in Worms. Als im Jahr 774 der Salzburger Dom geweiht wurde, ließ Bischof Virgil die Gebeine Ruperts aus Worms nach Salzburg bringen und im Dom feierlich beisetzen. So wurde Rupertus der Schutzheilige zuerst des Doms und später des ganzen Landes.

Der Kirchturm fiel um

Am 22. Juni 1871 stürzte der 72 Meter hohe Turm der Pfarrkirche von St. Johann im Pongau ein. Die Chronik des Ortes vermeldet: Nach dem großen Brande im Jahr 1855, dem 101 Häuser, darunter 50 Wohngebäude und die Kirche zum Opfer fielen, wurde das zerstörte Gotteshaus in wesentlich größeren Ausmaßen in neogotischem Stil wieder aufgebaut. Der Turm der neuen Kirche, der bereits seiner Vollendung entgegenging, stürzte plötzlich, eben am 22. Juni 1871, wie es heißt infolge schadhafter Grundmauern, ein.

Der Gastwirt Anton Rosian war in den Morgenstunden dieses Tages allein in der Kirche. Neben seinem Betstuhl sah er einen Riß im Mauerwerk, den er bisher nie wahrgenommen hatte, und es schien ihm, als ob dieser Riß sich plötzlich erweiterte. Er stürzte aus der Kirche und schlug Alarm. Eine Kommission von Sachverständigen erschien in der Kirche, sie stellten schwere Schäden am Mauerwerk fest. Die Kirche wurde gesperrt und die Bewohner der umliegenden Häuser wurden sofort evakuiert. Doch es dauerte noch eine Zeit, am frühen Nachmittag, genau um 13 Uhr 30, stürzte der Turm in sich zusammen, zwei Felder des Kirchenschiffes mit sich reißend. Stundenlang hüllte eine riesige Staubwolke den ganzen Markt ein.

Auf dem Friedhof wurde alsbald ein Altar aufgestellt, darüber eine Bretterhütte errichtet, um Gottesdienst abhalten zu können. Die Gläubigen standen im Freien oder hockten auf den Grabhügeln. Wochen später, nach der Einschalung des noch stehengebliebenen Teiles des Kirchenschiffes, konnte wieder in die Kirche zurückgesiedelt werden. Ein unbekannter Spender übergab dem damaligen k.u.k. Ministerpräsidenten Fürst Auersperg 40.000 Gulden für den Wiederaufbau. Nun wurde entschieden, den Bauplan abzuändern und stattdessen zwei Türme, jeder 62 Meter hoch, zu erbauen. Es war der in Salzburg wirkende Architekt Josef Wessiken, preußischer Oberbaurat und ein Schüler des Dombaumeisters Friedrich Schmidt, des Erbauers des Wiener Rathauses, der den Entwurf für den Wiederaufbau erstellte. Wessiken hatte in Salzburg die Pfarrkirche von St. Andrä auf dem Schrannenplatz und auch die evangelische Kirche errichtet. 1876 war der Bau fertig. Vor 120 Jahren ist die neue Pfarrkirche von St. Johann geweiht worden – und trägt seither den stolzen Titel eines Domes vom Pongau.

Dom vom Pongau, diesen Titel erhielt die Pfarrkirche als stattlicher Bau mit zwei hoch aufragenden Türmen, der am höchsten Punkt des Marktes, das mittlere Salzachtal beherrschend, schon von weitem sichtbar ist. Die unbekannte Spende von 40.000 Gulden war für die Gemeinde ein Segen. Daß sie in die Hände des Ministerpräsidenten gelegt wurde, war verständlich, denn der Pongau war der Wahlkreis des Adolf Fürst Auersperg. Allein hätte St. Johann nicht die Mittel gehabt oder nur sehr schwer aufbringen können, denn der große Ortsbrand von 1855 hatte die gesamte Gemeinde ungemein verarmt. Ausgelöst war das Brandunglück, das den Ortskern, ja weite Teile des Marktes vernichtet hatte, durch zwei Buben, die in einem Haus im zweiten Stock, in der sogenannten Machkammer, das war eine Schnitzkammer, gespielt, dabei Zündhölzer gefunden und versucht hatten, mit diesen Reibzündhölzern an der Wand Feuer zu machen. Das brennende Zündholz fiel auf den Boden, die Hobelspäne entzündeten sich, die Kinder liefen erschreckt davon. Innerhalb von Minuten war es ein gewaltiger Brand, der verheerendes Ausmaß annahm, von einem Föhnsturm mächtig angetrieben.

Umso stolzer war die Bevölkerung, die neue Kirche, eben den Dom vom Pongau, zu besitzen.

Geliebte Kapuziner

Die Stadt Salzburg hat zwei markante Eckpfeiler, nämlich die Festung Hohensalzburg und das Kapuzinerkloster. Vor vierhundert Jahren wurde der Bau dieser Kirche begonnen. Man schrieb das Jahr 1596. Bis zu diesem Jahr stand auf dem Berg ein wehrhaftes Schloß, dessen Gründungsdatum nicht feststellbar ist, das aber mit der von Erzbischof Konrad IV. 1291 angeordneten Befestigung der rechtsufrigen Stadt zusammenhängen muß. Eberhard III. hat 1406 dann einen Um- oder Ausbau durchgeführt. Die Festung, Trompeterschloß genannt, war ein rechteckiges dreigeschossiges Gebäude mit zinnenbekrönten Ecktürmen.

1594 hat Erzbischof Wolf Dietrich die Kapuziner nach Salzburg gerufen. Das war, als er nicht mehr die weitere Auswanderung von Protestanten anordnen wollte, sondern den Versuch unternahm, die protestantischen Untertanen durch Belehrung zum, wie er meinte, rechten Glauben zurückzuführen.

Die Kapuziner waren aus dem Orden der Franziskaner hervorgegangen, also ein Orden der Minderbrüder, ein Ordenszweig, der sich seit 1525 besonders streng dem Armutsideal verschrieben hatte. Ihren Namen Kapuziner erhielten die Mönche sehr rasch nach der an den groben braunen Habit angenähten spitzen Kapuze. Wolf Dietrich berief also die Kapuziner aus dem Süden nach Salzburg und siedelte sie vorerst bei der Kirche St. Johannes auf dem etwas tiefer unter dem heutigen Kloster gelegenen Imberg an. Diese, den beiden Johannes, nämlich Johannes dem Täufer und dem Evangelisten Johannes geweihte Kirche, war die erste Pfarrkirche in dem Stadtteil am rechten Ufer der Salzach. 1596 begann der Bau des Klosters, der bis 1598 dauerte, 1602 wurde die Kirche geweiht. Teile des Trompeterschlosses wurden weggerissen und Teile in den neuen Klosterbezirk einbezogen. Der Kirchenraum selber ist ein saalartiger Raum, in dessen Tonnengewölbe symmetrisch Stichkappen einschneiden. Der gesamte Kirchenraum wirkt nüchtern, ein Kennzeichen für die Bauten dieses Ordens, aber gleichzeitig höchst elegant. Die braune hölzerne Altarwand ist wuchtig, und das Altarbild zeigt eine Anbetung der Hirten, Francesco Vanni zugeschrieben. Links davon ist das Bild des Heiligen Bonaventura, dem die Kirche geweiht ist, und rechts jenes des heiligen Ludwig, Bischof von Toulouse. Beide Heiligen waren in der Nachfolge des Franziskus große Marienverehrer. Besonders wichtig sind die inneren Kirchentore, denn sie stammen aus dem alten Dom, den Wolf Dietrich abreißen ließ und dessen geschnitzte Türflügel er für die neue Kirche bestimmte. Es sind zwölf Felder. In der obersten Reihe Maria mit dem Kinde und Johannes der Täufer mit dem Lamm, darunter folgen auf zehn Feldern die Apostel. Doch warum nur zehn? Die Antwort ist einfach: Die Torflügel waren zu hoch, also wurden unten zwei Apostel einfach weggeschnitten.

Die Kapuzinermönche wurden bald zur vertrauten Erscheinung nicht nur in der Stadt, sondern im ganzen Land Salzburg. Sie widmeten sich der Volksmission, der Krankenpflege. Kein Wunder also, daß in Pestperioden sehr viele dieser Minderbrüder starben, weil sie nicht flohen, sondern sich den kranken Mitmenschen zuwandten. Das brachte die Liebe der Bevölkerung. Erst in der sogenannten Aufklärungszeit meinte man, diese Glaubensboten nicht mehr zu brauchen. Erzbischof Hieronymus Colloredo setzte die Kapuziner dem Gespött der Mitmenschen aus. Sie erhielten statt ihres braunen Habits lederne Kniehosen, Schnürschuhe und Strümpfe, eine Kutte, die nur bis zu den Knien reichte, einen Halskragen mit einer Kapuze und einen dünnen Strick als Gürtel. Dazu erhielten sie noch einen Hut aufs Haupt gedrückt. Doch auch diese Zeit ging vorüber. In der NS-Zeit wurde das Kloster beschlagnahmt, die Mönche wurden vertrieben, zogen 1945 wieder ein, und das Kloster besitzt nach einer umfassenden Renovierung nicht nur Ansehen und Würde. Seine Insassen sind wieder im ganzen Land unterwegs, um den Menschen zu helfen.

Mythologie im Mirabellgarten

Ein Besuch des Mirabellgartens in der Stadt Salzburg ist in den Zeiten der Blüte ein Erlebnis. Der Besucher gerät in eine Farborgie, denn da blüht und wuchert es, dominiert vom verschiedenen Rot der Rosen auf Hochstamm, auf Sträuchern und emporkletternd. Als Erzbischof Wolf Dietrich den Landsitz ab 1606 errichten ließ, um für seine Lebensgefährtin Salome Alt Schloß Altenau, wie er es nannte und wie auch das Adelsprädikat hieß, das er beim Kaiser für Salome und die Kinder erwirkte, zu schaffen, da sollte nicht nur ein „herrliches Gepeü", sondern es sollten auch „schöne Gärten von allerlai Kräutwerch, Paumbgewächs und Früchten geziert" entstehen.

Nach der Absetzung Wolf Dietrichs mußte Salome Alt Salzburg verlassen. Marcus Sittikus gab dem Schloß den Namen Mirabell, er selber mied das Schloß. Sein Nachfolger Paris Lodron lebte und starb darin.

Erzbischof Johann Ernest Thun gestaltete den Garten um, unterstützt von Fischer von Erlach.

Jedoch der wichtigste Teil des Gartens, das große Parterre, eine wahre Kunstlandschaft architektonischer Spielerei, die eine

Der Raub der Helena – Die mythologische Figur im Mirabellgarten (Detailaufnahme) wurde 1690 von Ottavio Mosto geschaffen.

Bild: Archiv Ritschel/L. Vuray

Fontäne, Figurengruppen und reich gegliederte Balustraden mit kegelförmig geschnittenen Buchsbäumen und Blütenarabesken zu einem wahren Wunderwerk vereinigen, stammt in der Urform noch von Wolf Dietrich. Die Anlage erinnert an italienische Renaissancegärten und auch hier in Mirabell wird der Mythos der Antike lebendig. Er entsprach der Schönheit und der Lebenslust am Salzburger Hof, als die Glanzzeit barocker Pracht angebrochen war. Da gab es Gartenfeste und poesievolle Schäferspiele, Pantomimen mit Musik und Tanz.

Aus Padua wurde 1619 der Bildhauer Ottavio Mosto berufen, der nun den Garten auszuschmücken hatte und im Mittelfeld des Parterres um den Brunnen vier mythologische Figurengruppen gruppierte. Da ist Helena, die schönste Frau Griechenlands, um derentwillen der trojanische Krieg ausgebrochen war. Der Bildhauer schuf jenen Augenblick, als Paris, dem einst von Aphrodite das schönste Weib der Erde versprochen worden war, Helena entführte. Anmutig schmiegt sich Helena in die Arme des Paris. Gegenüber sehen wir Herkules im Kampf mit dem Riesen Antäus. Dieser war ein Sohn der Erde und regenerierte stets seine Kräfte, sooft Herkules ihn auf die Erde niederwarf. Daher hob Herkules den Antäus auf seinen Armen in die Luft, so lange, bis er erdrückt wurde. Die dritte Figurengruppe schildert den Raub der Persephone. Als einst die liebliche Jungfrau Blumen pflückte, wurde sie von Hades, dem Herrscher der Unterwelt, entführt. Ihr Flehen um Hilfe war vergeblich, doch ihre Mutter konnte bei Zeus erreichen, daß Persephone die Hälfte des Jahres auf der Oberwelt zubringen durfte, wo sie nun zur Schutzherrin des Acker- und des Weinbaues wurde.

Die vierte Gruppe zeigt die Flucht des Aeneas aus dem brennenden Troja. Als die Griechen die Burg erstürmt hatten und Aeneas alles verloren sah, rettete er seinen Vater Anchüses, einen schon tapprigen Greis, den er auf seine Schultern nahm.

Es sind höchst dramatische Figurengruppen. Dem Makartplatz zu, auf die Balustraden gesetzt, stehen zwei Reihen von Götter- und Göttinnenstandbildern, und wir sehen Chronos, Bacchus, Jupiter, Mars, Herkules usw. usw. Über dieser ganzen Stein gewordenen antiken Götter- und Sagenwelt schwebt die völlig zeitentrückte Heiterkeit des höfischen Barocks und des bewußten Triumphs über den Alltag und seine Mühen und Sorgen.

Dann regierte der Henker

Nach den Kämpfen um Radstadt ging im Sommer 1526 der Salzburger Bauernkrieg mit einem entsetzlichen Blutgericht zu Ende. Der große deutsche Bauernkrieg, hervorgegangen aus Aufständen der bäuerlichen Bevölkerung im Jahr 1524, hatte auch Salzburg erfaßt. Es war eine Mischung aus Glaubenskrieg und Widerstand gegen das Wachsen eines neuzeitlichen Beamtenstaates, Protest gegen die Erhöhung von Abgaben, für das endgültige Abwerfen der Leibeigenschaft. Dabei war, so wie in Tirol, auch in Salzburg die Speerspitze die Knappenschaft, vor allem die der Gewerken selber, wie jener aus dem Gasteinertal. Ein Jahr später, als der Bauernkrieg nochmals losbrach, war es hingegen vor allem das ländliche Proletariat, das nichts zu verlieren hatte, das zu den Waffen griff. Dieses ländliche Proletariat war durch unentwegte Besitzteilung entstanden, wodurch es Achtel- und Sechzehntelhöfe gab und verschiedene Nebengewerbe, die früher zu den Höfen gehört hatten, wie Mühlen und Schmieden, die dann selbständig wurden. Diese Häusler und Kleingewerbler, die als Taglöhner, Knappen oder Hausierer zusätzlich Geld verdienen mußten, sahen sich durch die Reformen der landesfürstlichen Verwaltung bedroht. So etwa, daß Landbewohner des Gerichtsbezirkes Mittersill, die keinen anderen Herrn nachweisen konnten, zu Eigenleuten des Erzbischofs erklärt wurden.

Zentrum des Bauernkrieges 1526 war der Pinzgau, denn von dorther war aus dem Tirolischen Michael Gaißmair mit seinen Truppen gekommen. Im Land hatten sich zwei fürsterzbischöfliche Besitzungen halten können, nämlich in der Feste Hohenwerfen und in der Stadt Radstadt, die der Pfleger Christoph Graf zu Schernberg mit der Bürgerschaft und hundert Landsknechten verteidigte. Vom 14. April an belagerte das Bauernheer Radstadt. Die Eroberung wäre für die Bauern wichtig gewesen, weil sie damit zu Geschützen gekommen wären. Doch Radstadt wehrte sich verzweifelt. Auch die Bürgerschaft war aktiv tätig, fürchtete sie doch drohende Plünderung und Verwüstung. Zunächst schlugen alle Versuche des Heeres des Kardinalerzbischofs Matthäus Lang und des ihm zu Hilfe geeilten schwäbischen Bundes, das belagerte Radstadt zu entsetzen, fehl. Der oberste Kriegsrat beschloß eine Änderung des Kriegsplanes, nämlich nicht direkt gegen Radstadt zu operieren, sondern gegen den Hauptherd der Aufstandsbewegung im Pinzgau anzutreten, während eine eigene Truppe über St. Gilgen und Aussee durch das steirische Ennstal über den Paß Mandling ziehen sollte, um so zu versuchen, Radstadt zu befreien. Diese Truppe gelangte nach blutigen Kämpfen nach Radstadt, verlor aber den gesamten Troß, so daß die wieder von den Bauern umzingelte Stadt nun noch größere Verpflegungssorgen hatte. Doch im Pinzgau entschied sich der Bauernkrieg. Die erzbischöflichen Truppen und ihre Bundesgenossen siegten. Gaißmair, der immer noch offizieller Capitano in venezianischen Diensten war, floh und überquerte am 12. Juli 1526 mit einer ihm treu ergebenen Truppe die Grenze zur Markusrepublik.

Am 24. Juni 1526 hatten die Bauern die Einkesselung Radstadts aufgegeben. Für den 11. Juli waren alle Bewohner des Pfleggerichtes zur neuen Huldigung und gleichzeitig zur Bestrafung vor die Tore Radstadts befohlen worden. 27 Rädelsführer wurden vor den Versammelten von vier Henkern enthauptet. Gleichzeitig wurden im Pinzgau weitere 27 Rädelsführer hingerichtet, und das Schwert regierte weiter in Stadt und Land. Etwa 100 Männer wurden den Henkern zur Vollstreckung der Todesurteile übergeben. Mit voller Härte wurde gegen die Bauern vorgegangen. Sie mußten eine Brandsteuer von 4 Gulden pro Herdstätte binnen acht Tagen leisten, außerdem hohe Steuern zum Ersatz der Kriegskosten zahlen und einen Unterwerfungseid leisten.

Hexenwahn und Zauberei

Eines der dunkelsten Kapitel der Salzburger Geschichte sind die Hexenprozesse. Im Salzburgischen begann der Hexenwahn im Pinzgau. Das mag kein Zufall sein, denn in Vorarlberg und im benachbarten Tirol gab es die meisten vor dem Jahr 1600 nachweisbaren Hexenverfolgungen. Dieser Hexenwahn wanderte, wie der Salzburger Landesarchivar Herbert Klein feststellte, von Westen nach Osten. Die Kirche stellte ursprünglich Zauberei unter kirchliche Disziplinstrafen, sprach gleichzeitig aber auch von Aberglauben. Verhängnisvoll wurde im Hochmittelalter die Teufelslehre, mit der sich Theologen auseinandersetzten, denn nun wurde es sozusagen amtlich, Zauberei sei nur durch die Hilfe des Teufels zu gewinnen.

In den siebziger Jahren des 16. Jahrhunderts begann im Gericht Mittersill der erste einer ganzen Reihe von Zaubererprozessen. Angeklagt waren der fast 80jährige Pfarrer zu Bramberg, Ruprecht Ramsauer, und seine nur wenige Jahre jüngere Köchin Eva Neideggerin. Seit Jahren schon lief das Gerücht um, sie sei eine Wettermacherin. Ende 1573 befahl der Salzburger Hofrat, wegen irgendeines Skandals, der nicht näher bekannt ist, den Kaplan des Pfarrers zu verhaften und ebenso die Köchin. Der Kaplan floh, die Köchin aber wurde von Gemeindevertretern durch eine Denkschrift belastet, sie hätte schon im früheren Dienstort des Pfarrers in Glemm, also in Saalbach, Wetterzauber betrieben. Seit sie dort weg sei, hätten die Glemmer Ruhe. Doch der Pfarrer bürgte für sie und Nachbarn brachten 100 Gulden als Bürgschaftsleistung auf. Am 28. Juni 1574 gab es im Oberpinzgau ein Unwetter. Eine Abordnung von betroffenen Bürgern und Bauern forderte kategorisch ein Verfahren gegen die Wettermacherin. Und die Bürgen forderten die Rückgabe ihres Geldes. Der Pflegschaftsverwalter riet den Bürgen, die Frau in Gewahrsam zu nehmen und als ihre eigene Gefangene in das Schloß Mittersill einzuliefern. Das geschah auch. Am 18. August 1574 gab Erzbischof Johann Jakob Khuen-Belasy den Befehl, die Sache zu untersuchen. Es gab kein Ergebnis. Auch das Gerücht bestätigte sich nicht, die Köchin halte in der Küche unterm Herd „Würmer", also Schlangen, und auch verschiedene angebliche Zaubereien konnten nicht nachgewiesen werden. Ein Gerücht besagte, sie habe einer Dirn befohlen, den Getreidekasten mit Weizengarben zu kehren, um damit anderer Leute Getreide hineinzuzaubern. Die Dirn habe aber Tannenäste genommen. Drei Tage darauf habe ein Wind den Kasten voll Tannen- und Fichtenäste geworfen. Ein Saalfeldner behauptete, er habe gesehen, wie die Köchin vor das Haus trat mit dem Lockruf „Wulle-Wulle", und dann seien Kröten und Würmer aus den Löchern gekrochen, die sie gefüttert habe. Und so ging es weiter. Da erging an den Pfleger der Befehl, die Köchin mit dem Daumenstock „ernstlich zu befragen". Unter der Folter gab sie zu, das Unwetter vom 28. Juni gemacht zu haben. Sie habe Flachsabfälle und Menschenhaar in Wein gesotten und auf der Walcherwiese zwischen Bramberg und Wenns ausgeschüttet. Später widerrief die Köchin ihre Aussagen als unter der Folter erpreßt, und Zeugen, wie eine Dirne, die sie bei diesem Gang begleitet hatte, und ein Mann, der ihnen begegnet war, hatten nichts gesehen. Jakob Khuen-Belasy sandte den Landschreiber nach Mittersill mit dem Befehl, die Neideggerin nicht nur mit dem Daumenstock, sondern auch mit dem Seilaufzug zu verhören, vor allem auch auf die Mitschuld des Pfarrers hin.

Die alte Köchin bekannte nun alles, was man wollte, gezauberte Wetter, und vor allem belastete sie den Pfarrer, der ihr das Wettermachen gelernt habe. Ja, er selbst habe Wetter gemacht, und der Vogel, der vor den Wettern herfliege, sei er.

Auf hochfürstlichen Befehl hin wurde der Pfarrer verhaftet. Er leugnete, doch nach verschärfter Folter gab er alles zu. Am 18. März 1575 wurden Ruprecht Ramsauer und Eva Neidegger in Mittersill verbrannt.

Nach einer ersten Welle der Verfolgung kam es immer seltener zu Prozessen, und im Jahr 1675 lag es fast neun Jahrzehnte zurück, daß die letzte Hinrichtung wegen Hexerei stattgefunden hatte. Plötzlich aber begann hierzulande der schrecklichste, größte und blutigste Hexenprozeß, den es in ganz Österreich jemals gab, ja es war einer der größten in Europa. Es war der berüchtigte Zauberjackl-Prozeß.

Anfang 1675 waren im Pfleggericht Golling öfter Opferstockdiebstähle vorgekommen. Die Abdeckerswitwe Barbara Koller und ihr Sohn Jakob, der Schinderjackl, der alsbald Zauberjackl hieß, gerieten in Verdacht. Doch der Zauberjackl entfloh und konnte niemals verhaftet werden, obwohl man die Ergreiferprämie immer höher schraubte. In dem Verfahren in Golling trat der Verdacht der Zauberei auf. Der Prozeß wurde an das Salzburger Stadtgericht verlegt. Barbara Koller gestand unter Anwendung aller möglichen Foltern ein ganzes Hexereiregister. Am 4. Juli 1675 wurde sie als Zauberin mit der glühenden Zange gezwickt, erdrosselt und anschließend verbrannt.

Den Zauberjackl konnte man nicht fangen, doch man geriet in Furcht vor ihm, denn alle möglichen Untaten wurden ihm zugeschrieben. Man befürchtete eine riesige Bande, und es setzte eine regelrechte Verfolgungsjagd ein. In den folgenden sechs Jahren wurden etwa 160 Zauberer in Untersuchung genommen. Die Gefängnisse wurden zu klein, so daß man den im Zweiten Weltkrieg zerstörten Turm an der Lodronschen Befestigung adaptierte, der alsbald Hexenturm hieß. Fast 140 Menschen wurden hingerichtet. Die Vorwürfe: Teufelsbündnis, Teufelsbuhlschaft, Hexentanz, Nachtflug, Schadenzauber an Mensch und Vieh, Wetterzauber, Werwolfzauber, Hostienfrevel, Zauberkunststücke wie das Mäuse-, Ferkel- und Rattenmachen. Zum überwiegenden Teil richtete sich die Verfolgung gegen fahrende Leute, also Vagabunden. Es war ein Versuch der Austilgung des Landstreichertums im Wege eines ungeheuren Zaubereiprozesses.

Mehr als die Hälfte der Angeklagten waren junge Leute unter 20 Jahren, ja viele waren noch Kinder unter zehn Jahren. Der jüngste Hingerichtete war ein 8jähriger Zaubererbub.

Welche Rolle der unauffindbare Zauberjackl in dieser angeblichen Zaubererzunft gespielt hat, bleibt Mythos. Und so zog der Zauberjackl in die Salzburger Sagenliteratur ein. 1681 wurde der Prozeß abgebrochen, weil diese Blutgenossenschaft des Zauberjackl ins Ungeheure zu wachsen schien.

Im Lungau jedoch gab es noch weitere Prozesse, 1682 wurden 13, 1683 nochmals 13 und 1689 10 Personen wegen Zauberei auf dem Passeggen, der Lungauer Richtstätte, hingerichtet.

In Salzburg gab es die letzte Hexenhinrichtung auf dem Boden des heutigen Österreich, nämlich am 6. Oktober 1750, als auf der Richtstätte der Stadt Salzburg beim heutigen Kommunalfriedhof das 16jährige Mühldorfer Kindsmädel Maria Pauerin getötet wurde. Das vermutlich geistesschwache Mädchen hatte ohne jede Folter eine ganze Reihe von Hexenverbrechen gestanden. In ihrer Umgebung hatten sich, wie es heißt, allein auf- und zuschlagende Türen, Klopflaute und herumfliegende Gegenstände gezeigt. Sie wurde mit dem Schwert hingerichtet, ihr Körper wurde dann verbrannt.

Wie aber konnte der Jackl-Prozeß überhaupt geschehen? Der Erzbischof und alle Behörden des gesamten Erzstiftes glaubten den Lehren des Hexenwesens und daran, daß die Verurteilten Komplizen des Teufels seien. Und sie glaubten an die Blutgenossenschaft des Zauberjackls. Um die Bevölkerung und vor allem die Jugend zu retten, wurde dieser Wahnsinnsprozeß mit seinen blutigen Urteilen geführt.

Höfischer Besuch aus Bayern

Feste zu feiern verstanden die Fürsten in der Barockzeit in Perfektion. Wir können heute nur erahnen, wie gefeiert wurde. Ein Zeugnis davon gibt der Bericht des italienischen Hofpoeten am bayerischen

Hof, Domenico Gisberti, der 1670 das bayerische Kurfürstenpaar Ferdinand Maria und seine schöne Frau Henriette Adelheid, genannt Adelaide, zu einem Besuch am Salzburger Hof begleitete und Tagebuch führte.

Dem Tagebuch ist zu entnehmen, wie luxuriös die Reise von München nach Salzburg, der Aufenthalt hier und die Reise zurück waren. Doch auch gleichzeitig, wie beschwerlich, nämlich stundenlang im Sattel sitzen, vielfaches Übernachten wegen der kleinen Wegstrecken, die täglich zurückgelegt werden konnten, langes Sitzen im Wagen, durchgeschüttelt werden, die Feuchtigkeit, wenn es regnete. Jedenfalls am frühen Morgen des 13. August 1670 trat das Kurfürstenpaar mit einem riesigen Gefolge die Reise an. In Zorneding gab es einen Imbiß, das Tafelgeschirr mußte ausgepackt werden, die erste Übernachtung war in Ebersberg, die zweite in Wasserburg, über Chiemsee und Traunstein, wo der Italiener erstmals Salzpfannen sah, ging es nach Reichenhall. Der Hofpoet berichtete, daß auf dem Chiemsee ein eigenes kurfürstliches Schiff stationiert war, ein Mittelding zwischen Galeere und venezianischem Prunkschiff, mit 14 Ruderern besetzt und mit einem großen Segel versehen. Das Schiff war aber wesentlich kleiner als das große venezianische Schiff, welches der Churfürst auf dem Starnbergersee hatte, dem Bucintoro, dem goldenen Schiff des Dogen von Venedig nachgebaut, das durch 130 Ruderer in Bewegung gesetzt wurde.

Am Morgen des 16. August 1670 fand die offizielle Begegnung des Kurfürstenpaares mit dem Erzbischof Max Gandolf von Kuenburg statt. Von der Feste Salzburg wurden 400 Böllerschüsse abgefeuert, die sich, so Gisberti, durch das Echo in den Bergen und Tälern wie 4000 anhörten. Die Reise von St. Zeno in Reichenhall dauerte jedoch bis zur Dämmerung, denn da erst ritten die Gäste in Salzburg ein, begleitet von einer Kompanie Salzburger Musketiere. Der Abend schloß mit einem Festmahl in der Residenz.

Domenico Gisberti war von Salzburg verzaubert, beschrieb in seinem Tagebuch Salzburg als kleines Rom und vermerkte, daß dieses ehemals römische Juvavum eine großartige Schenkung eines bayerischen Herzogs war, bestaunte den vom Italiener Solari erbauten Dom, bewunderte die Reitschule, den Turnierhof und die Pferdeschwemme. Dann rühmte er die Salzburger Bevölkerung, nämlich ihre Reinlichkeit und vermerkte erstaunt, daß sie sich jeden Samstag wasche. Wahrscheinlich meinte er, ein Bad nehme. Die Menschen bezeichnete er als höflich, fleißig, bescheiden und gemütlich. Der Salzburger Adel sei etwas französisch angehaucht, habe sich für den Fürstenbesuch prächtig herausgeputzt, aber auch die Bürgersfrauen seien sehenswert mit Mantillen und Goldbrokat auf den Ärmeln. Der Erzbischof selber, so fand Gisberti, erscheine bei der Funktion als Kardinal, beim Altar als Patriarch, und im übrigen kleide er sich wie ein Fürst.

Begeisterung löste der Besuch Hellbrunns aus. Gisberti schrieb von prächtigen Blumenrabatten, vom nahen Berg, auf dem Hasen lebten, Kanälen, die mit Enten aus Indien und der Türkei belebt seien, und von Schwänen, die unter den Bäumen schliefen. Einmalig sei das Steintheater im Park, in dem zu Ehren der Gäste eine Oper aufgeführt wurde. Vor der Szenerie aus Naturfelsen sei mit der ganzen Macht der Musik das Leben des Orpheus dargestellt worden. Tags darauf gab es einen Jagdausflug. Im Mirabellgarten wurde ein kriegerisches Spiel aufgeführt, dann gab es eine Jagd im Blühnbachtal, ein Fischen auf Lachs und Forellen, eine Jagd auf Gemsen und Steinböcke, eine Theateraufführung in der Aula der Universität, ein Turnier, bei dem der Kurfürst selbstverständlich den ersten Preis gewann, ein prächtiges Reitpferd. Hinzu kamen Volksfeste und am letzten Abend ein Feuerwerk am Ufer der Salzach, von dem Gisberti berichtet, die Nacht sei zum Tag verwandelt worden. Am 9. September 1670, nach der Übergabe kostbarer Abschiedsgeschenke, bestiegen die bayerischen Gäste ein Schiff, das sie nach sechsstündiger Fahrt ins bayerische Burghausen brachte.

Das Loch im Felsen

Wer in der Stadt Salzburg durch das Neutor fährt oder geht, tut dies als Selbstverständlichkeit. Ein solches Loch im Felsen des Mönchsberges ist eben selbstverständlich und keine Großtat, sind beidseitig daneben doch riesige Garagenkavernen ausgebrochen worden, wir fahren durch die Tauerntunnel usw. Doch, daß stadtseitig an der Einfahrt das Reliefbildnis des Erzbischofs Sigmund Graf Schrattenbach und die Inschrift „Te saxa loquuntur", zu deutsch „Von Dir reden die Steine" zu sehen sind, hat durchaus seinen Sinn. Es ist eine Huldigung an den Bauherrn. Der Durchbruch durch den Mönchsberg war ein alter Wunsch, schon Erzbischof Max Gandolf von Kuenburg hatte Versuche gestartet, den Mönchsberg zu zersägen. Ja, zu zersägen, denn er wollte den Rainberg und den Mönchsberg zu einer eigenen Befestigung ausbauen und durch eine Schlucht vom Festungsberg trennen. Das war keine Großmannssucht, sondern die Überlegung, die Wehrhaftigkeit der Stadt zu erhöhen. Außerdem zeigte die Kalkulation, daß der Gewinn der Steinquader allein den Aufwand bezahlt machen würde. Es gab billige Arbeitskräfte, nämlich Soldaten und umherziehende Bettler, die täglich einen Laib Brot und drei Kreuzer bekommen sollten. Herumstreuner, die nicht arbeiten wollten, wurden ausgewiesen. Und man kann heute noch deutlich oberhalb des Neutores die Spuren dieser Zersägung des Berges erkennen. Doch man ist nicht sehr weit gekommen.

Rund hundert Jahre später nahm Sigmund Graf Schrattenbach den Plan wieder auf. Anlaß soll eine Frage des Erzbischofs gewesen sein, wie der Bau seines Landhauses in der Riedenburg voranschreite und die Antwort, es ginge rascher, gäbe es ein Loch durch den Felsen. Den Auftrag erhielt nun Ingenieur Major Elias von Geyer. Vom 14. Mai 1764 an wurde von beiden Seiten her gearbeitet, und am 2. September 1765 reichten die Arbeitspartien einander durch ein Felsloch die Hände. Man war exakt zusammengetroffen. Dieser Tunnel, ursprünglich 7 Meter hoch und 5 1/2 Meter breit, ist 135 Meter lang und steigt von der Stadt um 35 Schuh an, das sind ungefähr 10 Meter. Diese Steigung war nicht wegen des verschieden hohen Terrains notwendig, sondern eine Genieleistung des Technikers, der auf diese Weise die Lichtstrahlen so ein-

Neutor an der Nordseite (um 1850) – Tonlithographie von Karoly Lajos Libay (1814–1888).
Bild: Carolino Augusteum

fallen ließ, daß sie durch die Brechung am Boden das Gewölbe erhellen.

Nach Abzug der Gelder, die für das Aushubmaterial eingenommen worden waren, das der Stadt als Straßenbeschotterung verkauft wurde, betrugen die Baukosten 5.565 Gulden und 50 Kreuzer. 1766 wurde das Neutor feierlich eröffnet.

Zuvor hatten die Brüder Johann Baptist und Wolfgang Hagenauer den Auftrag erhalten, beidseitig die Portale zu errichten und zu schmücken. Die Hagenauer legten überdies die Sohle des Tunnels tiefer, wodurch eine Höhe von 12 Metern gewonnen wurde, und sie erweiterten den unteren Teil nach beiden Seiten auf eine Breite von 9 Meter.

Stadtseitig wurde, wie schon erwähnt, das Reliefbild des Erzbischofs mit dem Lobspruch angebracht, und stadtauswärts wurde das Portal in eine riesenhafte aus dem Fels gehauene Nische gestellt, gekrönt mit dem Wappenschild des Erzbischofs Sigmund als antiken Krieger mit federgeschmücktem Helm, Kommandostab und Palmzweig.

Die Hauptrechnung, die das Landesarchiv bewahrt, zeigt, daß der Ausbau des Stolleninneren und die Portale die beträchtliche Summe von 26.155 Gulden kosteten und daß das Wegräumen des Schuttes und die Erstellung des Vorwerkes auf der Riedenburger Seite noch einmal 18.346 Gulden verschlangen, insgesamt also etwa achtmal soviel, als die Pionierleistung des Stollendurchschlages. Völlig fertiggestellt war das Neutor erst 1774, Erzbischof Sigmund war schon vier Jahre vorher gestorben.

Stumpfögger und seine Frauen

Inmitten des Friedhofs von St. Peter in Salzburg stehen wie aufgefädelt sieben alte schmiedeeiserne Kreuze. Vor etwa 30 Jahren waren sie einfach schwarz gefärbelt, kein Name gab Hinweis, wem sie gewidmet waren. Dann wurden sie restauriert, und es wurden die Namen wieder aufgepinselt, woraus erkennbar wurde, daß es sich hier um die Steinmetzenfamilie Stumpfögger und ihre Grabkreuze handelt. Doch die dunkle Legende ist unausrottbar, daß von dem

Mann die Rede ist, der seine sieben Frauen, die er nacheinander ehelichte, auf raffinierte Weise aus der Welt schaffte, indem er sie scherzeshalber vom Hals bis zu den Füßen in Decken einwickelte, dann plötzlich fest verschnürte, bis sich das Opfer nicht mehr bewegen konnte. Dann kitzelte der Unmensch das arme Weib an den aus der Decke herausragenden Fußsohlen so lange, bis es, wie es aus einer Abhandlung Ende des 19. Jahrhunderts hieß „unter der qualvollen Tortur seinen Geist aufgab".

Nun, der Mann, der mit den Kreuzen in so enger Beziehung stand, den gab es wirklich. Sebastian Stumpfögger, ein tüchtiger, streng religiöser Mann, im 18. Jahrhundert fürstlich salzburgischer Hofsteinmetz und Maurermeister. Er hatte sechs Frauen, die letzte überlebte ihn um elf Jahre. Der Vater Lorenz Stumpfögger war als Maurer zugewandert, wurde 1675 mit seinem Sohn Sebastian als Bürger aufgenommen, 1697 übernahm der Sohn Sebastian die Gerechtsame seines schon betagten Vaters, also das Gewerbe des Steinmetzen und Maurermeisters. Am 29. März 1697 verzeichnet das Bürgerbuch nun den Sebastian Stumpfögger als eingetreten in das Vollrecht als Bürger Salzburgs.

Stumpfögger arbeitete in der Dreifaltigkeitskirche, in der Universitätskirche und für das Franziskanerkloster. 1733 verfertigte er das Wasserbecken aus rotem Marmor für das Refektorium. Eine Inschrift oberhalb des Beckens bezeichnet Stumpfögger als Syndikus, eine Vertrauensstellung, die ihm der Konvent übertragen hatte und die in der Vermögensverwaltung des Klosters bestand. Fast 40 Jahre übte Stumpfögger ehrenamtlich diese Funk-

Der Friedhof von St. Peter – Im Vordergrund rechts die Grabkreuze der Familie Stumpfögger, links hinten die Margarethen-Kapelle.
Bild: Archiv Ritschel/L. Vuray

tion aus. Ein Nekrolog im Katalog der verstorbenen Wohltäter lobte den Mann, der am 14. November 1749 starb, seiner Verdienste wegen und überdies, daß er zwei Söhne und eine Tochter dem Orden gab.

Sebastian Stumpfögger hinterließ eine sehr große Familie. Schon die erste Frau schenkte ihm neun Kinder. Als sie starb, war es notwendig, einen neuen Ehebund einzugehen, um den Kindern wieder eine Mutter zu sichern, ihm entriß der Tod seine fünf ersten Frauen stets nach relativ kurzen Ehen. Mit jeder Ehe aber wuchs der Kindersegen. Die ersten fünf Frauen brachten 21 Kinder zur Welt, von denen einige noch als Kleinkinder starben, doch es blieben genug am Leben, um die sechsmalige Verheiratung zu erklären. Die letzte Frau, die er 1734 ehelichte, war bereits 60 Jahre alt. Mit ihr blieb er 15 Jahre hindurch vereint, und es heißt von ihr, daß sie seinen Kindern eine sorgsame Mutter, ihm selbst aber eine treue Lebensgefährtin bis zu seinem Tod gewesen sei.

1738 hatte sich Sebastian Stumpfögger von seinem Geschäft zurückgezogen und es seinem Sohn Johann Adam übergeben, der bisher als Steinmetzpalier in der Werkstatt des Vaters tätig gewesen war. Auch dieser Stumpfögger hatte 12 Kinder – jedoch in 14jähriger Ehe mit einer Frau, die als Ursula Schwedin bekannt ist und die das Glück hatte, jeweils das Kindbett zu überleben.

Die Familie lebte im stattlichen Eckhaus Pfeifergasse 2 und Kaigasse 1, welches fast anderthalb Jahrhunderte hindurch als das Stumpföggerhaus bekannt war.

Triumph des österreichischen Barocks

Im Sommer des Jahres 1696 wurde mit dem Aushub für die Grundmauern der Universitäts- oder Kollegienkirche in der Stadt Salzburg begonnen. Der Beschluß dazu war drei Jahre vorher von Erzbischof Johann Ernest Graf Thun gefaßt worden. Er war zu einem Gottesdienst in die Große Aula geladen worden, denn dort hielt die Universität ihre Gottesdienste ab, weil das kleine Kirchlein, eher eine Kapelle, das sogenannte Sacellum, räumlich nicht mehr genügte. Schon die Erzbischöfe Paris Lodron und Guidobald Graf Thun hatten den Bau einer eigenen Universitätskirche geplant. Doch erst der Ärger des

Erzbischofs Johann Ernest Thun über die Gottesdienste in der Aula, „allwo man sonsten die Comoedien und andere prophana zu exhibieren pflege", so heißt es in der Stiftungsurkunde, führte zum Baubeschluß. Der Erzbischof stiftete 15.000 Gulden. Den Auftrag erhielt der Barockbaumeister Johann Bernhard Fischer von Erlach. Diese Kirche wurde der Triumph des österreichischen Barocks über die in Salzburg bislang herrschende Italianità im höfischen und kirchlichen Bauen.

Die Kollegienkirche zählt zu den bedeutendsten Sakralbauten Europas. Es wurde ein für Salzburg völlig neuartiges Werk, zugleich auf Nah- und Fernwirkung bedacht. Von der Ferne her wirkt die Wölbung der Kuppel, flankiert von den Türmen, während der Betrachter aus der Nähe diese Kuppel überhaupt nicht mehr sieht, denn sie wird verdrängt von dem aufstrebenden Fassadenwerk. Es wurde für das damalige Salzburg ein gänzlich unsalzburgisches Werk, denn diese überaus starke Profilierung der Fassaden, die da plastisch hervortreten und von Standbildern gekrönt sind, geben ein neues, aber auch unleugbar schönes Bild. Der Kunsthistoriker Hans Sedlmayr, der wohl beste Kenner des Barocks, hatte gemeint, daß gerade diese Kirche weder aus überlieferten Bauten Süddeutschlands noch aus der Umbildung italienischer oder französischer Vorbilder zu verstehen sei, sondern aus einer hochgespannten und universalen Idee entstand, die als Inhalt eine Synthese aller bisherigen großen Architektursysteme habe. Eine gewisse Verwandtschaft ist bestenfalls herzustellen zur Kirche der Sorbonne, also der Universitätskirche in Paris.

Daß die Kirche, die erst 1707 fertig und feierlich eingeweiht wurde, der Unbefleckten Empfängnis gewidmet ist, darf nicht verwundern, denn die ganze Universität war der Unbefleckten Empfängnis Mariens geweiht. Auch im Innenraum wiederholt sich der von der Außenseite gewonnene Eindruck der vielfachen Gliederung. In die einspringenden Mauerecken sind vier den Patronen der Universität gewidmete Kapellen gefügt. Die Altäre der beiden Querarme sind den Universitätspatronen, dem heiligen Benedikt und dem heiligen Karl Borromäus, geweiht. Statuen der heiligen Scholastika und der heiligen Erentrudis sowie der Heiligen Rupert und Virgil flankieren die von Johann Michael Rottmayr gemalten Altarbilder. Die Altäre in den Ovalräumen sind jeweils den Fakultätsheiligen, nämlich dem Thomas von Aquin für die Theologie, Ivo für die Jurispudenz, Lukas für die Medizin und Katharina für die Philosophie geweiht. Die

Figuren stammen von Meinrad Guggenbichler und Joseph Anton Pfaffinger und deren Werkstätten.

Es ist ein Sonnentag notwendig, um die Kirche wirklich zu erleben, dann nämlich, wenn das Spiel des Lichtes beginnt, wenn es durch die Kuppeln in die Kirche fällt und die hinter den Säulen schwebende Immaculata, umgeben von einer Gloriole von Putten und Wolken, umhüllt.

Als der Erzbischof die Kirche stiftete, weil Theaterspiel und Meßopfer in einem Raum nicht konvenierte, ahnte er nicht, daß gerade diese Kirche wiederum zum Theater werden sollte, denn als erstes Stück wurde hier 1922 das „Salzburger Große Welttheater" von Hugo von Hofmannsthal uraufgeführt.

Die Mahnung des Glockenspiels

Täglich dreimal, um 7, um 11 und um 18 Uhr, erklingt in Salzburg das Glockenspiel, seine Weisen monatlich wechselnd. Um 11 Uhr und am späten Nachmittag versammelt sich auf dem Residenzplatz stets eine große Menschenschar, um den Klängen zu lauschen, wenn mit den Hämmern die Glocken, die in dem Turmaufbau des Residenz-Neugebäudes hängen, angeschlagen werden. Den Bau des Neugebäudes verdanken wir Erzbischof Wolf Dietrich von Raitenau. Doch es war Johann Ernest Graf Thun, der dieses Schloßgebäude aufstocken und mit dem Turm versehen ließ, um dort zu eigenem, aber auch zur Ergötzung seiner Untertanen das Glockenspiel anbringen zu lassen.

Salzburg verdankt diese beliebte Attraktion dem Geschäftssinn des Erzbischofs, denn Johann Ernest Graf Thun stand mit der holländisch-ostindischen Handelskompanie in kaufmännischer Verbindung. Diese Kompanie beherrschte den Seehandel Javas und der Molukken. Holland war aber auch das Zentrum der Herstellung von Glockenspielen. Die Niederländer verstanden sich sowohl im bestklingenden Glockenguß wie auch im Bau der notwendigen Spielwalzen und des Mechanismus. Der Erzbischof wandte sich an einen Grafen Preysing, der im Dienste des Generalstatthalters der Niederlande stand, damit dieser einen guten Glockengießer und einen Glockenspieleinrichter suchen sollte. Graf Preysing wurde mit dem

Antwerpener Glockengießer Melchior de Hace einig und kaufte 35 Glocken, von denen die kleinste 8 cm und die größte 80 cm Durchmesser hat. Alle zusammen wiegen 3.491 Pfund. Jede Glocke trägt die Inschrift „Melchior de Hace me fecit", also Melchior von Hace hat mich gegossen. Für den Glockengießer war das ein unverhofft gutes Geschäft, denn die Glocken waren ursprünglich für die Festung der Stadt Breda in Nordbrabant bestimmt gewesen, doch brannte der Glockenturm ab. Nun waren die Glocken wieder verkäuflich. Am 31. Dezember 1695 erhielt Melchior de Hace für den Verkauf der 35 Glocken mit 35 verschieden großen Anschlaghämmern und der Klaviatur, „worauf man mit Händen und Füßen spielt", 1.000 Dukaten. Alle Teile wurden sorgsam mit Heu umwickelt, in drei Kisten auf zwei Karren gepackt und Anfang des Jahres 1696 nach Frankfurt am Main gefahren. Von dort ging es dann über Rottenbach, Markt Neustadt in Niederbayern und über Altötting, bis der Transport Ende Februar 1696 nach Salzburg kam. Es fehlten noch die Uhr und der Mechanismus zum Antrieb des Glockenspiels, sowie weitere wichtige Teile, wie ein Wellbaum und der Antrieb für die Hämmer. Doch jahrelang gelang es nicht, einen Fachmann aus den Niederlanden zu bewegen, die mühselige Reise nach Salzburg zu unternehmen. Inzwischen hatte der Erzbischof den Turm fertigstellen lassen, und er versuchte, einen Experten, der Laienbruder im Kapuzinerkloster in Brüssel war, nach Salzburg zu holen. Doch nicht einmal ein Befehl des Ordensgenerals in Rom brachte Bruder Michael von Lier dazu, sein Kloster zu verlassen, in das er der Beschaulichkeit wegen mit Zustimmung seiner noch lebenden Frau eingetreten war. Schließlich fand sich in Salzburg selbst ein Mann, der die Aufstellung des Glockenspiels wagte. Es war dies der Hofuhrmachermeister Jeremias Sauter, der im März 1702 schriftlich den Auftrag bekam. Zuvor hatte ihn der Bischof eigens auf eine Erkundungsreise nach Flandern geschickt. Gleichzeitig erhielt Franz Sulzer, Büchsenmeister auf der Hohensalzburg, mit dem Glockengießer Benedikt Eisenberger den Auftrag, die Messingwalze herzustellen, die das Glockenspiel betreiben sollte. Nach vielen Mühen und Versuchen gelang es 1704 das Glockenspiel erstmals erklingen zu lassen, doch etwas verstimmt und nicht genau im Rhytmus wegen nicht ganz exakter Bohrungen für die zu setzenden Metallstifte und weil Sauter nicht die aus Holland gesandten verschieden großen Hämmer verwendete, sondern für alle Glocken gleich große Hämmer herstellen ließ.

Doch so, wie es klingt, haben die Salzburger ihr Glockenspiel lieb gewonnen.

Steine können viel erzählen. Inschriften sind, werden sie richtig gedeutet, ein Abbild vergangener Zeiten. In einer bezaubernden Arbeit hat der Salzburger Latinist, Prof. Maximilian Fussl die Bedeutung der eher unscheinbaren Inschrift am Arkadenvorbau über dem Eingang zum Salzburger Heimatwerk gedeutet. 1701 ließ der Erzbischof den Turm des Neugebäudes aufstocken, um das Glockengehäuse mit seinem Haubendach zu errichten, gleichzeitig wurde dem Turm auch eine Arkade vorgebaut, um damit die dahinter befindliche unschöne Hauptwache zu kaschieren. Heute präsentiert sich uns die Anlage etwas anders, denn im 19. Jahrhundert wurde dieser Arkadenbau nochmals verändert und erweitert. In den Jahren 1702 bis 1704 stellte der Hofuhrmacher Jeremias Sauter – wie beschrieben – dann das Glockenspiel auf.

Die Tafel, in lateinischer Sprache, weist nun auf dieses Glockenspiel, seine Bedeutung und auf den Fürsten, der dies errichten ließ, hin. Hier die Übersetzung:

„Hierher die Augen, hierher die Ohren, Wanderer, der du fromm und neugierig zugleich!

Du hast in diesem harmonischen Zusammenklang der Glöckchen gewissermaßen ein von Archimedes aus Syrakus erdachtes Spielwerk. Jenes stiftete unter großem Aufwand Johannes Ernestus aus dem Grafengeschlecht derer von Thun, Fürsterzbischof von Salzburg, des Heiligen Apostolischen Stuhls Legatus Natus, Primas von Germanien usw. usw. im Jahre 1701 zum eigenen Andenken, doch auch zu deinem Wohl.

Es ist hier etwas, was erfreuen, aber auch etwas, das erzittern lassen soll.

Es erhält alle Zustimmung, weil es Nützliches mit Angenehmem vereinigt.

Geweckt wirst du durch dieses lieblich zum Gesang, doch auch nützlich angetrieben zum Wehklagen; ebensosehr, daß du weißt, was du, wenn du gut lebst, inmitten der unsterblichen Chöre der Himmlischen zu erwarten hast, wie auch daß du weißt, mit welcher großer Sorgfalt du unter den Sterblichen zu wachen hast, damit du nicht auf üble Weise stirbst.

Und daß dir der letzten Posaune Klang nicht aus dem Gedächtnis entschwinde!

Dieses Glockenspiel weckt dich zu den verschiedenen Weilchen der Tag- und Nachtstündlein. Auf daß beide Ohren dir klingen, und hüte dich, daß dir einst, wenn du keine Verdienste vorweisen kannst, vorgeworfen wird: Es klingt zwar, aber es ist leerer Klang!"

Heute würden wir für eine solche Inschrift die Bezeichnung schwulstig finden, doch der Verfasser steht im Bann einer Nachwirkung der Antike, in einer Nachfolge der Renaissance. Kunstvoll beginnt er mit dem Wanderer, einer Anrede alter epigrammatischer Form, gepaart mit einer zusätzlichen Dimension, dem Christsein. Es ist die Wanderung als Sinnbild irdischer Existenz mit dem Blick auf die Ewigkeit. Der Fürst hatte wohl eine Vorliebe für derartige Inschriften, denn so heißt es im Boden der Vorhalle zur Johanneskirche in dem von ihm gegründeten Spital, dem heutigen Landeskrankenhaus, auch: „Bleib stehen, Wanderer." Aber auch auf seinem Grabdenkmal im Salzburger Dom aus 1709 sind die Worte zu finden: „Betrachte Wanderer die seltenen Tugenden eines seltenen Fürsten".

Professor Fussl versteht es in seiner Erklärung, das barocke Lebensgefühl herrlich darzustellen, nämlich das Zusammenspiel von Prunk und Lebensfreude einerseits mit der Ausrichtung des Lebens auf den Tod und das Jüngste Gericht andererseits.

Emigration nach Georgia

Mit Edikt vom 31. Oktober 1731 wurden Protestanten aus dem Erzstift Salzburg, also aus dem Gebiet des geistlichen Fürstentums, ausgetrieben. Ein kleiner Teil wanderte in die USA, nach Georgia, aus, unter der Führung des lutherischen Pastors Martin Bolzius. Christliches Mitleid für die leidenden protestantischen Brüder war das Hauptmotiv für die Einladung an die Salzburger, nach Georgia auszuwandern. Wohl aber auch die Überlegung, daß die Salzburger wertvolle Menschen waren und ebenso wertvolle Kolonisten werden konnten. Im britischen Unterhaus wurde darüber schon im Januar 1732 debattiert. Schließlich erklärten sich die „Trustees", die für die Errichtung der Kolonie Georgia in Amerika verantwortlich waren, bereit, 300 fremde Protestanten in Georgia anzusiedeln. Das Colonial-Office verfolgte mit Georgia einen politischen Zweck, nämlich zwischen Carolina, das zu viele Negersklaven im Verhältnis zu seiner weißen Bevölkerung hatte und damit keinen sicheren Grenzschutz mehr bot, und dem spanischen Florida mit Georgia eine Pufferkolonie einzuschieben, deren weiße Bauernschicht die Verteidigung gegen spanische Übergriffe übernehmen sollte.

Den Salzburgern wurde die Landreise, aber auch die Überfahrt bezahlt. Für den Unterhalt zweier Pastoren hatten englische Philantropen 2.000 Pfund Sterling in London investiert, von deren Zinsen die Gehälter bezahlt werden sollten. Lebensmittel und tägliches Leben wurden für die ganze Gemeinde bis zur ersten ausreichenden Ernte garantiert. Die Salzburger kamen in mehreren Transporten, bis sich die kleine Gemeinde 1742 auf rund 250 Seelen vermehrte. Pastor Bolzius hielt auf strenge Zucht, verordnete völlige Sonntagsruhe. Das Leben war gar nicht leicht. Das Klima war ungesund, und der Boden des Landes, das die Salzburger sich gewählt hatten, zwischen zwei kleinen Zuflüssen des Savannah gelegen, war schlecht. Sie hatten sich dort niedergelassen, weil es weniger dicht mit Bäumen bestanden und in einem lieblichen Tal gelegen war. Sie wußten nicht, daß oft dünn bewaldetes Land nicht so fruchtbar war wie dichtbestandenes. Die Kindersterblichkeit war groß, die beiden Bäche schwollen gelegentlich an oder trockneten aus, deshalb war auch die Mühle nicht regelmäßig zu verwenden. Nach zwei Jahren erlaubten die britischen Trustees den Salzburgern, den Wohnsitz zu verlegen, und sie zogen weiter südwärts auf ein höher gelegenes Ufer in der Nähe des Savannahflusses.

Für das Gebiet war das Halten von Sklaven verboten, nur am Siedlungsbeginn waren Sklaven beigestellt worden, um die ersten Häuser zu errichten und Landrodungen vorzunehmen. Doch es gab Schlägereien und Fluchtversuche, und die Neusiedler waren vorerst glücklich, alleinbleiben zu könen. Der Versuch, Maulbeeerbäume zu pflanzen, um Seidenraupen zu züchten, gelang, doch italienische Handwerker, die das Abspinnen der Kokons lehren sollten, weigerten sich, ihr Wissen preiszugeben. Schließlich begannen die Salzburger, Reis anzupflanzen. Diese Arbeit galt als Negerarbeit. Das brachte manchen Unmut bei englischen Kolonisten, wie auch die Arbeitseinteilung der Salzburger, die wegen des Klimas vom frühen Morgen bis 10 Uhr und nachmittags erst wieder von 3 ab auf den Feldern arbeiteten.

Diese ersten Salzburger Siedler in Georgia kämpften hart um ihre Existenz. Als Kleinbauern widersetzten sie sich der Ausbreitung einer kapitalistisch arbeitenden Plantagenwirtschaft. Sie hatten auch keine Neigung und wahrscheinlich keine Fähigkeit, mit Sklaven zu arbeiten. Günstige Bestimmungen für die Ansiedlung, eine langjährige Unterstützung und Hilfe auch aus der Heimat ermöglichten es vorerst, die Fiktion einer Landwirtschaft, wie sie sie aus Salzburg kannten, aufrecht zu erhalten. Doch auf lange Sicht gesehen, mußten sie sich schließlich der Umgebung ökonomisch anpassen.

Lesevergnügen im „Museum"

Salzburgs ältester Verein war die von Lorenz Hübner 1784 gegründete „Lesegesellschaft". Hübner wollte damit in Salzburg verwirklichen, was sich gerade auch in München etabliert hatte, nämlich ein „Museum". Dieses Wort hat eine Begriffsänderung durchgemacht. Im alten Griechenland war Museum ein den Musen, den Göttinnen der Künste und Wissenschaften geweihter Ort. Im alten Rom war das Museum ein den Studien geweihter Raum. Schließlich wurde das Wort für Lesevereine oder Casinos verwendet, in denen man sich mit den schönen Künsten, Literatur oder Musik befaßte. Und erst im 19. Jahrhundert wurde, wenngleich es gelegentlich vorher auch schon dafür verwendet wurde, Museum der Begriff einer (kunst)historischen Sammlung.

Die Salzburger Lesegesellschaft hatte den Zweck, Zeitungen und Zeitschriften zu abonnieren, die nun nach dem Los zugeteilt und dann wieder weitergereicht wurden. Das sollte monatlich einen Gulden kosten, doch meldeten sich zu wenig Mitglieder, woraufhin der Beitrag auf 30 Kreuzer monatlich gesenkt wurde. Drei Jahre später besaß die Gesellschaft 79 periodische Schriften, darunter 52 politische, doch mangelndes Interesse der Salzburger ließ diese Lesegesellschaft wieder entschlafen.

Im Jahr 1800 gab es einen neuen Anlauf nach einem Lesekabinett. Und als Salzburg 1810 unter bayerische Herrschaft kam, wurde die Lesegesellschaft zu einem literarisch-gesellschaftlichen Verein, eben dem Museum, umgewandelt. 212 ordentliche Mitglieder traten dem Verein bei. Es gab einen Sekretär, einen Diener und einen Hausknecht. In einem leerstehenden Domherrenhaus am Kai war das

Lesezimmer bis 11 Uhr nachts geöffnet, und es gab ein Billard. Bald aber gab es im Verein Streit. Man veranstaltete auch Gesellschaftsabende, und ein Teil der Mitglieder wollte den Verein in das Rathaus übersiedeln, da sich im bisherigen Lokal für viele Paare ein Langaus-Tanz nicht durchführen ließ. Die Minorität weigerte sich, der Übersiedlung Folge zu leisten. „Bin nicht gewohnt, mich kommandieren zu lassen" erklärte ein Major Tettenbach. Ein Professor Mahir konstatierte: „Das Museum bleibe zu Hause" und ein Herr Würthner stellte fest: „Das sogenannte Langaustanzen schadet der Gesundheit". Doch das Haus wurde von der Regierung verkauft, und das Museum mußte ausziehen, die Mitgliederanzahl sank auf 159 Personen. Die Zeitschriften wurden monatsweise geheftet und in Kästchen an die Mitglieder der Reihe nach auf 8 Tage nach Hause gegeben.

Man wollte vor allem auch eine exklusive Gesellschaft bleiben. So war es ein Ärgernis, als ein Mitglied eine Dame auf einen Museumsball mitbrachte, über die es nachteilige Gerüchte gab. An die Dame erging ein Schreiben, sie möge doch das Museum nur mit einer von den Vorstehern ausgestellten Eintrittskarte besuchen, und diese würde mit Vergnügen ausgestellt werden, sobald ein ordentliches Mitglied es übernehme, über ihre Verhältnisse befriedigenden Aufschluß zu geben.

Als 1816 Salzburg an Österreich kam, war das für das Museum ein tiefer Schnitt, weil nun die bayerischen Beamten und Offiziere wegfielen. Die österreichische Regierung ließ sich Zeit mit der Anerkennung des „Museums" und gab erst eine Genehmigung, als festgelegt wurde, daß die Polizei jederzeit freien Zutritt habe und daß sämtliche Journale, die in dem Museum gehalten werden, durch ein „dazu vollkommen qualifiziertes Individium vorerst, ehe sie dem Museum vorgelegt werden, nach dem Geiste der österreichischen Zensurvorschriften durchgehen und prüfen zu lassen, damit anstößige Blätter und Hefte zurückbehalten werden können. Auch ist ein Verzeichnis der gehaltenen Zeitungen als auch der Mitglieder an die Polizeihofstelle einzusenden."

Das Museum wirkte wesentlich mit, Spenden für das Mozartdenkmal in Salzburg zu sammeln. 1849 wurde der bisherige Name „Museum" in „Geselligkeitsverein" geändert, doch der Verein vegetierte dahin, erhielt den Spottnamen Beamtenkasino und löste sich 1872 auf.

Paracelsus starb in Salzburg

Jener Mann, der als Arzt seiner Zeit weit voraus war, der experimentierte, der den Irrsinn als Krankheit erkannte und in seiner alchimistischen Stube neue Heilmittel herstellte, ist eng mit Salzburg verbunden: Theophrastus Bombastus von Hohenheim und seine Bedeutung wurde erst sehr spät wirklich erkannt, vor allem weil er wohl der erste war, der den Menschen in einem ganzheitlichen System sah, nämlich in der Verbindung von Physis und Psyche.

Der Naturforscher und Arzt, 1493 in der Schweiz in Einsiedeln geboren, hat sich schon 1525 kurze Zeit in Salzburg aufgehalten, wo er beim Rappelbad im Kai wohnte. In diesem Jahr brachen die Bauernunruhen aus, Paracelsus mischte sich unters Volk, wurde gefangengenommen, aber wieder entlassen. Dieser erste Aufenthalt war also sehr kurz. Nachweisbar ist er 1540 zurückgekehrt, wahrscheinlich weilte er auch zwischendurch hier, doch fehlen dafür die Beweise. Seine wissenschaftlichen Arbeiten über die Gasteiner Thermalquellen und über die Begehung der Tauern lassen die Vermutung eines Aufenthaltes im Salzburgischen fast zur Gewißheit werden.

Er weilte aber auch in Straßburg, wo er sogar das Bürgerrecht erwarb, wurde Stadtarzt und Universitätslehrer in Basel, doch als er dort eine Bücherverbrennung inszenierte, um auf falsche Weisheiten der Medizin und Philosophie hinzuweisen, mußte er Basel fluchtartig verlassen. Den unruhigen Geist trieb es weiter,

Das Paracelsus-Denkmal in der Vorhalle von St. Sebastian – Das Denkmal enthält den Überrest der Gebeine des großen Arztes. Der Kupferstich, verlegt bei Benedikt Hacker, entstand nach 1802.

Bild: Carolino Augusteum

er zog nach Kolmar, dann durch das Appenzellerland, durch Tirol, Südtirol, durch den Allgäu, nach Ulm, durch Oberösterreich, nach Mährisch-Krumau, Preßburg und Wien und schließlich nach Kärnten. Doch im August 1540 kam Paracelsus zum zweitenmal offiziell nach Salzburg, da ihn der Landesfürst Herzog Ernst von Bayern, der nur vier Jahre regierte, weil er es verweigerte, sich zum Erzbischof weihen zu lassen, gerufen hatte. Der Landesfürst war intensiv an Alchimie und Mineralogie interessiert, also Wissenschaften, über die Paracelsus bereits publiziert hatte. Der Arzt empfand diese Niederlassung in Salzburg als Hoffnungsstrahl des Schicksals. Er schrieb: „Daß wir in Armut und Hunger unsere Jugend verzehrt haben und freuen uns des Tags des Ends unserer Arbeit und der Ruhe." Doch die Freude währte nicht lang. Am 24. September 1541 ist Theophrastus von Hohenheim, der am Platzl wohnte, in einem Wirtshaus in der Kaigasse verstorben. Er war gerade 48 Jahre alt geworden. In seinem Testament hatte Paracelsus festgelegt, sein Vermögen solle den Armen zukommen. Der große Feuergeist, Arzt und Forscher hatte allen Menschen geholfen, der Wissenschaft gedient, ohne je darauf bedacht gewesen zu sein Geld zu scheffeln.

Sein Nachlaß bestand in wenigen Fahrnissen und Kleidern, 16 Dukaten an ungemünztem Golde, eine Mark drei Loth, und an Silbergerät, 11 Mark 10 Loth schwer. Kleine Legate vermachte er seinen Verwandten in Einsiedeln, 6 Gulden dem Meister Hannsen, dem Rappelbader, dem Bürger und Barbier Andre Wendel seine Bücher, Schriften, Salben und Arzneien.

Sein Lehrsatz: „Die Dosis macht das Gift", eine sehr frühe Erkenntnis, ist heute Allgemeingut.

Im Jahr 1752 wurden die Gebeine des Paracelsus aus dem Erdgrab gehoben und in dem obeliskförmigen Grabmal in der Vorhalle von St. Sebastian würdig beigesetzt. Das Porträt des Grabmals stellt jedoch nicht Paracelsus selbst, sondern seinen Vater Wilhelm Bombast vor. Wer in der Mitte des 18. Jahrhunderts veranlaßte, Paracelsus so prunkvoll beizusetzen, ist nicht bekannt. Jedenfalls ehrt es auch Salzburg, daß es so früh den bedeutenden Naturforscher ehrte.

Jubiläum in Tamsweg

Der Hauptort des Lungaus, Tamsweg, feierte 1996 die Tatsache, daß vor 750 Jahren der Markt Tamsweg erstmals in einer Urkunde erwähnt worden war. Mit Recht jubilierten die Tamsweger mit einer Festwoche, einem historischen Festzug und anderen Aktivitäten.

Am 5. Oktober 1246 hatte Hertnid von Pettau, der über große Besitzungen im Lungau verfügte, in Leibnitz in der Steiermark eine umfangreiche Urkunde ausgestellt, in der er bekanntgab, daß er auf Drängen seines geliebten Herrn, des verehrungswürdigen Erzbischofs Eberhard von Salzburg, alle Eigengüter, die er im Lungau als Lehen, aber auch ohne Lehensabhängigkeit besaß, samt der Kirche in Tamsweg, die zu diesem Besitz gehörte, bebautes und unbebautes Land, erschlossene und unerschlossene Gründe und auch die Menschen, die zu diesem Besitz gehörten, zu vollem Recht an die Salzburger Kirche übertragen habe. In der Urkunde sind auch die Summen aufgezählt, die der Pettauer als Entschädigung zu bekommen hatte.

Wenige Tage später, im November 1246, schenkte jedoch Erzbischof Eberhard II. den halben Markt Tamsweg mit allen Rechten, wie er ihn gekauft hatte, dem Salzburger Domkapitel. Aus dieser Urkunde geht hervor, daß Tamsweg das Marktrecht schon viel länger besessen haben muß, weil der Erzbischof sonst nicht den halben Markt Tamsweg hätte verschenken können.

Warum der Erzbischof, der ein gewaltiges geschlossenes Herrschaftsgebiet aufgerichtet hatte und schon 1213 von König Friedrich II. alle Besitzungen des Deutschen Reiches im Lungau erhalten hatte, plötzlich dem Domkapitel ein so wertvolles Geschenk machte, hat der um die Geschichte Salzburgs so verdiente Historiker Heinz Dopsch logisch begründet. Die politische Situation war so, daß Eberhard II. ein treuer Gefolgsmann Kaiser Friedrich II. gewesen war und aus dessen Hand dafür auch das Salzburger Land arrondieren konnte. Als nun Papst Innozenz IV. den Kaiser bannte, verfiel auch Erzbischof Eberhard dem Kirchenbann. Der Papst wollte das Domkapitel an seine Seite ziehen. Der Erzbischof hingegen versuchte es eben durch Schenkungen für sich zu gewinnen. Das Domkapitel hatte schon Mauterndorf in seinem Besitz und wurde nun durch die neue Schenkung zum großen Gebietsherrn im Lungau. Doch kurz darauf, am 1. Dezember 1246, starb Erzbischof Eberhard in Friesach, das ja zu

Salzburg gehörte. Ihm wurde übrigens das kirchliche Begräbnis verweigert. Sein Sarg stand unbestattet auf einem Dachboden in Altenmarkt. Erst 40 Jahre später wurde dieser große Erzbischof seiner Bedeutung wegen würdevoll beigesetzt.

Wenn Tamsweg nun 750 Jahre als Erwähnung des Marktes Tamsweg feiert, so ist der Ort selbst um vieles älter. Um 1164 ist er erstmals urkundlich erwähnt worden und zwar ist im Traditionsbuch des Salzburger Domkapitels festgehalten, daß Eberhard von der Drau ein Gut bei Tamsweg, konkret hieß es Tamswich, an den Altar des Heiligen Rupert, also an das Domkapitel, übertragen habe.

Der Ort selbst ist jedoch noch weit älter und wird, vor allem auf Grund der Namensforschungen und der Siedlungsgeschichte, im 7. oder 8. Jahrhundert vermutet. Der Lungau war von Slawen besiedelt worden. Der Name Tamsweg setzt sich, so meinen die Gelehrten, aus zwei Wörtern zusammen, nämlich der erste Teil aus einem slawischen Personennamen, Dameche oder Domes und der zweite Teil aus einer Ableitung des Wortes Vice, das soviel wie Weg und schließlich Dorf bedeutet. Das heißt, Tamsweg war das „Dorf des Dameche" oder das „Dorf des Domes".

Man sieht also, Tamswegs Wurzeln reichen tief in die Geschichte, wenngleich der Kern des heutigen Marktes in seiner baulichen Substanz vermutlich im 13. Jahrhundert anzusetzen ist.

Vor 50 Jahren

Es war eine andere Welt! Wenn wir 50 Jahre zurückblenden und einige Details betrachten, die all jenen, die diese Jahre nicht erlebt haben, unverständlich sein müssen, dann wird dennoch diese Zeit erfaßbar.

Im Spätherbst 1946 gab es plötzlich die Schlagzeile „Salzburger Frauen erhalten Strümpfe". Da ist in der Zeitung zu lesen: „Wie wir erfahren, wird schon in allernächster Zeit mit der Ausgabe von vorläufig je einem Paar Strümpfen begonnen werden. Salzburgs Frauen haben schon seit langer Zeit vergeblich auf eine solche Zuteilung gewartet, und vielen war es kaum mehr möglich, mit den ihnen noch aus ferner Zeit verbliebenen laufmaschenbehafteten und oftmals gestopften Strümpfen auszukommen. ... 130.000 Frauen und Mädchen im Lande Salzburg haben mit Sehnsucht auf die Zuteilung von Strümpfen gewartet, und dieses Warten ist jetzt auch teilweise belohnt worden, wenn auch die Ausgabeziffer von einem Paar je Bezugsberechtigter niemals auch nur annähernd den Bedarf decken kann."

Und die „Salzburger Nachrichten" meldeten gleichzeitig, daß es ab Februar eine bundeseinheitliche Kleiderkarte geben werde, und man werde wohl keine Freudensprünge machen, aber doch wieder einen Schritt weitergekommen sein.

Schwierigkeiten gab es jedoch zu dieser Zeit vor allem im Bereich der Stadt Salzburg bei der Versorgung mit Obst, Gemüse und Kartoffeln. „Gartenplünderer, Zwiebel- und Kartoffeldiebe" war die große Überschrift eines Artikels, in dem geklagt wurde, wie im Umland der Stadt, aber auch bei den Bauern im Stadtgebiet selbst nicht nur Überfälle, sondern Einbrüche in Viehställe, Plünderungen von Obst- und Gemüsegärten und Flurdiebstähle überhand nehmen würden. Innerhalb von vier Monaten wurden allein 25.000 Kilo Kartoffeln von den Feldern gestohlen, davon hätten 5.000 Salzburger Haushalte je 5 Kilo Kartoffeln erhalten können. Da wurden 100 Kilo Zwiebeln gestohlen, dort die Obstbäume abgeerntet usw. Laufend mußten Diebstähle gemeldet werden, so, um nur Beispiele anzuführen, daß beim Landwirt Klausner in der Moosstraße von dem nächst seinem Hause gelegenen Kartoffelacker gegen 100 Kilo Kartoffeln abhanden gekommen seien. Aus dem Gemüsegarten des Stabnerbauern Josef Schwaiger in der Gnigler Straße wurden Weißkraut und gelbe Rüben gestohlen, und im Garten des Schuldirektors Suppin in der Hildebrandtstraße in Morzg wurden die Apfelbäume ihrer Früchte beraubt. Bei der Reindlbäuerin Elise Feldbacher in Großgmain stahlen unbekannte Diebe ein zehn Wochen altes Kalb, das sie in unmittelbarer Nähe des Bauernhauses abschlachteten.

Es gab aber auch positive Meldungen, so zum Beispiel, daß ab 16. Juli der normale Obus-Ringverkehr wieder eingeführt wurde. Beim Stadtbauamt Salzburg wurde eine Sammelliste erstellt, um die dringendsten Fälle zum Eindecken von Häusern nach den Bombenschäden erledigen zu können, denn es regnete nach wie vor in viele Wohnungen, die nur behelfsmäßig mit Holz und Dachpappe abgedeckt werden konnten. Und das Amt für Ernährung der Landeshauptmannschaft Salzburg gab bekannt, daß in jenen Einzelhandelsgeschäften, in denen kein Corned-Beef mehr vorhanden war, nunmehr amerikanische Würstelkonserven ausgegeben werden. Die Bekanntmachung wurde mit dem Zusatz versehen, daß der Kaloriensatz der Würstelkonserven um ein Drittel höher als der des reinen Corned-Beef sei, weshalb die Ausgabe der Würstelkonserven im Verhältnis 250 Gramm Corned-Beef zu 170 Gramm Würstel vorgenommen werde.

Das also waren Probleme im Sommer des Jahres 1946.

Paris von Lodron

Zwischen der autonomen Provinz Trentino-Trient und dem Land Salzburg gibt es seit 1982 eine offizielle Partnerschaft. Die historischen Bezüge aber reichen zwischen den beiden Gebieten tief, ja sie gehen zurück bis in das Mittelalter, waren vor allem in der Barockzeit kulturell sehr stark, und überdies gehörte das Fürstbistum Trient von 1826 bis 1920 zur Salzburger Kirchenprovinz. Aus dem Trentinischen, also aus Welschtirol, stammten eine ganze Reihe von Domherren und Salzburger Fürsterzbischöfen. Daraus folgte, daß sehr viele Studenten aus Trient an der Salzburger Universität studierten, aber auch, daß eine ganze Reihe von Welschtiroler Künstlern in Salzburg tätig waren und zwar Architekten, Baumeister, Bildhauer, aber auch Musiker und Theaterleute.

Zweifellos am wichtigsten für Salzburg wurde Paris Graf von Lodron, der auf Schloß Castelnuovo bei Nogaredo im

Der Löwe mit dem „Brezelschweif" – Wappenrelief des Erzbischofs Paris von Lodron (1644).
Bild: Foto Factory

Val Lagarina, also im Etschtal, geboren wurde. Die Lodrons, ein Welschtiroler Adelsgeschlecht, waren 1452 von Kaiser Friedrich III. in den Reichsgrafenstand erhoben worden. Das Geschlecht selbst führte spekulativ seinen Namen bis zum alten Rom zurück in der Verbindung Lodron-Laterano. Es gab zwei genealogische Linien der Lodrons, jene von Castelnuovo und die andere von Castellano. Der letzte der Linie Castellano war Anton Graf Lodron, der im Jahr 1615 als Dompropst von Salzburg starb. Sein Grabdenkmal ist in der Kreuzkapelle des Petersfriedhofes. Er hatte neun Jahre vor seinem Tod auf seine Domherrenwürde zugunsten seines Neffen Paris verzichtet, allerdings mit der Verpflichtung, daß Paris gleichzeitig der Heimatpfarrer von Villa Lagarina wurde. Selbst als Erzbischof behielt Paris Lodron sein ganzes Leben lang diese Pfarrerstelle, wobei er einen Substituten hatte, aber des öfteren seine Pfarre besuchte, obwohl die Hin- und die Rückreise jeweils neun bis zehn Tage dauerte.

In der Stadt Trient besaßen die Lodrons ein eigenes Palais, und in Trient begann auch Paris Lodron zu studieren. Der Vater Nikolaus Graf Lodron, der beide Lodronschen Linien wieder zusammenführte, war kaiserlicher Oberst und schließlich Statthalter von Tirol. Die Mutter stammte aus tirolischem Adel, sie war eine Freiin von Welsperg. Als 71jähriger heiratete der Vater zum zweiten Mal und zwar Johanna Gräfin von Wolkenstein. Er starb ein Jahr später, und die Witwe ging ins Kloster. Sie trat in das Benediktinerinnenstift Nonnberg ein, dem sie fast 20 Jahre als Äbtissin vorstand.

Paris Lodron war 32 Jahre, als er zum Nachfolger von Marcus Sittikus von Hohenems gewählt wurde. Er regierte 34 Jahre höchst erfolgreich, obwohl in diese Zeit der Dreißigjährige Krieg fiel, aus dem Fürsterzbischof Paris Salzburg durch kluge Politik, aber auch durch den Bau von mächtigen Befestigungsanlagen heraushalten konnte.

1628 war wohl der Höhepunkt der Lodronschen Regierungszeit, als der Dom eingeweiht werden konnte, den schon seine beiden Vorgänger geplant und begonnen hatten. Und der Landesfürst hatte eine ganze Reihe von Künstlerfamilien aus dem Trentinischen und aus benachbarten italienischen Provinzen nach Salzburg kommen lassen. Ihre Aufgabe war es nicht nur am Dom zu werken, sondern die gewaltigen Befestigungen rings um die Stadt, auch auf dem Mönchs- und dem Kapuzinerberg und zwischen Linzertor und dem Schloß Mirabell zu errichten. Gleichzeitig aber baute er ein regelrechtes

Lodronsches Stadtviertel, einen Primo- und Sekundogenitur-Palast für die Angehörigen seiner Familie zwischen Makartplatz, Dreifaltigkeitsgasse, Mirabellplatz und Bergstraße, weil er das Geschlecht der Lodrons für immer in Salzburg ansiedeln wollte.

Salzburgs Campo Santo

Allerseelentag. Die Zeit der Friedhofsbesuche. Da möchte ich Sie auf den St.-Sebastians-Friedhof an der Linzer Gasse der Stadt Salzburg führen. Es ist ein Friedhof der Besonderheiten, denn er ist wohl der einzige Campo Santo außerhalb Italiens, errichtet in den Jahren 1595 bis 1600 durch Erzbischof Wolf Dietrich von Raitenau. Es war schon vorher an dieser Stelle ein Gottesacker, doch als Wolf Dietrich den Domfriedhof aufließ, weil er den neuen Dom plante, ließ er diesen Friedhof, ein Geviert von 89 x 78 Meter, umgeben von einem Arkadengang mit Grüften, errichten. In der Mitte dieses Friedhofs erhebt sich die Gabrielskapelle, ein Mausoleum, das Wolf Dietrich für sich selbst zu Lebzeiten errichten ließ. Dieses zauberhafte Werk der Spätrenaissance von Elia Castello wurde am Michaelstag des Jahres 1603 in Gegenwart des Erzbischofs geweiht. Es ist ein schlichter Rundtempel, abgeschlossen von einem Kupferhaubendach, gegliedert von schlanken toskanischen Säulen. An der Vorderseite ist eine schmale Fassade vorgeblendet und an der Rückseite ein fast quadratischer Altarraum angebaut. Es sind betont zurückhaltende Fassaden, doch nach innen entfaltet sich der Prunk. Ein sinnbetörendes Gleißen und Glänzen geht von dem Raum aus, der mit kleinen glasierten Wandfliesen verkleidet ist. Die Farbe Weiß herrscht im schachbrettartigen Wandmuster vor, während die Kuppel in Blau und Rot strahlt. Das sparsam ausladende Gebälk und die Nischen mit riesigen Figuren der vier Evangelisten heben sich in weißem und goldenem Stuck ab. In der Apsis sind abwechselnd Kirchenväter und Kardinalstugenden zu sehen, nämlich Ambrosius mit dem Buch, dann die Starkmut mit einer Säule, Augustinus, dann die Gerechtigkeit mit der Waage, das Wappen Wolf Dietrichs, die Mäßigkeit mit dem Wasser im Wein, Gregor mit der Taube und dem Buch, die Klugheit mit dem Spiegel und Hieronymus mit dem Löwen.

Der Salzburger Hafner Hans Khop, Hofhafner und in der Steingasse wohnend, hat diese keramischen Plättchen nach Zeichnungen von Castello gefertigt und verlegt. Es gibt in unseren Breitengraden nichts Ähnliches. Die Ornamente sind nur orientalischen Kunstwerken in Konstantinopel oder der spanischen Alhambra vergleichbar. Der Altar der Kapelle wurde erst 1749 aufgestellt. Zehnmal ist das Wappen Wolf Dietrichs in der Kapelle zu finden, und beidseits des Altarraumes verkünden zwei bronzene Tafeln, die in Nürnberg gegossen wurden, die letzten Verfügungen des Barockfürsten, die von seiner menschlichen Größe zeugen. Da verfügte der prunkliebende Mann, daß er ganz einfach, nächtens, begleitet von nur sechs Franziskanermönchen, zu Grabe getragen werden wollte.

Als Wolf Dietrich diese Sätze schrieb, stand er auf dem Höhepunkt seiner Macht. 1617 begrub ihn sein Nachfolger und Neffe Marcus Sittikus, nachdem Wolf Dietrich als Gefangener auf der Festung verstorben war, mit dem ganzen Pomp einer fürstlichen Residenz.

Wegen des schlechten Bauzustandes wurde die Gruft 1967 geöffnet. Außer dem stark zerfallenen Zementsarkophag Wolf Dietrichs enthielt sie die Särge von vier Weihbischöfen aus der Zeit vom Ende des 18. bis zum Ende des 19. Jahrhunderts. Die vier Särge wurden in die Gruft des Domkapitels gebracht und die Gebeine Wolf Dietrichs in einem Marmorsarkophag zu neuer Ruhe gebettet.

Doch der gesamte Friedhof ist einen Rundgang wert, stehen hier doch prunkvolle Grabmäler, dekorativ versehen mit Altären oder Portalen. Die Besteller dieser Denkmäler waren nicht etwa Fürsten oder vermögende Domherren, es waren ehrsame Bürger, Gewerbetreibende, nicht etwa die reichen Kaufherren der Stadt, die hier ihre letzte Ruhe fanden.

Die Edmundsburg

Die „Edmundsburg" auf dem Salzburger Mönchsberg ist 300 Jahre alt geworden. Ihren Namen hat dieses kastellartige, mit einer Laterne gekrönte feudale Haus von ihrem Erbauer Edmund Sinhuber, dem damaligen Abt des Stiftes St. Peter.

Schon im 14. Jahrhundert standen an dieser Stelle zwei Häuser. die um 1350 dem Geschlecht der Kalosperger gehörten, 1463 in den Besitz der Nußdorfer kamen. Zuletzt war der Hofkammerrat Felix Pflanzmann ihr Eigentümer. Er hatte 16 Kinder, von denen die älteste Tochter, Matia Kordula, sich entschloß, im Zölibat zu leben und zu sterben und sich, wie die Chronik sagt, um allen weltlichen Geschäften enthoben zu sein, zu lebenslänglicher Verpflegung in den Schutz des Stiftes St. Peter begab. Zwischen dem Vater und dem Stift wurde am 16. Dezember 1694 ein Vertrag geschlossen, dem zufolge die damals 16jährige Kordula eine Wohnung, eine Magd zur Bedienung, bei Krankheitsfällen Arzt und Medikamente, sowie auf Lebenszeit Kost, Beheizung, Beleuchtung, Getränke, Kleidung und bei ihrem Ableben Bestattung auf dem Petersfriedhof, Seelen- und Jahrtagsmessen erhalten sollte. Dafür übergab der Vater sein Gut auf dem Mönchsberg dem Kloster. Im Frühjahr 1695 begann Abt Edmund mit dem Abriß beider Häuser und vergrößerte das Grundstück durch Abgraben des Berges und die Errichtung einer hohen Mauer aus Nagelfluhquadern, die am Ende des heutigen Toscaninihofes noch immer zu bewundern ist. Hinzu kam ein Aufgang und der Bau des Schlößchens, das der Abt für sich als Sommerresidenz in Anspruch nahm. Fast 40.000 Gulden kostete dieser Bau dem Stift. Bald jedoch diente die Edmundsburg als Pensionat für „würdige Klosterbedienstete".

1822 wollte das Stift die Edmundsburg verkaufen, doch bei der freiwilligen Versteigerung meldete sich kein Interessent. Schließlich kaufte Chorvikar Johann Perfler die Realität um 10.000 Gulden, 1853 überließ er Grund und Gebäude um 8.333 Gulden unter Vorbehalt eines Freiquartiers dem Fürsterzbischof Maximilian Joseph von Tarnoczy, der nun gemeinsam mit Kaiserin Caroline Augusta die Edmundsburg in eine „Rettungsanstalt für arme Knaben" umwandelte. Knaben im Alter von 6 bis 12 Jahren, die der Gefahr der Verwahrlosung ausgesetzt waren, konnten hier Aufnahme finden. Das Institut stand unter dem Protektorat des jeweiligen Fürsterzbischofs, die Direktion war dem Abt von St. Peter unterstellt, und die Kaiserin hatte nicht nur den Ankauf finanziert, sondern gleichzeitig auch acht Freiplätze gestiftet.

Im Jahr 1939 wurde diese Knabenerziehungsanstalt der Kirche weggenommen, geschlossen und im Grundbuch das Eigentumsrecht für die „Salzburger Schulstiftung" einverleibt. Nach Kriegsende dauerte es bis 1959, bis die Erzdiözese die Edmundsburg zurückbekam.

Im Stiftungsvertrag zwischen Erzbischof und Kaiserin war vorgesehen, daß für den nicht wünschenswerten Fall, daß die Anstalt aufhören würde, der dann lebende Erzbischof das Recht haben sollte, über diesen Besitz zugunsten eines von ihm zu bestimmenden Zwekkes zu verfügen.

So fand hier schließlich das katholische Hochschulwerk seinen Sitz, und hinzu kam das „Internationale Forschungszentrum für Grundfragen der Wissenschaften".

An einem Gebälk des Dachbodens ist die Inschrift „L.St.M.M. 1696" zu lesen. Diese Inschrift bedeutet „Lorenz Stumpfegger, Murorum Magister" – es war der hochfürstliche Baumeister Stumpfögger, der die Edmundsburg plante und baute und sich vor 300 Jahren hier verewigte.

Todesstrafe für Steinbockwilderer

Besucht man das Salzburger Museum oder die Wunderkammer des Dommuseums, begegnet man mehrfach Gefäßen aus den Hörnern des Steinbocks. Es ist eine hohe Kunst und eine harte Arbeit, dieses Gehörn zu verarbeiten. Wenig bekannt ist dabei, daß das Fürstentum Salzburg das Zentrum dieser Schnitzkunst gewesen ist, ja daß hier mehr als 150 Jahre eine Hochburg dieses Kunsthandwerks gewesen ist. Aber schon Kelten verehrten dieses Tier, wie wir von Motiven auf Münzen und auf Schmuck wissen.

Der Steinbock, ein überaus scheues Tier, genoß eine geradezu mythische Verehrung. Die Menschen glaubten, das Tier besitze magische Kräfte, wie es scheinbar schwerelos über Felsklippen und Gesteinsformationen laufen und springen konnte. Der Steinbock war fern von den Menschen, Alpinismus gab es noch nicht, nur aus den Tälern und von zugänglichen Berggipfeln konnten die Tiere beobachtet werden. Erzbischof Guidobald Graf Thun, der von 1653 bis 1664 regierte, befahl, daß alle Steinböcke, die getötet wurden, in der Hofapotheke abgeliefert werden mußten. Zu kostbar waren Gehörn, aber auch andere Teile dieses Wildes. Dem Horn wurden potenzsteigernde Eigenschaften zugeschrieben. Jede Apotheke, zur Zeit Mozarts etwa waren es neun in Salzburg, mußte ein Stück Steinbockhorn haben, von dem der Apotheker nach genauer Verordnung des Arztes, der dabei anwesend sein mußte, Steinhornpulver in die Medizin feilte. Das Blut und auch Innereien wurden zu Heilmitteln verarbeitet, das Fell diente gegen rheumatische Beschwerden. Besonders begehrt waren die Magenkugeln, sogenannte Bezoare, die vor allem aus den Haaren des Felles bestanden, die das Tier im Lauf seines Lebens geschluckt hatte und die eben im Magen verkrusteten. Diese Magenkugeln wurden, kostbar montiert, auf die festliche Hoftafel gestellt, weil sie als bester Indikator gegen vergiftete Speisen wirken und sich beim Auftragen einer Giftspeise verfärben sollten. Im Steinbockherzen fand sich ein kleiner kreuzförmiger Knochen, der ebenso begehrt war und seiner Kreuzesform wegen als Amulett verwendet wurde.

Schließlich wurde im 17. Jahrhundert die Verwendung des Steinbockhorns für kunstvoll gestaltete Gefäße modern, ob es nun Dosen, Pulverhörner, Trinkbecher, Pokale, Leuchter, Besteckgriffe und dergleichen mehr waren. Man konnte, weil der Durchmesser des Gehörns entsprechend groß ist, diese Hörner aushöhlen, konnte sie polieren und über die eng sitzenden Nuppen am Äußeren des Horns reliefartige Schnitzereien ziehen. Die Gefäße und anderen Gegenstände wurden dann kunstvoll mit edlen Materialien montiert.

Der Steinbock war ein so kostbares Tier, daß der Abschuß ausschließlich dem Landesherrn und Erzbischof vorbehalten war, der das natürlich auch durch seine Jäger anordnen konnte. Wurde ein Wilddieb mit einem getöteten Steinbock erwischt, stand auf diesem Frevel die Todesstrafe.

In der Hofkammer des Landesherrn gab es also die verschiedensten Steinbockgefäße, aber selbstverständlich wollten die Domherren und die Äbte der Salzburger Klöster nicht nachstehen und erwarben eifrig Steinbockgefäße.

In der Mitte des 18. Jahrhunderts verflachte die Kunst des Steinbockhornschnitzens. Man kochte Steinbockhorn in heißem Öl, bis es weich wurde, und dann wurden Stempel eingepreßt, ähnlich dem Münzschlagen.

1834 starb der letzte namentlich bekannte Graveur und Stempelschneider, der noch Steinbockhörner bearbeitete.

Die Funktion von Schloß Freisaal

Die Wandfresken in dem kleinen Schlößchen von Freisaal, die den Einzug des Erzbischofs Michael von Kuenburg zeigen, ließ dieser Landesherr 1558 von dem Maler Hans Bocksperger dem Älteren an die Wände des kleinen Prunksaales des Wasserschlosses malen. Bocksperger war ein berühmter Mann, der zwei Häuser auf dem Mönchsberg besaß, die später der Edmundsburg weichen sollten. Der Künstler war für die Habsburger in Prag und in Innsbruck, für die Höfe in München und in Landshut, aber auch in Salzburg tätig.

Der Akademische Maler Prof. Lucas Suppin bewohnte etwa 25 Jahre diesen Teil des Schlößchens und deckte sorgsam in mühevoller Arbeit in den Jahren 1967 und 1968 die Übermalungen der Fresken, die einfach zugepinselt worden waren, ab. Es ist also kein Wunder, daß gerade er sich intensiv mit der Geschichte von Freisaal beschäftigte und vehement dagegen auftrat, Schloß Freisaal nur als irgend ein Salzburger Schloß, ein Lustschloß oder als das Schloß, von dem der jeweilige Erzbischof seinen Einritt in die Residenzstadt vornahm, anzusehen.

Nein, Freisaal ist weit mehr. Es zählt zu den wichtigsten Schloßbauten des Landes, seine Bedeutung erhellt sich durch die Einbindung der Salzburger Landesgeschichte in die europäische Geschichte. Es war Kaiser Karl V., der dank seiner burgundischen Erziehung den spanisch-burgundischen Hofstil verbindend für die Fürstenhäuser des Reiches schuf. Er diktierte dieses burgundische Zeremoniell, wodurch das Gottesgnadentum des Herrschers eine neue Dimension erhalten sollte.

Dieses Zeremoniell schuf einen Herrschaftsmechanismus, der bei den verschiedensten Anlässen prunkvoll auftrumpfte. So auch bei Machtergreifungsaktionen, wie eben dem feierlichen Einzug eines neuen Fürsten in seine Residenz. Denn ein neu gewählter regierender Fürst wurde erst anerkannt, wenn er die Rechte seines Landes eidlich beschworen hatte und gleichzeitig den Treueschwur des Adels, der Behörden und der Untertanen entgegengenommen hatte. Bevor das nicht geschehen war, durfte der Herrscher wohl tagsüber in seiner Stadt verweilen, von Sonnenaufgang bis Sonnenuntergang, jedoch nicht in der Stadt nächtigen.

Genau diese Funktion hatte Schloß Freisaal, dessen erste Nennung in der Vorrede des Mönchsliedes aus dem Jahr 1392 erfolgte. 1491 kaufte Erzbischof Friedrich V. den Ansitz. In der Mitte des 16. Jahrhunderts wurde es vom Landesfürsten Herzog Ernst von Bayern entscheidend umgebaut. Gerade zu dieser Zeit hatte Karl V. seine Reichsfürsten nach Augsburg gebeten, um sie mit dem burgundischen Hofzeremoniell vertraut zu machen. Ernst von Bayern persönlich überwachte die Einführung der neuen höfischen Ordnung. In der „Salzburgischen Chronika" aus dem Jahr 1686 ist über den Herzog von Bayern zu lesen: „Erstlich hat er den Freudensaal, darinnen sich ein jeder Fürsterzbischof, so er einreiten will, anlegen muß, aufgebaut."

Das Erdgeschoß dieses kleinen Schlosses diente der Wache. Der erste Stock war den Personen der Hofhaltung vorbehalten, und der zweite Stock enthielt die Wohnräume und den Freskensaal für die Zeremonie der Treueschwüre. Erst nach deren Ableistung konnte der neue Landesherr in feierlicher Prozession zum Nonntaler Tor ziehen, wo ihm die Stadtschlüssel symbolisch überreicht wurden und wo ihn das Domkapitel, der hohe Klerus und die Stadtvertretung erwarteten.

In dem Freskensaal aber waren vorher dem neuen Fürsten die Tugenden vor Augen geführt worden, die er für sein schweres Amt brauchen werde. In jeder Fensternische des Saales sind die Attribute dieser Tugenden und im Giebel jeder Nische ihre Namen gemalt. Selbst der letzte regierende Fürsterzbischof, Hieronymus von Colloredo hielt an dieser Tradition des burgundischen Hofzeremoniells fest und zog 1772 von Freisaal aus in die Stadt.

Die Kirche der Bürger

Für mich ist nach wie vor die Franziskanerkirche ein zentraler Punkt der Stadt Salzburg, und zwar nicht nur ihrer kunsthistorischen Bedeutung wegen, weil in ihr eine Harmonie der Stile von Romanik, Gotik, Renaissance und Barock zustande gekommen ist, sondern eben als Kirche des Ordens der Minderbrüder, die als Stadtpfarrkirche zu Unserer lieben Frau überaus stark bei der Salzburger Bevölkerung verankert gewesen ist – und bei einem Großteil auch noch immer ist.

Hier trat auch etwas ein, was scheinbar diametral entgegengesetzt ist: Weil die Franziskusjünger arm sein wollten, bekamen sie umso mehr geschenkt, nicht nur von jenen, die vielleicht schlechten Gewissens waren und es durch Spenden und Geschenke besänftigen wollten, sondern vielfach als positive Reaktionen, um eine solche Bewegung zu unterstützen. Das zeigen auch die Kunstschätze und Gegenstände der Kirche und des Klosters; wie Menschen dieser Stadt und dieses Landes mit Stiftungen und Geschenken den Orden für sein segensreiches Wirken auszeichnen wollten, ihm danken für seine Arbeit. Die tiefe Verankerung beweist auch die Existenz von Bruderschaften, Zünften und Vereinen, die ihre Altäre, Meßstipendien und Feiern in dieser Kirche hatten. Der Chronist Stainhauser zählte schon 1594 13 Altäre in dem Gotteshaus. Man kann sich also gut vorstellen, wie angeräumt die Kirche war. Doch wollten die verschiedenen Zünfte und Bruderschaften eben im Wetteifer um Präsenz in der Kirche und Bitten für das Seelenheil mit eigenen Altären vertreten sein.

Zahlreich sind die Bruderschaften, die in der Franziskanerkirche beheimatet waren. Die älteste war die „Priesterbruderschaft", die vermutlich schon 1336 im Dom entstanden war und bis 1614 an der Franziskanerkirche existierte. Eine besondere Gunst war es, „Unserer Liebfrauenbruderschaft" anzugehören, die 1454 errichtet worden ist und in die nicht mehr als 60 Salzburger Bürger aufgenommen wurden. Im selben Jahr entstand die „Alte Bürgerbruderschaft", die unter die Patronanz der Heiligen Rupert und Virgil gestellt wurde. Aufgenommen wurden „Priester, Adelige, Bürger, Mann und Frau". Die „Bruderschaft der Bäcker und Bäckerknechte", ursprünglich seit 1453 beim Sebastians- und Florianaltar angesiedelt, wechselte 1463 mit ihrer Zunft zum Hochaltar, ja es gab für sie sogar einen eigenen Kaplan. Die „Schiffleut- und Schopperzeche", die zuerst den St. Christofs- und Nikolausaltar zugeteilt erhielten, wechselte später an den Karl Borromäusaltar. 1867 kamen zu den Schiffleuten und Schoppern noch die Sackträger und Abmesser hinzu, und gleichzeitig wurde diese Zeche in die „Bruderschaften Mariä-Sieben-Schmerzen" umgewandelt. Ab 1449 bestand fast 200 Jahre lang die Bruderschaft der Zimmerleute, Steinmetze und Maurer, am St.-Eligius-Altar war die Goldschmiedzeche, beim Peter-und-Paul-Altar hatte die Fischerbruderschaft, auch Peterzeche genannt, ihren Sitz, und die Bierbrauer, deren Patron St. Florian war, erhielten den Josefi-Altar. Unter Erzbischof Paris Lodron organisierten sich die Lust- und Blumengärtner als Zunft mit der heiligen Maria Magdalena als Patronin. Selbstverständlich gab es auch eine Franziszi-Antoni-Bruderschaft und eine ganze Reihe anderer kirchlicher Bruderschaften und auch bürgerlicher und weltlicher Zünfte und Innungen, die alle ihre Gottesdienste, Innungsfeste und Jahrtage in dieser Kirche begingen. So etwa die Huterer, die Schmiede, die Weber oder Barchanter, die Schuster, Lederer, Metzger, Bader, Gürtler und Färber, Seiler, Weißgerber, Handschuhmacher, Töpfer, Binder, Erzgießer, Kürschner, Müller sowie die Tischler oder Schreiner. So stand die Franziskanerkirche durch Jahrhunderte im Mittelpunkt des Lebensinteresses der Bürger dieser Stadt.

Als die Eisenbahn kam

Man spricht so gern von den guten alten Zeiten. Wie war es aber wirklich? Nehmen wir zum Beispiel Salzburg, als es selbständiges Kronland der Habsburgischen Monarchie wurde. Das war 1850. Doch es dauerte zehn Jahre, bis die erste Landesregierung mit einem Landeshauptmann an der Spitze selbständig tätig wurde. Das kleine Kronland mit dem Titel Herzogtum umfaßte nur 2,4 Prozent der Gesamtfläche des Staatsgebietes. Mit Triest, Görz, Istrien und Vorarlberg gehörte Salzburg zu den kleinsten der 18 reichsunmittelbaren Länder der Monarchie. Die Bevölkerung zählte in 155 Gemeinden knapp über 173.000 Einwohner, davon lebten in der Landeshauptstadt etwa 27.000. Das neue Herzogtum galt insgesamt als dünn besiedelt und arm.

Für die Zahl der Beschäftigten und für die Wertschöpfung war die Land- und Forstwirtschaft der bedeutendste Wirtschaftszweig, denn fast 40 Prozent der Bevölkerung lebten davon. Von den landwirtschaftlich genutzten Flächen waren 90 Prozent sogenanntes ertragsarmes Gebiet. Die Viehzucht war der wichtigste Erwerbszweig der Landwirtschaft, denn das Salzburger Rind mit dem starken Pinzgauer und dem milchreichen Pongauer Schlag hatte einen guten Ruf. Die Pinzgauer Rösser galten als die besten schweren Zugtiere in der Monarchie.

Rapid war jedoch der Niedergang des Bergbaues. In den achtziger Jahren des 19. Jahrhunderts wurden der Goldbergbau in Kolm-Saigurn, der Silber- und Kupferbergbau in den Radstädter Tauern, der Nickel- und Kobaltbergbau in Leogang, der Eisenerzbergbau in Bundschuh und der Arsenikabbau in Rotgülden aufgelassen. Industriebetriebe gab es nur wenige und zwar mittlere Betriebe der Eisenindustrie, wie Hammer- und Walzwerke in Sulzau-Werfen, Ebenau, Grödig und Mauterndorf, Zementfabriken in Gamp, Hallein, Gartenau und Grödig, in Oberalm existierte eine Gipsbrennerei. In Bürmoos waren zwei Glashütten angesiedelt. In Hallein arbeitete die Saline, und dort war auch der größte Industriebetrieb des Landes, die k.u.k.Tabakfabrik mit 460 Beschäftigten.

Wichtig waren die Brauereien, 58 an der Zahl, die zusammen 30.000 Hektoliter Bier brauten.

Im letzten Viertel des Jahrhunderts begann sich der Fremdenverkehr als neuer Wirtschaftszweig zu entwickeln. So wurde 1890 die Stadt Salzburg von 60.000 Gästen besucht und Badgastein zählte mehr als 6.500 Kurgäste.

1860 war der Beginn des technischen Zeitalters in Salzburg, nämlich die Fertigstellung der Bahnverbindung Wien-München über Salzburg. Das Ereignis war so bedeutend, daß neben Kaiser Franz Josef I. und König Ludwig II. von Bayern auch der französische Kaiser Napoleon III. an den Eröffnungsfeierlichkeiten teilnahm. Man sieht, Salzburg wurde relativ spät in den internationalen Verkehr eingebunden. Die österreichische Monarchie hatte ihre wirtschaftliche Erschließung nicht in der West-Ost-Entwicklung, sondern in einer Nord-Süd-Richtung von Böhmen und Mähren über Niederösterreich und Wien in die Steiermark und in das aufstrebende Triest angepeilt. Die westlichen Teile der Monarchie standen wirtschaftlich im Schatten.

Für die Stadt Salzburg und besonders den Flachgau brachte die neue Eisenbahn gewaltige wirtschaftliche Impulse, was sich in der Gründung vieler neuer Betriebe auswirkte. Diese Einbindung in das industrielle Zeitalter führte auch zum Bau der Eisenbahn von Salzburg nach Hallein. Die Voraussetzung dafür war, daß der Salztransport auf der Salzach eingestellt und der neuen Eisenbahn übertragen wurde.

Als 1870 die Eisenbahn von Salzburg nach Hallein in Betrieb genommen wurde, bedeutete dies das Ende der Salzachschiffahrt, die noch bis 1880 dahinvegetierte und auf dem Wasserweg Kalk, Gips und Braunkohle als wichtigste Güter transportierte. 1875 wurde aber die sogenannte Gisela-Bahn fertig, die das Land in den Grundzügen eisenbahnmäßig aufschloß. Es waren dies die Strecken von Selzthal über Bischofshofen nach Wörgl und abzweigend von Bischofshofen nach Hallein. Ab 1893 folgen Bahnbauten im Lungau, im Oberpinzgau und in das Salzkammergut. Von 1900 bis 1909 wurde die Tauernbahn errichtet. Alle diese Bahnbauperioden brachten der Landwirtschaft und der gesamten Einwohnerschaft auf dem Lande wirtschaftliche Vorteile, vor allem was den Holztransport aus den Gauen anbelangt. Das rasche Tempo der Errichtung der Bahnen verlangte durch Jahre hindurch die Anwesenheit zusätzlicher Arbeitskräfte und brachte somit Konsumenten, gab aber auch einheimischen Bauernsöhnen Arbeit. Das war die eine Seite. Doch als die Eisenbahn fertiggestellt war, zeigte es sich, daß es immer schwieriger wurde, Vieh, Holz und Fuhrleistungen zu guten Preisen an den Mann zu bringen. Gleichzeitig wurde die Konkurrenz durch Zufuhr auswärtiger, ja sogar ausländischer Produkte immer stärker. Denn mit der Eisenbahn wurden nicht nur heimische Güter abtransportiert, aus Ungarn etwa kam weitaus billigeres Getreide und Vieh in das Land. Alles zu Preisen, mit denen die Salzburger Bauern nicht konkurrieren konnten.

Die Finanzlage der Bauern war eher triste. Und der Kreditmarkt war höchst problematisch, besonders für vorübergehende Personaldarlehen mußten hohe Zinsen geleistet werden, die in vielen Gebirgsorten drastisch überzogen waren, denn die Zinsen betrugen in Gewerbeorten 10 bis 20 Prozent, während sie in einzelnen Gebirgsdörfern auf 50 bis 80 Prozent hinaufschnellten. Im Pongau und im Pinzgau war es schwer, selbst kleinste Beträge aufzutreiben. Pfändungen und Klagen wegen ausstehen-

Baustelle der Tauernbahn – Das Foto aus dem Jahr 1903 zeigt die Arbeiten an der Stützmauer der Strecke bei Kilometer 28,6 im Gasteinertal.
Bild: Carolino Augusteum

der Zinsen und fälliger Tilgungen waren häufig. In allen Gebirgsgauen herrschte große Geldnot. Im Flachgau waren die Kreditverhältnisse wesentlich besser geregelt. Von 1883 an beschäftigte sich der Landesausschuß mit der Frage der Kredite für den Bauernstand. Dabei wurde diskutiert, wie dem Kreditbedarf der Landwirte durch Vorschußkassen geholfen werden könnte. Die Landesregierung trat an die k.u.k. Landwirtschaftsgesellschaft heran, um sie mit dem Thema vorteilhafter Darlehenskassen zu beschäftigen. Diese Landwirtschaftsgesellschaft war unter dem Protektorat von Erzherzog Johann 1807 gegründet worden, die Salzburger Filiale wurde 1849 durch Abtrennung von der Oberösterreichischen Landwirtschaftsgesellschaft selbständig tätig. Es war zäh, die Bauern als Mitglieder zu gewinnen. Um das Jahr 1900 waren erst 40 Prozent der Salzburger Bauern Mitglieder.

Zum stärksten Verfechter der Genossenschaftsidee, Bauern sollten sich selber durch eigene Genossenschaften nach dem Motto und Beispiel Raiffeisens zusammenschließen, wurde der agrarische Wanderlehrer Anton Losert. 1889 kam Anton Losert, der der Leiter der landwirtschaftlichen Winterschule im böhmischen Reichenberg war, nach Salzburg. Er war ein hervorragender Lehrer, der sein Fachwissen allgemein verständlich vortragen und an Hand von praktischen Beispielen erläutern konnte. Er zog durch die Gaue und hielt Vorträge über Viehzucht, Düngung, Obstbaumzucht, Verbesserung der Milchwirtschaft und fast jedesmal referierte er über die Gründung von Spar- und Darlehenskassen-Vereinen. Weil ihn aber auch die standespolitische Position der Bauern stark beschäftigte, kam er rasch bei den Behörden in Mißkredit, er wurde bespitzelt und schließlich entlassen. Doch Losert hat den Boden im Land Salzburg für die Selbsthilfe der Bauern aufbereitet.

Zu Georg Rendls Bienenroman

In der „Salzburger Bibliothek" des Otto Müller Verlages ist nach der Romantrilogie „Die Glasbläser von Bürmoos" auch Georg Rendls „Bienenroman" erschienen, beide herausgegeben von Hildemar Holl. Damit ist das wohl bekannteste und auch bedeutendste Buch des Dichters Georg Rendl, der 1972 in St. Georgen starb, wieder greifbar.

Ich freue mich nicht nur, weil ich einer der Anreger für die Neuausgabe gewesen bin, sondern weil hier ein Meisterwerk zugänglich ist, welches in literarischer Form das Leben der Bienen erzählt. Es ist Poesie, aber gleichzeitig Wirklichkeit. Etwa wenn Georg Rendl beschrieben hat, wie eine Biene auf der Suche nach Blütenstaub zurück in den Stock kommt und nun tanzt. Ich zitiere Rendl: „So macht sie das: Sie rennt über fünf, sechs Zellen, zittert dabei mit dem ganzen Körperchen, am stärksten mit dem Hinterleibe, bleibt jäh stehen, macht einen kleinen Halbkreis nach rechts, kehrt an ihren alten Platz zurück, läuft einen ebenso kleinen Bogen nach links aus, kehrt wieder zurück und läuft dann zitternden und schwänzelnden Leibes wiederum über eine Reihe von Zellen in das Dickicht anderer Bienen, um dort den gleichen Tanz aufzuführen. Unaufhörlich, ohne Rast teilt sie den Schwestern mit: Es gibt Pollen! Ihr Schwestern, auf! Holt den Blütenstaub."

Georg Rendl sagte dazu: „Wenn mir vorest auch alles rätselhaft geblieben war, so hatte ich dennoch im Laufe der Jahre, während welcher ich dankbarer Beschauer und auch wißbegieriger Beobachter gewesen war, Geheimnis um Geheimnis entschleiert. Genaueste Aufschreibungen in Wort, Zahl und Bild über jedes der 160 Bienenvölker, die unter meiner Obhut gestanden hatten, haben es mir ermöglicht, bisher ungeahnte Zusammenhänge zu erkennen."

Georg Rendl hat Fachbeiträge über Imkerei schon als 24jähriger veröffentlicht. Stefan Zweig und Richard Billinger, denen Georg Rendl von seiner Absicht erzählte, einen Roman über Bienen zu schreiben, in dem keine einzige menschliche Person vorkommen sollte, hatten den jungen Dichter ermuntert, das Manuskript zu verfassen, nachdem er stundenlang Einzelheiten aus dem Bienenleben erzählt hatte. Der Dichter Richard Billinger vermittelte Rendl an den Verleger Kippenberg, den Inhaber des Insel-Verlages, des renommiertesten deutschen Verlagshauses. Die Verlegersgattin Katharina Kippenberg schrieb an Billinger über Rendls Bienenroman: „Von den Tatsachen, die er schildert, stand ich einfach Kopf. Soll man glauben, daß ein so fein ausgearbeitetes Staatswesen bei Tieren möglich ist? Viel hat man ja schon darüber gehört und gelesen, aber mir scheint, noch niemand ist so tief in die Geheimnisse des Bienenstocks eingedrungen wie er."

Der Bienenroman erschien in England, in den USA und in Holland – und begründete den Ruf Rendls als Dichter.

Georg Rendl schrieb an Frau Kippenberg über sein Buch: „Nun bitte ich Sie sehr, nicht zu glauben ich sei eitel oder eingebildet oder anmaßend, wenn ich Ihnen ganz ohne Umschweife sage, daß in der gesamten Bienenliteratur kein Buch existiert, das dem meinen auch nur irgendwie gliche. Es gibt kein Buch, das dem Leser ein so unkompliziertes Bild von dem doch so komplizierten Leben der Bienen gewährte und dabei doch so gründlich alle Erscheinungen dartäte. Das betrifft das rein Stoffliche – was das Künstlerische anlangt, darüber zu reden steht mir nicht zu." Doch dieses Urteil fällten die Leser, denn seit 1931 ist dieses Buch über das Leben und Arbeiten der Bienen in vielen Auflagen erschienen.

Ungekrönter König des Pinzgaues

Ich möchte eine Geschichte erzählen, die wie ein Märchen klingt und doch die reine Wahrheit ist. Es ist die Geschichte des deutsch-amerikanischen „Kali-Königs" Hermann Schmidtmann, der um die Jahrhundertwende zum bestimmenden Faktor im mittleren Pinzgau wurde.

Schmidtmann emigrierte mit 17 Jahren nach Amerika; seine Eltern waren nicht wohlhabend, und er hoffte auf eine bessere Zukunft. Zwanzig Jahre später hatte er es geschafft. Er galt in den USA und in Europa als der „Kali-König", von Neidern und Konkurrenten spöttisch auch als „Pottash-Napoleon" tituliert.

Weil ein Arzt ihm Ruhe verordnete, um der Managerkrankheit zu entgehen, kam Schmidtmann zur Erholung nach Lofer. Es war im Jahr 1890. Der Kali-König war so begeistert von der Pinzgauer Landschaft, daß er beschloß, sich hier anzusiedeln. Er investierte vorerst 6 Millionen Goldkronen, eine damals geradezu irre Summe, und das war erst der Anfang. Er kaufte Schloß Grubhof, ließ es im Fin-de-siècle-Stil umbauen, kaufte Schloß Oberrain bei Unken und etliche bäuerlichen Güter zwischen Lofer und dem Hinterthal.

Schmidtmann wurde führend in der Pinzgauer Landwirtschaft. Er baute die erworbenen Häuser um, sorgte für die Hochzucht der Pinzgauer Rinder, für die Pferdezucht, forstete Wälder auf, und schließlich baute er in Lofer das erste elektrische Kraftwerk und auch die erste Telefonleitung von Lofer nach Hinterthal. Ebenso ließ er die mehr als 10 Kilometer lange Straße Maria Alm–Hinterthal errichten.

Der Gutsherr hatte mehr als 40 Jäger beschäftigt, die in den Wäldern und in den Bergen des Steinernen Meeres die Tiere und die Landschaft hegten und pflegten. Als Mäzen schenkte er Schulen, die er für die Kinder der Gegend bauen ließ, und gab überdies Stipendien.

Aus dem Kali-König war der ungekrönte König des Pinzgaues geworden, der sechsspännig mit seinen Lipizzanern durch sein Reich, das mehr als 7000 Hektar umfaßte, kutschierte.

79jährig starb Hermann Schmidtmann 1919 auf seinem Schloß Grubhof.

Die beiden Weltkriege setzten diesem riesigen Besitz schwer zu. Ein Teil des Vermögens, angelegt in Bergwerken, wurde durch Kriegsanleihen vernichtet. Der landwirtschaftliche Teil blieb vorerst erhalten. Die Tochter, Frau von Poser, adoptierte die drei Töchter ihres Bruders und teilte schließlich den größten Teil des Besitzes unter sie. Nach dem Zweiten Weltkrieg waren es die Enkelin Maria Spitzy und ihr Mann, die vor allem Hinterthal als Siedlungs- und Tourismusgebiet erschlossen.

Die bahnbrechenden Leistungen von Hermann Schmidtmann – letzte lebende Zeugen erzählen begeistert von dem Mann mit den scharf geschnittenen Gesichtszügen und seinem schneeweißen Haupthaar und Vollbart – bleiben unvergessen, wenngleich auch dieses Königreich, wie so viele andere, letztlich zerbrochen ist. Wir haben ganz in der Nähe, auf der anderen Seite der Berge, im Blühnbachtal, ja ein ähnliches Schicksal zu verzeichnen, wo die Familie Krupp das von dem in Sarajewo ermordeten Thronfolger Franz Ferdinand errichtete Schloß samt Umland gekauft und kultiviert hatte. Doch im Gegensatz zum Besitz in Hinterthal ist jener im Blühnbachtal weitgehend unversehrt geblieben, denn – welch Parallele – hier hat sich ein amerikanischer Eigentümer gefunden, der in vorbildlicher Weise Schloß und Tal, Wald und Wild hegt und pflegt.

Die Zinkenbacher Malerkolonie

Die St. Gilgnerin Christina Steinmetzer ist die Initiatorin eines künftigen Museums der „Zinkenbacher Malerkolonie". Sie will in der alten Volksschule von Zinkenbach, heute Abersee am Wolfgangsee, die Vertreter dieser Malergruppierung ausstellen. Die Idee ist gut, denn dieser kleine Ort beherbergte ab 1930 eine regelrechte Malerkolonie. Entdeckt hatte diesen Ort der damalige Direktor der Gemäldegalerie des Kunsthistorischen Museums in Wien, Hofrat Weixlgärtner, der die Maler Ferdinand Kitt und Ernst Huber aufmerksam machte, die daraufhin im Austragshaus des Adambauern ihre Zelte aufschlugen. Nicht nur im Sommer, sondern auch im Winter. Zwei Jahre später schrieb der Kritiker und Maler Wolfgang Born im „Neuen Wiener Journal" über diese Malerkolonie enthusiastisch: „Zinkenbach, das kleine Nest gegenüber von St. Gilgen, hat alle Aussicht, ein österreichisches Worpswede zu werden – er meinte damit Emil Nolde und seine Freunde in dem Ort unweit von Hamburg – eine Reihe moderner Wiener Maler hat den Ort entdeckt und sich dort angesiedelt. Bereits auf den Herbstausstellungen werden wir die Reize von Zinkenbach in den verschiedensten Auffassungen kennenlernen. Denn an jedem Eck sitzt derzeit mit Pinsel oder Stift ein männlicher oder weiblicher Maler. Die Staffeleien wachsen geradezu aus der Erde..." In diesem Sommer 1932 stellte der Zinkenbacher Kreis bereits in der Rahmenhandlung Welz, die dann zur Galerie mutierte, Aquarelle aus.

Die treibende Kraft war der Präsident der Wiener Sezession Ferdinand Kitt, unterstützt von Ernst Huber. Mitglieder der Malerkolonie waren Künstler verschiedenster Werktechniken, zuerst eine Handvoll, dann dreizehn, dann siebenundzwanzig. Dazu zählten die Keramikerin Gudrun Baudisch, Leo Delitz, Josef Dobrowsky, Bettina und Georg Ehrlich, Ludwig Heinrich Jungnickel, Heddi Leifer, Ernst August Freiherr von Mandelsloh, Georg Merkel und seine Frau Louise Romee, Sergius Pauser, Liesl Salzer, Gertrude Schwarz-Helberger und Franz von Zülow. Dazu kamen Freunde wie die Maler Alfred Gerstenbrand oder Anton Steinhart, die Dichter Karl Heinrich Waggerl und Ernst Toller, Kommunist und einer der Rädelsführer der bayerischen Räterepublik. Der Schriftsteller Lernet-Holenia kam zu Besuch, usw. Man malte gemeinsam, ja die Künstler fuhren auf einer riesigen Plätte auf den See hinaus, um ihre Skizzenbücher zu füllen. Sie diskutierten am Abend, Geselligkeit wurde groß geschrieben, ja es gab das „Blödelalbum" der Zinkenbacher Künstlerkolonie von Ferdinand Kitt, in das lustige Zeichnungen kamen, darunter das Malschiff mit seiner Besatzung und den Staffeleien. Aus Salzburg kam der Kunsthistoriker Kajetan Mühlmann, der zur Gruppe zählte, ein illegaler Nazi, der friedlich mit dem Kommunisten Toller, wenn auch heftig, diskutierte. Hier waren, während im Deutschen Reich Häscher die „entartete Kunst" verfolgten und Nichtarier aus der Reichskunstkammer verbannten, Freunde und Kollegen versammelt trotz verschiedenster Weltanschauung, verschiedenen Glaubens und unterschiedlichster Auffassungen.

Diese Zinkenbacher Künstlerkolonie war für alle Künstlerinnen und Künstler, die hier zusammentrafen, eine überaus fruchtbare Zeit, in der sie ihre Werke schufen, von heiteren Episoden bis zu expressiv gemalten stark koloristischen Landschaften. Und gerade in diesen Jahren hatten einige der Maler ihre größten Erfolge, wurden nicht nur ausgestellt, sondern erhielten Preise bis hin zum großen österreichischen Staatspreis.

Das ging bis zum Jahr 1938. Plötzlich zerbrach diese vermeintliche Idylle. Hie Nazi und da Verfemte, die flüchten mußten oder Malverbot erhielten und Mitläufer, die zu überleben versuchten oder sich in eine innere Emigration verkrochen.

Die „peinliche" Strafrechtspflege

Dem Salzburger Rechtshistoriker Peter Putzer verdanken wir eine ganze Reihe von Publikationen über die Rechtsverhältnisse im alten Salzburg. So edierte er die Aufzeichnungen der Scharfrichter. Und nun ist er der These nachgegangen, die da lautet „Unter dem Krummstab ist gut leben". Man meinte darunter die vermeintlich milde Rechtssprechung in den Ländern, in denen Bischöfe oder Prälaten regierten. Zuerst ein Vortrag, ist dieser auch in der Schriftenreihe des Vereins der Freunde der Salzburger Geschichte, dem „Salzburg-Archiv", erschienen. Peter Putzer ging der Frage nach, wann im Fürstentum Salzburg das peinliche Strafrecht zu Ende gegangen ist. Und siehe da, während in der österreichischen Monarchie in der aufklärerischen Regierungszeit Kaiser Josef II. die Folter 1776 abgeschafft wurde, hat sie in Salzburg noch existiert.

Unter dem Begriff „peinliche Strafrechtspflege" versteckte sich die peinliche Frage, so umschreiben die zeitgenössischen Quellen die Tortur, die Folter, nämlich brutale Gewaltanwendung am Körper eines Verdächtigen, um ihn zu einem Geständnis zu pressen. Und die peinlichen Strafen an Leib und Leben, an Hals und Hand, an Haut und Haar waren Körperstrafen, auch Todesstrafen, allerdings in unterschiedlicher Technik. Es gab die einfache oder auch die qualifizierte Todesstrafe. Diese qualifizierte Todesstrafe war eine Verschärfung, die entweder vor oder nach Eintreten des Todes vorgenommen werden konnte. Neben der Todesstrafe gab es Leibesstrafen, die den Delinquenten verstümmelten, und die sogenannten leichteren Strafen wie das An-den-Pranger-Stellen, das Kahlscheren oder die Spitzgertenstreiche, wie die Auspeitschung hieß. Das alles erfolgte öffentlich, um abschreckend zu wirken. Da wurden die Köpfe auf Spieße gesteckt und ausgestellt, da wurden Erhängte hängen gelassen, bis die Leichen verwesten und zerfielen. Das alles, um den Menschen zu zeigen, was sie zu erwarten hatten, wenn sie ein todeswürdiges Verbrechen begehen sollten.

Professor Putzer fand heraus, daß die letzte peinliche Befragung, also die Folter, im Jahr 1801 erfolgte. Es war ein Mann, Johann Schlehuber, der des Raubes und Diebstahls bezichtigt war, der mehrmals die Tortur über sich ergehen lassen mußte, der zwischendurch erst wieder gesunden mußte, um neuerlich der Folter unterzogen werden zu können. Im Protokoll hieß es, daß Schlehuber auch den zweiten Grad der peinlichen Frage, nämlich 60 Rutenstreiche, ausgehalten aber nichts gestanden habe. Übrigens wurde er zu lebenslanger Festungshaft verurteilt.

Die letzte Brandmarkung erfolgte im Jahr 1800, als das Kebsweib Schlehubers, Margaretha Pletzingerin, bayerische Gredl genannt, öffentlich an den Pranger gestellt, mit dem Buchstaben S gebrandmarkt, auf zehn Jahre Zuchthausstrafe verurteilt und dann des Landes verwiesen wurde. Ja, der Historiker fand, daß noch 1816 in Salzburg ein Delinquent auf einer Bühne öffentlich ausgestellt, mit zwanzig Rutenstreichen ausgehaut und für ewig des Landes verwiesen wurde. Im Jahr 1800 hatte der Scharfrichter zwei Enthaupteten nach der Hinrichtung noch die rechte Hand abzuschlagen und diese mit dem

Schädel der Gerichteten öffentlich auszustellen. Die letzte belegbare Hinrichtung mit dem Schwert ist im Scharfrichtertagebuch am 12. September 1817 überliefert, denn da hatte Scharfrichter Wohlmuth, damals 79 Jahre alt, erleichtert geschrieben, ihm sei diese letzte Dienstverrichtung „glücklich und geschwind" gelungen.

Wallersee und Seekirchen

Heinz Dopsch, der Ordinarius für Landesgeschichte an der Salzburger Universität, ist der Frage nachgegangen, woher die Namen Wallersee und Seekirchen kommen. Ursprünglich hieß Seekirchen „Walardorf", denn in der Lebensbeschreibung des heiligen Rupertus wird über die Ankunft des Heiligen in Seekirchen folgendes berichtet: „Dann setzte er seine Reise fort, der Walarium heißt..." Bislang wurden drei Varianten für die Erklärung der Worte Wallersee und Walarium für möglich gehalten: Als Ableitung von den Walchen, das heißt Romanen, die vielfach bis in das frühe Mittelalter gerade an Gewässern und wichtigen Straßen siedelten. Das zeigen Namen wie Seewalchen am Attersee oder Straßwalchen. Eine andere Möglichkeit wäre die Herleitung des Namens von Waller oder Wels, doch der spielte in dem an sich fischreichen See eine untergeordnete Rolle. Der bischöfliche Hof bezog später seine Welse aus dem Waginger See. Die dritte Möglichkeit ist, daß der Name auf einen bayerischen Personennamen zurückzuführen ist, wie Walahari oder Walari.

Der Historiker meint nun in der Ortschronik von Seekirchen, der Zusammenhang mit den Romanen sei abzulehnen, weil auch in den ältesten Zitierungen nie das typische ch oder h von Walchen vorkomme. Er vertritt die These, daß Wallersee und Walardorf auf den Namen Walahari beziehungsweise Walari zurückgehen, der im 8. Jahrhundert mehrfach vorkommt und von wal, das ist Kampf, abzuleiten ist. Der Namen Walpurga geht auf den selben Wortstamm zurück. Zur Untermauerung seiner These sagt Dopsch., daß gerade größere Seen häufig nach Personen benannt sind. Der Abersee, also Wolfgangsee, nach einem Aparin, der Mondsee, ursprünglich hieß er Maninseo, nach einem Mano, der Attersee vielleicht nach einem Athari und der Chiemsee nach einem Chiemo. Also wären das Dorf Seekirchen und der Wallersee ursprünglich beide nach einem bayerischen Grundherrn benannt worden, der hier seine Besitzungen hatte. Doch schon am Beginn des 9. Jahrhunderts ist der Name Walardorf verschwunden und durch Seekirchen ersetzt worden. Als im Jahr 987 die Abtei St. Peter vom Bistum abgetrennt und mit eigenen Gütern ausgestattet wurde, heißt es in den Handschriften schon „Kirche zu Seekirchen". Und vom beginnenden 12. Jahrhundert an ist ausschließlich der Ortsname Seekirchen zu finden, wenngleich in verschiedenen Schreibweisen, was nicht zu verwundern ist, denn erst im Laufe des 19. Jahrhunderts kam es generell zu einer bindenden Rechtschreibnorm.

Heinz Dopsch berichtet auch vom Versuch in der Barockzeit, sozusagen als scholastische Fleißaufgabe, eine neue mystische Deutung des Namens Seekirchen zu finden. Als im frühen 18. Jahrhundert Seekirchen ein Wappen erhielt, gab es darin ein Feld, in dem eine Männer- und eine Frauenhand sich berühren und über die eine Stola gelegt ist. Der Chronist Lorenz Hübner schrieb 1796 dazu, daß der Markt Seekirchen 1716 ein eigenes Wappen erhalten habe und daß die ineinandergelegten Hände vermutlich eine Anspielung auf das alte Wort Ehekirchen anstatt Seekirchen sei, zum Gedenken, daß Rupert in dem von ihm erbauten Kirchlein das erste Ehepaar eingesegnet haben soll. Als 1974 die Gemeinden Seekirchen-Markt und Seekirchen-Land zusammengelegt wurden, erhielt die Marktgemeinde als eigenes Wappen den geteilten Schild, der auf einer Hälfte eine Kirche am See und in der anderen im rot-weiß-roten Bindenschild die Hände mit der Stola zeigt. Ein Beispiel, wie fromme Geschichten weiterleben.

Franz Schubert in Salzburg

Die musikalische Welt feierte 1997 als „Schubertjahr" das Gedenken an den 200. Geburtstag des Komponisten und Musikers Franz Schubert. Nach der Taufmatrikel der Wiener Pfarrkirche Lichtenthal lautet der Name vollständig: Franz Peter Seraph Schubert. In der Salzburger Innenstadt, am Hause Judengasse 8, erinnert eine Gedenktafel an den Tonschöpfer, der hier im August 1825, zwei Jahre vor seinem frühen Tode, gemeinsam mit seinem Freunde, dem Hofopernsänger Vogl, zu Gast gewesen ist. Das Haus gehörte dem Kaufmann Johann Christian Pauernfeind, ehemals Bürgermeister der Stadt Salzburg, und die beiden Reisenden wohnten gegenüber im Gasthof „Zum Mohren". Bei Pauernfeind spielte Schubert eigene Kompositionen auf dem Klavier, und Vogl sang Schubertlieder, begleitet vom Komponisten. Durch Pauernfeind wurden die beiden beim Präsidenten der Landrechte, Maria Hieronymus Graf Platz, eingeführt, der alsbald Schubert und Vogl bat, „unsere sieben Sachen vor einem auserwählten Kreise zu produciren, die denn auch unter besonderer Begünstigung des Ave Marias Allen sehr zu Gemüthe gingen. Die Art und Weise, wie Vogl singt und ich accompagnire, wie wir in einem solchen Augenblick Eins zu sein scheinen, ist diesen Leuten etwas ganz Neues, Unerhörtes". (Brief an Bruder Ferdinand, 12. 9. 1825).

An diesem Abend nahmen an der Schubertiade in Salzburg auch Constanze Mozart und ihr zweiter Mann Georg Nikolaus von Nissen teil.

Für Franz Schubert war die Reise über Steyr, Gmunden nach Salzburg und schließlich nach Badgastein die größte und weiteste Reise seines Lebens, denn abgesehen von seiner frühen Tätigkeit für die Fürsten Esterhazy in Ungarn war er kaum je aus der Bannmeile Wiens und des Wienerwaldes herausgekommen. Als Franz seinem Bruder Ferdinand von dem Reisevorhaben berichtete, schrieb ihm Ferdinand zurück: „O Du glücklicher Bruder! Sogar das mit seinen herrlichen Umgebungen schöne Salzburg und das schon vor tausend Jahren entdeckte Wildbad Gastein wirst Du besuchen. Nun, vom Letzteren bitte ich mir eine hübsche, ausführliche Beschreibung aus. Auch ich habe schon eine Reise gemacht, aber gegen die Deinige sehr unbedeutend, obwohl mich da einige Täler, Berge, Felsen und Pässe in Erstaunen setzten." Es war eine Reise Ferdinands nach dem niederösterreichischen Gutenstein zu Füßen des Schneeberges. In seinem Brief aber schrieb Ferdinand zudem die Zeilen: „Denn nicht nur die schön Gegenden, sondern auch die guten Einwohner interessieren mich so sehr, weil ich von allen Seiten diese guten Leute so rühmen höre. Selbst Vierthaler spricht davon in seiner Geographie – gemeint ist Vierthalers ‚Geographie von Salzburg' –, nachdem er die vielseitige Betriebsamkeit dieser Bergbewohner geschildert hatte, mit folgenden Worten: ‚Die Folgen dieser vielseitigen Betriebsamkeit äußern sich nicht bloß durch den Wohlstand, sondern, was noch ungleich schöner ist, durch einen hohen Grad von Sittlichkeit, wodurch sich die Bewohner dieser Berggegenden vor andern auszeichnen. Mord, Raub, Diebstahl u. Betrug lernen sie nur dem Namen nach... Auf eine so schöne Art bewährt sich auch hier die alte Wahrheit, daß arbeitsame Menschen auch tugendhaft sind.'" (Ferdinand an Bruder Franz, Brief vom 4. August 1825).

Franz Schubert trat nun gemeinsam mit dem Sänger Vogl die Reise von Steyr über Kremsmünster mit Nächtigung in Vöcklabruck nach Salzburg an. Man schrieb den 10. August 1825. Franz Schubert wollte sein Versprechen einhalten, doch er schaffte es erst auf der Rückreise, die versprochene Beschreibung zu beginnen. Er schrieb am 12. September 1825 in Gmunden an Ferdinand, schickte diesen Brief jedoch nicht ab, sondern setzte ihn am 21. September in Steyr fort und übergab ihn unvollendet persönlich seinem Bruder nach der Heimkehr in Wien. Das Original beider Schreiben ist verschollen, doch Ferdinand Schubert hat diesen Reisebericht 1833 erstmals veröffentlicht.

Über Vöcklabruck, wo Schubert und Vogl übernachteten, schrieb Schubert nur drei Worte: „ein trauriges Nest". Doch dann begann er mit der Beschreibung seiner Fahrt durch das Salzburger Land: „Den andern Morgen kamen wir über Straßwalchen und Frankenmarkt nach Neumarkt, wo wir Mittag machten. Diese Oerter, welche schon im Salzburgischen liegen, zeichnen sich durch eine besondere Bauart der Häuser aus. Alles ist beinahe von Holz. Das hölzerne Küchengeschirr steht auf hölzernen Stellen, die außen an den Häusern angebracht sind, um welche hölzerne Gänge herumlaufen. Auch hängen allenthalben zerschossene Scheiben an den Häusern, die als Siegestrophäen aufbewahrt werden aus längst vergangenen Zeiten... Von Neumarkt, welches die letzte Post vor Salzburg ist, sieht man schon Bergesspitzen aus dem Salzburger Thal herausschauen, die eben mit Schnee bedeckt waren. Ungefähr eine Stunde von Neumarkt wird die Gegend schon wunderschön. Der Waller-See, welcher rechts von der Straße sein helles blaugrünes Wasser ausbreitet, belebt diese anmuthige Gegend auf das herrlichste. Die Lage ist sehr hoch und von nun an geht es immer abwärts bis nach Salzburg. Die Berge steigen immer mehr in die Höhe, besonders ragt der fabelhafte Untersberg wie zauberhaft aus den übrigen hervor. Die Dörfer zeigen Spuren von ehemaligem Reichthum. An den gemeinsten Bauernhäusern findet man überall marmorne Fenster- und Thürstöcke, auch sogar manchmal Stiegen von rothem Marmor. Die Sonne verdunkelt sich und die schweren Wolken ziehen über die schwarzen Berge wie Nebelgeister dahin; doch berühren sie den Scheitel des Untersberges nicht, sie schleichen an ihm vorüber, als fürchteten sie seinen grauenvollen Inhalt. Das weite Thal, welches mit einzelnen Schlössern, Kirchen und Bauerhöfen wie angesäet ist, wird dem entzückten Auge immer sichtbarer. Thürme und Paläste zeigen sich nach und nach; man fährt endlich an dem Kapuzinerberge vorbei, dessen ungeheure Felswand hart an der Straße senkrecht in die Höhe ragt und fürchterlich auf den Wanderer herabblickt. Der Untersberg mit seinem Gefolge wird riesenhaft, ihre Größe will uns fast erdrücken. Und nun geht es durch einige herrliche Alleen in die Stadt selbst hinein. Festungswerke aus lauter Quadersteinen umgeben diesen so berühmten Sitz der ehemaligen Churfürsten. Die Thore der Stadt verkünden mit ihren Inschriften die verschwundene Macht des Pfaffenthums. Lauter Häuser von vier bis fünf Stockwerken erfüllen die ziemlich breiten Gassen und an dem wunderlich verzierten Hause des Theophrastus Paracelsus vorbei geht es über die Brücke der Salzach, die trüb und dunkel mächtig vorüberbraust. Die Stadt selbst macht einen etwas düstern Eindruck auf mich, indem ein trübes Wetter die alten Gebäude noch mehr verfinsterte, und überdies die Festung, die auf dem Höchsten Gipfel des Mönchberges liegt, in alle Gassen der Stadt ihren Geistergruß herabwinkt. Da leider gleich nach unserer Ankunft Regen eintrat, welches hier sehr oft der Fall ist, so konnten wir, außer den vielen Palästen und herrlichen Kirchen, deren wir im Vorbeifahren ansichtig wurden, wenig zu sehen bekommen."

Schubert berichtet dann über seine Aufnahme in Salzburg, seine Konzerte bei Pauernfeind und dem Grafen Platz, um dann fortzufahren: „Nachdem wir den andern Morgen den Mönchberg bestiegen, von welchem man einen großen Theil der Stadt übersieht, mußte ich erstaunen über die Menge herrlicher Gebäude, Paläste und Kirchen. Doch gibt es wenig Einwohner hier, viele Gebäude stehen leer, manche sind nur von einer, höchstens zwei bis drei Familien bewohnt. Auf den Plätzen, deren es viele und schöne gibt, wächst zwischen den Pflastersteinen Gras, so wenig werden sie betreten. Die Domkirche ist ein himmlisches Gebäude, nach dem Muster der Peterskirche in Rom, versteht sich im verkleinerten Maßstabe. Die Länge der Kirche hat die Form eines Kreuzes, ist von vier ungeheuren Höfen umgeben, von denen jeder einzelne einen großen Platz bildet. Vor dem Eingang stehen die Apostel in riesenhafter Größe aus Stein gehauen. Das Innere der Kirche wird von vielen marmornen Säulen getragen, ist mit den Bildnissen der Churfürsten – Schubert verwechselte die Fürsterzbischöfe mit den Churfürsten – geschmückt und in allen seinen Theilen wirklich vollendet schön. Das Licht, welches durch die Kuppel hereinfällt, erleuchtet jeden Winkel. ... Von hier gingen wir in das Kloster zu St. Peter, wo Michael Haydn residiert hat. ... Auch hier befindet sich, wie Du weißt, auch das Monument des M. Haydn. Es ist recht hübsch, aber steht auf keinem guten Platz, sondern in einem abgelegenen Winkel. Auch lassen diese herumliegenden Zettelchen etwas kindisch; in der Urne befindet sich sein Haupt. Es wehe auf mich, dachte ich mir, Dein ruhiger, klarer Geist, du guter Haydn und wenn ich auch nicht so ruhig und klar sein kann, so verehrte dich doch so gewiß niemand auf Erden so innig als ich. (Eine schwere Thräne entfiel meinem Auge, und wir gingen weiter. –) Mittags speiseten wir bei Hrn. Pauernfeind, und als uns Nachmittags das Wetter erlaubte auszugehen, bestiegen wir den zwar nicht hohen – aber die allerschönste Aussicht gewährenden Nonnenberg. Man übersieht nämlich das hintere Salzburger Thal. Dir die Lieblichkeit dieses Thals zu beschreiben, ist beinahe unmöglich. Denke Dir einen Garten, der mehrere Meilen im Umfange hat, in diesem unzählige Schlösser und Güter, die aus den Bäumen heraus oder durchschauen, denke Dir einen Fluß, der sich auf die mannigfaltigste Weise durchschlängelt, denke Dir Wiesen und Aecker, wie eben so viele Teppiche von den schönsten Farben, dann die herrlichen Straßen, die sich wie Bänder um sie herumschlingen, und endlich stundenlange Alleen von ungeheueren Bäumen, dieses Alles von einer unabsehbaren Reihe von den höchsten Bergen umschlossen, als wären sie die Wächter dieses himmlischen Thals, denke Dir dieses, so hast Du einen schwachen Begriff von seiner unaussprechlichen Schönheit." Erst neun Tage später fand Franz Schubert Gelegenheit, seinen Brief mit der Reisebeschreibung fortzusetzen, von der er schrieb, daß sie ihn schon „reuet", weil sie zu lange dauere. Doch weiter im Originaltext: „Der folgende Morgen – wahrscheinlich war es der 13. August 1825 – war nämlich der schönste Tag von der Welt und in der Welt. Der Untersberg, oder eigentlich der Oberste glänzte und blitzte mit seinem Geschwader und dem gemeinen Gesindel der übrigen Berge herrlich in, oder eigentlich neben der Sonne. Wir fuhren durch das oben beschriebene Thal – gemeint ist das Nonntal – wie durch's Elysium, welches aber vor jenem Paradies noch das voraus hat, daß wir in einer scharmanten Kutsche saßen, welche Bequemlichkeit Adam und Eva nicht hatten. Statt den wilden Tieren begegneten uns manche allerliebste Mädchen. ... Nach einigen Stunden gelangten wir in die zwar merkwürdige, aber äußerst schmutzige und grausliche Stadt Hallein. Die Einwohner sehen alle wie Gespenster aus, blaß, hohläugig und mager zum anzünden. Dieser schreckliche Contrast, den dieser Anblick des Ratzenstadtl's auf jenes Thal erzeugt, machte einen höchst fatalen Eindruck auf mich ... Wir fuhren also weiter über Golling, wo sich schon die ersten hohen, unübersteigbaren Berge zeigten, durch deren fürchterliche Schluchten der Paß Lueg führt. Nachdem wir dann über einen großen Berg langsam hinaufkrallten, vor unserer Nase, so wie zu den beiden Seiten schreckliche Berge, so daß man glauben könnte, die Welt sei hier mit Brettern vernagelt, so sieht man plötzlich, indem der höchste Punct des Berges erreicht ist, in eine entsetzliche Schlucht hinab, und es droht einem im ersten Augenblikke einigermaßen das Herz zu schüttern. Nachdem man sich etwas von dem ersten Schreck erholt hat, sieht man diese rasend hohen Felswände, die sich in einiger Entfernung zu schließen scheinen, wie eine Sackgasse, und man studirt umsonst, wo hier der Ausgang sei."

Schubert meditierte nun über den Menschen als Bestie und schrieb über die Kämpfe zur Zeit der napoleonischen Kriege, um dann fortzusetzen, „so wendet sich hier, wo man es am wenigsten vermuthet, unter einem herüberhängenden Felsen bei einem zornigen Wüthen der eingezwängten Salzach, die Straße zur angenehmen Ueberraschung des Wanderers. Denn nun geht es, obwohl noch immer von himmelhohen Bergen eingeschlossen, auf breiterem Wege und eben dahin. Mittags kamen wir in Werffen an. Ein Markt mit einer bedeutenden Festung, von den Salzburger Churfürsten erbaut, wird jetzt vom Kaiser renovirt. Auf unserer Rückreise bestiegen wir selbe, es ist verdammt hoch, gewährt aber eine herrliche Aussicht in das Thal, welches auf einer Seite von den ungeheuren Werffner Gebirgen, die man bis Gastein sieht, begrenzt ist. Himmel, Teufel, das ist etwas Erschreckliches, eine Reisebeschreibung, ich kann nicht mehr. Da ich so in den ersten Tagen des Octobers nach Wien komme, so werde ich Dir dieses Geschreibsel selber übergeben und das uebrige mündlich erzählen."

Mit diesem Seufzer schloß Franz Schubert seinen Bericht über Salzburg und das Salzburger Land ab. Er und der Sänger Vogl wohnten vom 14. August bis 4. September 1825 in Badgastein im Wirtshaus Straubinger. Sie nahmen Thermalbäder und Schubert komponierte in dieser Zeit die Lieder „Das Heimweh" und „Die Allmacht", die „Klaviersonate in D" und führte seine Arbeit an der „Großen C-Dur-Sinfonie" fort.

Strenge Asylanten-Gesetze

Gesetzliche Regelungen für Asylsuchende und zuwandernde Fremde sind keine Erfindung unserer Zeit. In Salzburg gab es in den nach der Französischen Revolution ausgebrochenen Kriegen sehr strenge und harte Regelungen. Die Besetzung des benachbarten Bayern durch französische Truppen hatte im Sommer 1796 eine riesige Flüchtlingswelle ausgelöst und zwar von französischen und linksrheinisch-deutschen Flüchtlingen, die Verfolgung, ja Tötung fürchteten. Der Landesherr Erzbischof Hieronymus Colloredo berief eine geheime Konferenz und dann den Landtag ein. Beschlossen wurde, daß die Grenzsperre das gesamte Land umfasse und keine Ein- oder Durchreise ohne ausdrückliche Erlaubnis gestattet würde. Das jedoch war noch zu wenig. Für die Hauptstadt Salzburg wurde am 19. August 1796 den Bürgern streng verwehrt, Fremde ohne vorherige Erlaubnis des Hofrats oder Stadtgerichts zu beherbergen, und die Gastwirte wurden verpflichtet, jeden einlogierenden Auswärtigen sofort anzuzeigen.

In Tittmoning, damals eine salzburgische Stadt, hatte sich eine Truppe des Emigrantenfreicorps Condè niedergelassen. Als sich nun etwa fünfzig Emigrantenpriester dem Freicorps anschlossen, erging ein ablehnendes fürstbischöfliches Dekret. Der Kommandant des Freicorps in Tittmoning, dem etwa 300 Mann angehörten, war beauftragt, seine Truppen nach Österreich zu bringen. Salzburg wies nun alle Klostervorstände an, die zahlreichen französischen Asylantenpriester mit auf die Reise zu schicken. Einige Reisewagen mit französischen Nonnen, die unerlaubt die Grenze bei Tittmoning überschritten, wurden umgehend zurückgeschickt.

Die Lage wurde immer hektischer, je weiter die französischen Heere in Bayern Raum gewannen. Nervös gewordene Flüchtlinge verließen Salzburg, selbst wenn sie nun schon jahrelang hier gewohnt hatten. Viele planten, durch Österreich in das damals noch sichere Rußland zu reisen. Österreich gewährte dafür eigene Gesandtschaftspässe.

Mit Beginn des Jahres 1797 wurde für das gesamte Erzstift Salzburg, also das ganze Land, festgelegt, daß Fremde normal sieben Tage, Franzosen und andere Emigranten nur einen, höchstens drei Tage bleiben dürften. Verlängerungen von sechs bis sieben Tagen mußte das Stadtgericht genehmigen, solche von acht bis vierzehn Tagen eine eigene Fremdenkommission und darüber hinausreichende Aufenthaltsgenehmigungen ergingen ausschließlich vom Hofrat. Am 20. März 1797 erhielten diese Fremdenverordnungen Gesetzeskraft, wobei schließlich diese Maßnahmen auch auf die auswärtigen Studenten der Universität angewendet wurden. Im Oktober 1797 erging auf höchsten Befehl die Anordnung, französischen Einwanderern und anderen unbekannten verdächtigen Fremdlingen den Eintritt in die hiesige Stadt und Lande abzuschneiden. Ausnahmen bedurften nun der ausdrücklichen Genehmigung des Landesherrn. Die Regierungen der benachbarten Länder wurden von diesen Maßnahmen verständigt und gleichzeitig gebeten, auf Emigrantenpässen keine Reiserouten durch das Erzstift einzutragen.

Die Maßnahmen wurden so streng überprüft, daß sich die Gastwirte nach mehrmaligen Strafzahlungen zusammenschlossen und zwei Nachtzettelschreiber anstellten, die täglich durch alle Gasthäuser gingen und die Fremden genau erfaßten.

In der Stadt und im ganzen Land waren eine Reihe von französischen Geistlichen jedoch nicht nur geduldet, sondern bei den Menschen beliebt, weil sie in der Seelsorge mitarbeiteten. Schließlich mußte Erzbischof Colloredo aus Salzburg flüchten, und am 15. Dezember 1800 besetzten die Franzosen Salzburg. Die meisten Geistlichen Asylanten verließen gegen Ende des Jahres 1801 das Land Salzburg, weil Napoleon mit der Kirche Frieden geschlossen hatte.

Die Grablege des Obristen von Raitenau

In der Salzburger Stiftskirche von St. Peter ist in der sogenannten Rehlingenkapelle das mächtige und prächtige Grabdenkmal für den Obristen Hans Werner von Raitenau, den Vater des Erzbischofs Wolf Dietrich, aufgestellt. Allerdings steht es erst seit 1903 in dieser Kapelle. Vorher war es im nördlichen Seitenschiff, denn dorthin hatte es

Erzbischof Paris Lodron umsetzen lassen, ursprünglich hatte Wolf Dietrich dieses kostbare Hochgrab inmitten der Stiftskirche aufstellen lassen, genau über dem Grab seines Vaters im Fußboden der Kirche. Und zwar geschah das vor vierhundert Jahren, also im Jahr 1597. Vier Jahre zuvor war der Obrist in St. Peter bestattet worden, so lange dauerte es, bis dieses marmorne Grabmal, welches im Hochrelief die Liegefigur in Harnisch mit Helm und Schild zu den Füßen zeigt, fertig war. Mit einer Inschrift und mit Wappen an den Seitenwänden versehen, wird diese Arbeit dem Bildhauer Veit Eschay zugeschrieben.

Hans Werner von Raitenau war kaiserlicher Obrist und ein durch und durch angesehener Kriegsmann. 1592 zog der Offizier mit seinem Regiment in den Türkenkrieg nach Kroatien. Dort diente auch der älteste von den Brüdern Wolf Dietrichs, Jakob Hannibal, als Oberst des von Wolf Dietrich aufgestellten Regiments. Und er berichtete seinem hochfürstlichen Bruder nach Salzburg, daß das kaiserliche Regiment, über welches der Herr Vater „Obrister" sei, in Agram mit höchstem Mangel und äußerster Not liege. Es fehle an Proviant und Kleidung, viele müßten ohne Schuhe barfuß gehen und von den 2.700 Mann seien nur mehr 1.800 vorhanden, unter denen vielleicht bis zu 300 vor dem Feind zu gebrauchen wären. Und er meinte, es gehe dem Vater nicht gut vor lauter Kümmernis, wie er sein Volk leiden sehen müsse. Am 19. Jänner 1593 schrieb Hans Werner selbst an Wolf Dietrich: „Es nimpt die Stercke dess Leibs bei mier ab, kahn beschwerlich ghen."

Grabdenkmal des Obristen Hans Werner von Raitenau – Dieses marmorne Hochgrab, vermutlich von Veit Eschay (gestorben 1603 in München) wurde 1597 in der Kirche von St. Peter aufgestellt.
Bild: Carolino Augusteum

Er teilte seinen Wunsch mit, aus dem Dienst zu scheiden, und dies gelte auch für einen weiteren Sohn, Hans Ulrich, der Offizier in seinem Regiment war. Doch am 4. April 1593 zwischen 11 und 12 Uhr vormittags starb Hans Werner von Raitenau in Scombor. Nur der Sohn Hans Ulrich war zugegen, Jakob Hannibal traf zu spät ein. Er meldete den Tod des Vaters nach Salzburg, und Wolf Dietrich ordnete die Überführung der Leiche nach Salzburg an. Jakob Hannibal ließ den Leichnam des Vaters in Pettau kirchlich und militärisch verabschieden. Am 3. Mai 1593 traf die Leiche in Salzburg ein, wurde in der St. Sebastianskirche aufgebahrt, und von dort zog dann der Leichenzug in die Stiftskirche von St. Peter.

Wolf Dietrich hatte für diesen Anlaß einen eigenen Trauerornat anfertigen lassen und eben durchgesetzt, daß sein Vater mitten in der Stiftskirche seine letzte Ruhestätte zu finden hatte. Als vor Jahren bei der Renovierung von St. Peter archäologische Grabungen im Kircheninneren durchgeführt wurden, wurde der Sarkophag des Hans Werner von Raitenau aus dem Boden gehoben, geöffnet und untersucht. Das Skelett zeigte, daß die zeitgenössischen Beschreibungen richtig waren, daß der Offizier von eher kleinerer gedrungener Gestalt war, Lederteile des Koppels seines Degens waren erhalten und neben ihm lag sein Degen. Und auf den Brustknochen lagen die roten Barthaare des Obristen. Es war, das muß ich sagen, bei den wenigen Menschen, die wir an dieser Exhumierung teilnehmen durften, ein ehrfurchtvolles Schweigen in der Runde. Schließlich wurde der Sarkophag geschlossen und nach den Grabungen genau an der gleichen Stelle in der Kirchenmitte beigesetzt, wo Hans Werner von Raitenau seine Ruhestätte gefunden hat.

Die Herren von Goldegg

Seitdem im 16. Jahrhundert die im Pongau dem Lauf der Salzach folgende Straße zwischen Schwarzach und Lend von den St. Veit- und Goldegger Terrassen herab in das enge Salzachtal selbst verlegt wurde, ist der kleine Ort Goldegg, der mit seinem gleichnamigen Schloß und dem kleinen See eines der reizvollsten Ortsbilder des Gaues darstellt, still und einsam geworden. Mit diesem Satz hat der

Salzburger Historiker und Landesarchivar Herbert Klein vor fast 60 Jahren eine Arbeit über die Herren von Goldegg eingeleitet, die zeigt, wie wichtig diese Besitzung einst gewesen ist.

Heute liegt Schloß Goldegg ja völlig verkehrsfern in idyllischer Lage, doch im 15. Jahrhundert war dieser Besitz heftig umstritten.

Herr Haug von Goldegg war Erbschenk des Hochstiftes, also des Landes Salzburg, und er war der letzte männliche Sprosse des vornehmsten Salzburger Dienstmannengeschlechts. Er starb am 19. September des Jahres 1400. Damals waren Macht und Reichtum der Familie schon gesunken. Die Wende war zur Zeit Wulfings I. von Goldegg gewesen, der 1343 starb. Er war in den Streit um den deutschen Thron geraten, weil er als Anhänger Ludwigs des Bayern in schwere Konflikte mit seinem Dienstherrn Erzbischof Friedrich III. geriet, der ein Parteigänger Friedrichs des Schönen war. Man ging ja nicht fein miteinander um, und so waren etliche Besitzungen und Burgen der Goldegger verwüstet worden, und sie waren zu verschiedenen Abtretungen, aber auch Verkäufen gezwungen worden, wie der Gerichte Taxenbach und Gastein, denn diese Landstriche gehörten den Goldeggern.

Haug von Goldegg, der Enkel Wulflings I., war finanziell so schlecht gestellt, daß er zusammen mit seinem Bruder Hans den gesamten Besitz seinen mütterlichen Verwandten, den Herren von Abensberg in Bayern, verschrieb, weil er deren Unterstützung erlangen wollte. Doch noch in seinem letzten Lebensjahr widerrief er diese Schenkung, weil ihn die Familie in all seinen Nöten verlassen hätte. 1398 verkaufte er dem Erzbischof die Salzpfanne und seinen Berganteil zu Hallein, dann Sieden zu Goldegg mit zugehörigen Wäldern im Dientental, und er erhielt dafür Schloß und Landgericht Taxenbach als Lehen.

So gesehen war der Besitz noch immer gewaltig groß. Er umfaßte Schloß Goldeggerhof und die Hofmark Wagrain mit den dazugehörigen Gütern und Urbaren. Doch war der größte Teil wiederum an ritterliche Vasallen, an Bürger und an Bauern als Lehen weitergegeben worden. Das ursprüngliche Stammschloß stand in Altenhof, etwa 1 km westlich vom jetzigen Goldegg an der Straße nach Lend. Erzbischof Friedrich hatte diese befestigte Burg in der Zeit nach der Schlacht bei Mühldorf 1322 niederreißen lassen. Ein Jahr später erlaubte er jedoch, das neue Schloß an der jetzigen Stelle zu errichten, wobei gleichzeitig das Dorf Goldegg hierher verlegt wurde.

Haug von Goldegg hatte nur eine Tochter, Dorothea, aus der Ehe mit Elisabeth von Freundsberg. Dorothea von Goldegg war wiederum mit einem Freundsberger verheiratet. In seinem Testament wollte Haug von Goldegg Streitereien aus dem Weg gehen. Er widerrief die ursprüngliche Übergabe an die Abensberger, vermachte dem Erzstift alle seine Aktivlehen und Vogteien, außerdem sollte Taxenbach wieder an den Erzbischof zurückfallen. Der Tochter vermachte er außer ihrem mütterlichen Erbteil an Gütern in Südtirol Schloß Goldegg, die Hofmark Wagrain, einen Narrwald in der Rauris, sowie Manns- und Weiberlehen von den Herzogen von Bayern. Sollte Dorothea keine Erben haben, sollte Goldegg, Wagrain und das Zubehör an das Erzstift fallen.

Bis zum Tod der Dorothea hielten die Verträge. Doch dann kam es zu schweren Auseinandersetzungen, die bis in die Zeit der Reformation und Gegenreformation anhielten.

Demolierung der Franziskanerkirche verhindert

Mehrmals schon habe ich über die Salzburger Franziskanerkirche geschrieben. Kein Wunder, denn dieses Gesamtkunstwerk aus Romanik, Gotik, Renaissance und Barock ist von europäischem Rang. Hier ist die Synthese von Zeiten und Baustilen in Vollendung geglückt.

Wäre es allerdings nach dem Willen des letzten geistlichen Landesfürsten Erzbischof Hieronymus von Colloredo gegangen, wäre dieses Erbe nicht auf uns gekommen. 1787 ließ der Erzbischof das alte Brunnmeisterhaus, das einzustürzen drohte, demolieren, um durch einen Neubau die Franziskanerstraße zu verbreitern, und er baute die gegen Westen gelegenen Partien der Residenz um. Gleich drei Männern gab er den Auftrag, je einen Plan für den Neubau zu entwerfen. Es waren dies Louis Grenier, Cameral- und Landschaftsarchitekt des Erzbischofs, Wolfgang Hagenauer, Hofbauverwalter, und Georg Laschenzky, Hof-Maurermeister. Und gerade von Laschenzky gibt es eine handschriftliche Niederschrift seiner Unterredung mit dem Erzbischof, die er hinterlegte und die sein Enkel erst gegen Ende des 19. Jahrhunderts freigab und die dann vom Regierungsarchivar

Friedrich Pirckmayer ediert wurde. Danach hat der Erzbischof Laschenzky gesagt, er soll eine Zeichnung machen zur Vergrößerung des Residenzgebäudes und er könne noch mehr Wohnungen schaffen, denn, so heißt es in der Niederschrift „das Langhaus von der Franziskaner-Kirchen muß abgebrochen werden, denn es ist mehr einer Stallung nöthig als einer Kirchen. Aus der gothischen Rotunda, wo der Hochaltar steht, wird die Hofkapelle – die Altäre an den Seiten-Gängen werden abgetragen und da ohnehin in der Domkirchen kein Platz mehr ist, wo für einen Erzbischof ein Epitaphium – also ein Denkmal – kann aufgestellt werden, so können selbe in der Hofkapelle ... hinkommen; ... durch die Abtragung des Langhauses bekommt diese Gassen eine schenere Breite und das Kienburgische Gebäude ein besseres Ansehen." In dieser Tonart ging es nach Baumeister Laschenzkys Bericht weiter.

In der Niederschrift folgen die Sätze: „Man kann sich denken, daß ich alle meine Fassungskräfte aufbot, (als ich) Ihn aus denen mitgebrachten alten Grundrissen auf der Stelle die Ausführbar-, oder Unausführbarkeit erklären mußte. Nach einigen von mir gemachten Anständen und Erklärungen wurde ich entlassen mit den Worten: Meine ihm gemachte Aufgab' besonders wegen der Franziskaner Kirchen verschweig' er jedermann!" Ganz tiefsinnig ging ich schwankend nach Hause ...

Die drei Bauleute mußten planen und zeichnen und – schweigen. Laschenzky war glücklich, als ihn der General-Einnehmer der Kammer, Baron Nepomuk Rehling, ein Vertrauter des Erzbischofs, zu sich holte und ihm mitteilte, er wisse über die Baupläne und den Abriß des romanischen Teils der Franziskanerkirche Bescheid. Jetzt konnte der Baumeister offen von seinen Sorgen reden. Rehling meinte, er verstehe diese Sorgen, denn von der Hofbesoldung könne er mit seiner Familie nicht leben. Die Geistlichkeit und die Bürgerschaft aber zum Feind zu haben, würde ihn in Armut stürzen. Er gab den Rat, zwei Zeichnungen zu machen, eine, wenn die Kirche stehenbleibe, und eine, wenn sie abgebrochen wird, „diese kleben sie so aufeinander, daß eine von der anderen kann getrennt werden. Für das Übrige lassen Sie mich sorgen." Soweit Rehling.

Und als das Brunnmeisterhaus abgetragen war und Laschenzky wieder bei Rehling vorsprach, weil er jetzt mit dem Abriß der Kirche beginnen sollte, gab dieser ihm den Rat, einstweilen den Bauschutt hin- und hertransportieren zu lassen. So blieb die Franziskanerkirche erhalten. Der Erzbischof hatte bald andere Sorgen und mußte Salzburg verlassen.

Neue Funde in der Residenz

Als Wolf Dietrich von Raitenau 1587 Salzburger Erzbischof und Landesherr wurde, war seine Residenzstadt ein kleiner mittelalterlicher Ort mit einer bescheidenen Bischofsburg, neben dem Domfriedhof gelegen und von Bürgerhäusern eingeschnürt. Der Haupteingang war dem Alten Markt zugewendet. Dieser Teil der Burg hieß Rinderholz, weil dort beim wöchentlichen Viehmarkt die Rinder an einem hölzernen Pfosten angebunden waren. Der neue Herr lehnte es ab, gemeinsam mit den verschiedenen Hofschranzen und Beamten das Essen einzunehmen. Der bischöfliche Haushalt avancierte von „fürstlich" zu „hochfürstlich".

Wolf Dietrich wollte seiner Residenz ein neues Gesicht geben. Er ließ das Schloß Neugebäude – das heutige Glockenspielgebäude – als vornehme Absteige für seine Gäste erbauen, übersiedelte aber selber dorthin, als er im großen Stil die alte Burg umzubauen begann.

Der erste Bischofshof entstand um das Jahr 1120, wurde mehrfach umgebaut, aber erst durch Wolf Dietrich zum großen, repräsentativen Schloß. 1597 begann der Abriß des Rinderholz-Traktes zum Alten Markt hin; er wurde um 15 Meter zurückversetzt und neu errichtet. Die alte Käsgasse, ausgehend von der heutigen Churfürststraße schräg über das Areal in die Franziskanergasse führend und die dort angesiedelten Bürgerhäuser mußten weichen, denn dort wurde der Wohntrakt für Salome Alt und die Kinder (heute ein Teil des Toskanatraktes) errichtet.

Der Umbau der Residenz für die Universität brachte ja bereits die Landkartengalerie, herrliche Fresken, die einen Weltatlas darstellen, an das Tageslicht, dann die Jahreszeiten-Friese und vor allem die manieristische Sala terrena, ein Bau der Spätrennaisance, wie es ihn in Österreich wohl kein zweites Mal gibt. Hinzu kamen archäologische Funde, so der europaweit größte Schatz an mittelalterlicher

Keramik und Küchengeschirr, vor allem auch aus dem damals weggerissenen Gasthaus „Schinagl". Beim Toskanatrakt war das Architektenteam Prossinger-Windisch-Garstenauer am Werk. Und nun ist Franz Fonatsch beauftragt gewesen, den Haupttrakt der Residenz vor allem für die Universität zu renovieren. Und wieder traten sensationelle Funde zutage.

Wolf Dietrich ließ einen gewaltigen Keller bauen, der an Residenzplatz und Alten Markt grenzt. Auf alten Bauplänen war vage eine Stiege eingezeichnet, die nicht mehr vorhanden war. Fonatsch legte eine überaus breite, schrittfeste Stiege frei, die – vermutlich in den Weinkeller führte. Doch an den Konglomeratsäulen dieses Kellers ist zu erkennen, daß er ursprünglich höher gewesen ist, dann wurden die Gewölbe demoliert, die Säulen durch weitere Konglomeratblöcke verstärkt und neue Gewölbekuppen aufgesetzt. Der Fürst hielt nichts von Baumodellen. Er baute stets 1:1 – und was ihm nicht gefiel, ließ er wegreißen und neu und anders wieder errichten. Das gilt vermutlich auch für diesen Keller, der allerdings eine Dimension hat, daß es denkbar wäre, daß hier zumindest zeitweise auch Wachmannschaften untergebracht waren. Nichts ist bewiesen.

Der Keller war nicht als solch gewaltiger Bau zu erkennen, denn die Säulen waren verbaut worden, besonders in der NS-Zeit wurden viele Einbauten mit Zwischenwänden vorgenommen. Als Fonatsch auch noch den Betonboden abtragen ließ, trat unversehrt der alte Kellerboden aus Bachsteinen hervor.

Fund 2 gelang beim Einbau eines Liftes, denn plötzlich wölbte sich im Mauerwerk ein Torbogen von rund drei Meter Breite. Ein Torbogen im ersten Stock in das Freie? Eine erste Überlegung war, ob diese Mauer nicht vielleicht älter sei und sich hier ein Ausgang in einen schneckenförmigen Aufgangsturm befand, wie es ihn zum Beispiel in Venedig am Palazzo Contarini del Bovolo gibt. Ein Hinweis ist in der salzburgischen Chronica zu finden, wo es in der Amtszeit des Erzbischofs Matthäus Lang von Wellenburg (1519–1540) heißt, er erbaute „den Schneggen, auch die schön herrlich große Stuben und Türniz zu Hof neben des Schneggen mit den Fenstern an Hof hinaus, darinnen dreißig Tisch voll und geraumb gesezd mügen werden". Es gibt eine bessere Erklärung: Erzbischof Wolf Dietrich übersiedelte, als er die alte Bischofsburg zerlegte und zur Residenz umformte, in das Schloß Neugebäude. Er verkleinerte den Domfriedhof und ließ eine zweigeschossige Friedhofmauer vom Neugebäude zur Residenz bauen, auf deren Obergeschoß er zwischen den beiden Schlössern ungesehen und trockenen Fußes über den Residenzplatz gehen konnte. Hübner schrieb in seiner Beschreibung der Residenzstadt Salzburg (1792): „Sobald die Freythofmauer zurückgesetzt war, ließ der Erzbischof einen zwey Geschosse hohen Gang von dem Hofe bis hin an den Neubau aufführen. Der innere Theil der Freythofmauer wurde gewölbt, und das Gewölbe auf Pfeiler gesetzt, worunter man vom Regen geschützt durchgehen konnte und wo die Bürger ihre mit der alten Mauer zugleich abgebrochenen Grabtafeln wieder einmauern liessen. Dieser Gang stand nur wenige Jahre, als der Erzbischof denselben wieder abbrechen, und die ganze Freythofmauer wegräumen ließ..."

Inzwischen hatte ein Brand den Dom vernichtet und Wolf Dietrich ließ den neuen Dom, umgeben von weiten Plätzen, planen, ließ dazu den Domfriedhof auf und baute großflächig die Residenz um. Ein eigener Gang führte nun in das Gebetsstübchen, das er durch die Kirchenmauer der Franziskaner bauen ließ. Das war seine provisorische Hofkirche.

Der Torbogen im 1. Stock aber war möglicherweise der Einstieg in den Gang zum Neugebäude. Wo dieser Gang angesetzt war, wissen

Der prunkvolle Keller der Residenz – 1997 wurde bei Umbauten für die Universität der durch Wolf Dietrich errichtete Keller von späteren Einbauten und Betonböden freigelegt. Nun zeigt sich der riesige Raum mit seinem wuchtigen Gemäuer wieder in voller Schönheit. Bild: Foto Factory

wir nicht mehr. Doch das wäre eine plausible Erklärung, über die nachzudenken und nachzuforschen sich lohnt.

Immer wieder hieß es, Wolf Dietrich habe die alte Bischofsburg restlos beseitigen lassen. Spätestens seit Richard Schlegel wissen wir, daß das so nicht stimmt. Am 20. Jänner 1942 wurde die Winterkälte durch plötzliche Warmluft abgelöst. So bildete sich an den Mauern unbeheizter Räume Rauhreif. Am Trakt der Residenz zum Domplatz hin stachen von den Rauhreifbildern die verschiedenen Mauerwerke vor der Zeit und aus der Zeit Wolf Dietrichs hervor. Schlegel dokumentierte dies durch Fotos. Das Erdgeschoß dieses Traktes, etwa einen halben Meter unter dem heutigen Niveau, ist noch spätmittelalterliche Bausubstanz. Franz Fonatsch legte jetzt ein Portal frei, welches in die damals ebenerdigen Räume führte, die vermutlich Wagenremisen waren und ähnlichen Zwecken dienten und von der Domplatzseite her Einfahrten hatten. Dieses Erdgeschoß enthielt Säulen, auf die breitgezogene Gewölbekappen gesetzt sind; heute ist dieser Raum unterteilt, doch hat der Architekt Sorgfalt aufgewendet, um die ursprüngliche Raumform sichtbar bleiben zu lassen.

Die neuen Funde bekräftigen die Bedeutung Wolf Dietrichs als Bauherr, der Salzburg aus dem Mittelalter herausführte. Die von ihm erbauten Prunkräume und der Karabinierisaal legen dafür Zeugnis ab. Die Barockzeit der Fürsten begann.

Römerfunde auf dem Bürglstein

Beim Stöbern in alten Salzburger Schriften stieß ich auf ein broschürtes Bändchen aus dem Jahr 1876. Verfasser war Franz Anthaller, Professor der Katechetik und fürsterzbischöflicher Geistlicher Rat, der ein geradezu hymnisches Büchlein über Josef Rosenegger, Gutsbesitzer, Kunstgärtner und Weinwirt am Bürglstein, verfaßt hat. Es stellte sich heraus, daß Anthaller der Enkel Roseneggers gewesen ist. Der Vater Josef Roseneggers, Johann Rosenegger, hatte am Bürglstein, also in der Vorstadt zum Äußeren Stein in Salzburg, ein Haus erworben, hatte Glashäuser errichtet und damit solche botanische Erfolge erzielt, daß Lorenz Hübner in seiner Beschreibung der Residenzstadt Salzburg bewundernd festgehalten hatte, daß „in der Höhe am

Bergabhange einige Gärten mit Trauben, Blumen, und wälschen Früchten von bester Gattung nebst schönen Wohngebäuden" zu sehen seien. Selbst der Landesfürst, Erzbischof Sigmund Graf von Schrattenbach, besuchte den erfolgreichen Gärtner, der mitten im Winter mit frischen Blumen und Früchten aufwartete, zu wiederholten Malen. Der Fürst pflegte Rosenegger scherzend „Hexenmandl" zu nennen.

Die Ehe Johann Roseneggers blieb kinderlos; die Frau starb. Der Witwer wurde wiederholt gefragt, ob er denn nicht wieder heiraten würde. Er besuchte fleißig die sogenannten Bürgertage, das waren Treffen von Salzburger Bürgern in jeweils anderen Gasthäusern. Eines Tages war Bürgertag beim Stieglbräuer und der 54jährige Rosenegger wurde bald wieder gefoppt, wann er denn wieder heiraten würde, und man nannte ihm verschiedene Kandidatinnen. Der Mann lachte und meinte, sollte er heiraten, könnte er nur eine solche brauchen, die genagelte Pantoffeln trage. Die Bürger lachten, doch plötzlich trat die 19jährige Kellnerin vor Rosenegger, zog einen genagelten Pantoffel vom Fuß und reichte ihn Rosenegger mit den Worten, sie habe genagelte Pantoffeln: „Da müßt Ihr mich heiraten." Aus dem Spaß sollte bald Ernst werden. In der ganzen Stadt wurde herumerzählt, daß der 54jährige Rosenegger eine 19jährige Müllerstochter heiraten wolle. Das schien unerhört. Der Brautwerber wurde sogar zum Landesfürsten gerufen, der meinte, so ein junges Ding dürfe der Gärtner nicht heiraten. Als dieser entgegnete, auch seine Braut würde darauf bestehen, wurde auch sie vor den Bischof zitiert. Als aber auch die Brauteltern zustimmten, wurde allerhöchsten Ortes die Heiratsgenehmigung erteilt, die Hochzeit war im Jahre 1760, und die Ehe dauerte 33 Jahre, denn dann, im Jahr 1793, starb der 87jährige Greis. Doch das Ehepaar hatte 6 Kinder in die Welt gesetzt. Darunter Josef, der 1767 geboren worden war und der den Bürglstein übernahm und bald durch seine römischen Ausgrabungen berühmt wurde, und Sebastian, der Ökonomie-Verwalter und Gärtner im fürstlich-schwarzenbergischen Gut in Aigen wurde, der die Allee und den Park um Schloß Aigen anlegte.

Alle Kinder wurden sehr streng erzogen. In der Fastenzeit gab es überhaupt kein Fleisch, die ganzen 40 Tage lang. Ansonsten bekam der Vater öfters ein Stück, die Kinder das ganze Jahr über kaum. Und in der Fastenzeit hätte man auch keines bekommen, da es nur einem einzigen Fleischer gestattet war, für Kranke Fleisch zu verkaufen. Die Kinder erhielten Wasser als Getränk, der Vater trank Bier. Zu

Fronleichnam, Pfingsten, nach der Firmung und bei anderen besonderen Gelegenheiten erhielten die Kinder Met zu trinken. Das alltägliche Essen waren meist Suppen, nämlich Milch-, Schotten-, Käse-, Schmalz- und Brennsuppen. Oder es gab Knödel, Nudeln und Gemüse, an Festtagen gebackene Mehlspeisen, Erdäpfel waren zu dieser Zeit, in der zweiten Hälfte des 18. Jahrhunderts, in Salzburg nicht bekannt.

Die Beschreibungen aus dem Leben Josef Roseneggers und seiner Geschwister sind ein Sittenbild des späten 18. Jahrhunderts. Die Kinder lernten lesen, schreiben und rechnen, ansonsten aber mußten sie arbeiten. Die Mädchen mußten stricken und spinnen, im Haushalt helfen und auf die kleineren Kinder aufpassen, die Buben hatten dem Vater an die Hand zu gehen. Am Abend, insbesondere an den Samstagen, wurde aus einem Erbauungsbuch vorgelesen. Die Buben trugen Kniehosen, Strümpfe und Schuhe, eine lange Weste und ein Halstuch, Rock und Hut. Waren sie Bürgerkinder, flochten sie, wenn sie größer geworden waren, die Haare in einen Zopf und puderten sich. Dieser Zopf und der Puder gehörten zum Festschmuck jedes Mannes. Selbst der Soldat erhielt Pudermantel, Pudermehl und Puderbeutel, und auch die Alumnen des Priesterseminars hatten gezopft und gepudert im Dom zu erscheinen.

Man kannte keine spezielle Sommer- und Winterkleidung. Im Winter hingen die Knaben ein Mäntelchen um, die Mädchen ein warmes Tuch. Man kannte nur eine Feiertags- und Schul- und eine Werktagskleidung. Zu Hause mußten die Kinder die besseren Kleider ausziehen, besonders mußte mit den Schuhen gespart werden. Man ging barfuß, in der schlechten Jahreszeit mit Holzpantinen. Das galt genauso für Dienstboten und geringere Leute, die eben nicht im Bürgerstand waren.

Strafen hagelte es bei jedem kleinen Vergehen, sowohl vom Vater und noch mehr von der Mutter.

Josef Rosenegger erlernte das Handwerk des Kunstgärtners beim Vater und wurde dann Lehrjunge im Hofgarten zu Hellbrunn. Dort erhielt er schließlich den Freisagebrief, geschmückt mit dem Wappen des Erzbischofs. Dann ging der junge Geselle auf Wanderschaft, um in Hofgärten und Anlagen des Hochadels noch weiter zu lernen. Er zog durch die Schlösser Ober- und Niederösterreichs, Böhmens, Mährens und Schlesiens. Doch drei Jahre später wurde der Gärtner nach Hause gerufen, weil der neue Landesfürst, Erzbischof Hieronymus Graf Colloredo, den Besitz am Bürglstein, der dem Priesterseminar gehörte, veräußern wollte und dabei an den tüchtigen Rosenegger dachte.

Der Grund, warum dem Seminar der Besitz weggenommen wurde, war folgender Anlaß: Der Erzbischof machte eines Tages einen Spazierritt vor das Michaelstor, und als er an die Stelle kam, wo heute die Karolinenbrücke ist, sah er, wie ein Kahn an der Landzunge des Bürglsteins landete und aus ihm zwei städtisch gekleidete Frauenzimmer stiegen, die von einer Schar von Alumnen, also Priesterstudenten, erwartet wurden. Es gab eine scharfe Untersuchung. Das Ganze war harmlos. Ein Alumne hatte seiner Schwester erzählt, wie schön der Bürgelstein sei, auf dem sich die Theologen ergingen. Die Schwester wollte diese reizvolle Landschaft sehen, nahm eine Freundin mit. Man plauderte, schaute sich das Gelände an und das wars. Der Landesherr aber zürnte und beschloß schnurstracks, den gesamten Bürglstein zu veräußern.

Der Landschaftsgärtner Josef Rosenegger (um 1825) – Stolz ließ sich der Besitzer des Bürglsteins von Anton Reiffenstuhl (1786–1848) mit einem Römerfund in Händen porträtieren.
Bild: Carolino Augusteum

Josef Rosenegger machte daraus einen kulturellen Anziehungspunkt, nämlich eine romantische Parkanlage, wobei die besondere Attraktion ein Antikenkabinett war, das er einrichtete, weil er 1791 bei seinen gärtnerischen Arbeiten auf ein römisches Gräberfeld gestoßen war. Die Zeitungen schwelgten alsbald in hohen Tönen vom „Pompei des Nordens", denn unentwegt kamen neue Funde zutage. Der Kunstgärtner Josef Rosenegger hatte durch die Gunst des Erzbischofs im ausgehenden 18. Jahrhundert das Gut Bürglstein erwerben können und hatte es zu einer auch von Fremden besuchten Attraktion ausgebaut. Ein Landeplatz gestattete das Anlegen von Salzachbooten, im Stil der romantischen Zeit gab es Treppen, Aussichtsterrassen, Obelisken und Statuen, dazu seltene Pflanzen, Sträucher und Bäume. Und der Bürglstein wurde zur ergiebigsten Stelle von Römerfunden. Der Gärtner puddelte bald Ringe, Halsgeschmeide, Waffen, Tonlampen und Urnen, Fibeln, Tränenfläschchen, Statuetten aus Bronze, Alabaster und Ton aus der Erde. Zuerst in einem eigenen Antikenkabinett ausgestellt, begann das Ehepaar Rosenegger bald einen schwungvollen Handel. Die Porträts der beiden hängen heute im Museum Carolino Augusteum und zeigen ein biederes geachtetes Bürgerpaar, dem man nicht ansieht, welch wunderbare Vermehrung die Antikenfunde erfuhren. Schon im Jahr 1804 erhielt Rosenegger die Chance, der Gemahlin von Kaiser Franz I. römische Münzen und Schmuckstücke zu überreichen. Ab 1816 erfolgte die totale Leerung des Gräberfeldes. 1835 waren die Gräber erschöpft. Die Sammlung sollte zuerst an den österreichischen Kaiser verkauft werden, doch Wien lehnte ab, weil der Verdacht aufgetaucht war, daß Problemstücke unter den Funden zu finden wären. Doch König Ludwig I. von Bayern erwarb in zwei Etappen 1833 und 1837 den überwiegenden Teil der Roseneggerschen Sammlung. Sehr bald erkannten Fachleute, daß in dieser Kollektion sich viele Falsifikate, also Fälschungen befanden, meist Statuetten aus weißem Ton, recht geschickt gemacht, denn diese Figürchen sahen den Originalfunden täuschend ähnlich. Es war niemand Geringerer als der berühmte Theodor Mommsen und Otto Jahn, die diese Fälschungen aufgedeckt hatten. Doch im Hinblick auf den König blieb man schweigsam. Erst nach seinem Tode wurden nicht nur die Fälschungen ausgesondert, sondern die gesamte Sammlung wurde im Depot eingemottet.

Solange Rosenegger seine Funde selbst ausgestellt hatte, waren zwar zahlreiche begeisterte Artikel erschienen über Pompei oder Herculaneum auf deutschem Boden, doch die Salzburger selbst hatten sich nicht besonders dafür interessiert. Als jedoch die Meldung publik wurde, König Ludwig habe die Sammlung angekauft, strömten die Besucher auf den Bürglstein. Doch da waren die Räume, in denen die Exponate aufgestellt waren, längst mit bayerischem Siegel verschlossen. Fremde jedoch hatten wiederholt den Bürglstein besucht.

Rosenegger verkaufte das Gut. 1844 wurde er im Inneren Stein beim sogenannten Englwirtsbühel von hinten von einem Wagen niedergestoßen, die Räder rollten über seinen Unterleib. Er vegetierte als Schwerbehinderter zwei Jahre dahin und starb am 31. Oktober 1846 und wurde, wie schon zuvor seine Frau, im Familiengab in der Pfarre Gnigl beigesetzt.

Auf römischen Straßen

Wie sich das Gebiet des Landes Salzburg veränderte, als die Römer 15 v. Chr. sich das Königreich Noricum einverleibten, hat der Althistoriker Norbert Heger in einem knappen, aber profunden Beitrag in der Ortschronik von Altenmarkt im Pongau, die in drei Bänden erschienen ist, beschrieben.
Lebten die Kelten noch ohne jede monumentale Architektur und ohne Kenntnis der Schrift, so waren sie doch als Techniker hervorragend, wie der Salzbergbau und die Eisenverarbeitung bezeugen. Als nun die Römer das Gebiet besiedelten, kam es zu einer starken Veränderung der bisherigen Naturlandschaft. Die Römer bauten Brücken und Straßen, erstellten architektonische Bauten und der bisherige Tauschhandel wandelte sich zu einem umfassenden Handelsgeschäft. Das römische Salzburg aber kannte noch keine Bauerndörfer, sondern nur große Anwesen, also Gutshöfe, die völlig allein lagen. Rund 50 römische Gutshöfe sind bis heute bekannt, davon liegen vier Fünftel im Alpenvorland und im Salzachtal nördlich des Paß Lueg und nur ein Fünftel in den inneralpinen Tälern von Salzach und Saalach und dem Lungau. Daraus ist abzuleiten, daß der Ackerbau die wichtigste Wirtschaftsform gewesen ist. Doch die römischen Güter produzierten nicht nur landwirtschaftliche Erzeugnisse, sondern auch gewerbliche, etwa Töpferwaren und zwar nicht nur für den Eigenbedarf, sondern auch für den Handel. So ein römischer Bauerhof bestand aus einem meist recht feudalen Hauptgebäude, umgeben von den Zugebäuden, darunter ein Badehaus, Kornspeicher, Scheunen, Stallungen, Werkstätten und Geräteschuppen. Ja, es gab zudem noch eine eigene Begräbnisstätte für die Bewohner dieser Großanlage. Das Ganze war von einer Mauer umschlossen.
  Wichtig war die Möglichkeit, eine der römischen Staatsstraßen zu erreichen. Insgesamt umfaßte das römische Straßennetz weltweit

zwischen 80.000 und 100.000 Kilometer, die Fülle von Nebenstraßen gar nicht gerechnet. Und in unserem Gebiet hat sich bis in das späte 19. Jahrhundert der Verkehr noch immer auf dem Grund römischer Straßen abgewickelt. Erst der Ausbau moderner Schnellstraßen änderte die Situation. Heute gibt es nur mehr wenige römische Straßentrassen, aber noch immer um die 350 römische Brücken, die entweder ganz oder teilweise stehen. An diesen Straßen lagen in der Entfernung einer Tagesreise Raststationen, und Meilensteine zeigten jeweils an, wieviele Meilen man noch zurückzulegen hatte, um die nächste Station oder Stadt zu erreichen. In erster Linie dienten die Römerstraßen dem raschen Fortkommen von Soldaten zu Fuß oder zu Pferd und der Staatspost, die auch Beamte und Kuriere beförderte. Doch der zunehmende Handel brachte eine starke private Nutzung sowohl im Personen- wie im Güterverkehr. Und es gab Straßenkarten für das gesamte römische Weltreich. Die Nationalbibliothek in Wien besitzt die einzige erhaltene römische Straßenkarte, die sogenannte Tabula Peutingeriana, so genannt nach ihrem Besitzer, und sie ist eine Abschrift einer römischen Karte, die aus dem 12. oder 13. Jahrhundert stammt. Auf ihr sind auch die Straßen durch unser Land eingezeichnet. Es sind dies die Fernstraßen einmal durch das Alpenvorland von Salzburg über Augsburg zum Bodensee an den Rhein, dann die Straße von Salzburg über Wels nach Enns und die Donau abwärts und schließlich die Straße von Salzburg über die Alpen an die Obere Adria. Diese Straße hatte einen Salzburger Anteil von 90 Meilen, das sind 133 Kilometer, und auf der Karte sind fünf Raststationen eingezeichnet. Bisher sind 46 Meilensteine gefunden worden, wodurch es möglich geworden ist, ungefähr die Straßenführung festzulegen. Von Salzburg führte die Straße am rechten Ufer der Salzach durch den Paß Lueg bei Pfarrwerfen, wendete sich und ging durch das Fritz- und Ennstal, führte über den Paß des Radstädter Tauern entlang dem Thomabach und der Mur in die Steiermark. Von den fünf Raststationen ist jedoch nur eine durch Ausgrabungen erforscht, nämlich Immurium bei Schloß Moosham im Lungau.

Und es ward Licht

Das Salzburger Beleuchtungshaus Schmidt hat anläßlich eines Jubiläums eigene Lampenentwürfe aus drei Generationen ausgestellt. Bei dieser Gelegenheit hat der Geschäftsführer des Unternehmens, Heinz Slipek, der sich seit Jahren mit historischen Themen Salzburgs befaßt, auch Materialien zur Beleuchtungsgeschichte Salzburgs zusammengetragen. Bis zum Jahr 1859 gab es in Salzburg nur Fackeln, Wachskerzen und Öllampen. Valentin Zillner, der Salzburgs Stadtgeschichte schrieb, erwähnte, daß der Fürsterzbischof Hieronymus von Colloredo neben dem Pflasterungs- auch das Beleuchtungswesen auf einen neuen Fuß stellte, indem er namhaft die Zahl der Laternen vermehrte. 1748 ließ er zur Verbesserung der Stadtbeleuchtung, die bis dahin durch Pechpfannen erfolgte, fünf Öllaternen, nämlich zwei unter dem Ritzerbogen, zwei auf der Brücke und eine auf einem anderen Bogen aufstellen. Die Bewohner der Vorstadt Stein klagten 1797 über den gänzlichen Mangel jeder Straßenbeleuchtung. Der Magistrat gab dem Antrag nach – doch zuvor mußten die Vorstädter auf eigene Kosten fünf Laternen anschaffen und sich bereit erklären, jährlich 50 Gulden zur Laternsteuer beizutragen.

Am 16. Jänner 1859 brach eine neue Zeit an. Zum ersten Mal waren die Straßen und Plätze Salzburgs von Gaslicht erhellt. Die Menschen waren begeistert, denn das Gas brannte rein, hell, weiß und intensiv leuchtend. Die Leute zogen in Scharen durch die Stadt, denn am Mozartplatz waren eine Lyra, im Stiftshof von St. Peter ein großes Kreuz und am Regierungsgebäude auf dem Residenzplatz ein Doppeladler, alle aus kleinen Gasflämmchen zusammengesetzt, zu bewundern.

1879 gelang Edison die Herstellung der ersten elektrischen Glühlampe. Bereits vier Jahre später meldete die Salzburger Zeitung am 18. Dezember 1883 stolz, in den Auslagenfenstern des Herrn Juweliers Franz Holter am Platzl seien die ersten elektrischen Glühlichter zu bewundern. Der Effekt sei ein sehr gelungener und erhelle durch das intensive Licht auch einen Teil der Straße. Glühlampen und Batterien hatte Schlossermeister Fiedler geliefert, und als Fortschritt wurde vermerkt: „Die Farbe des elektrischen Lichtes ist eine rein weiße, die Leuchtkraft eine intensive, gegen welche die im Inneren des Gewölbes brennenden Gasflammen matt und gelb aussehen."

Am 13. Oktober 1887, vor hundertzehn Jahren also, nahm an der

Stelle des heutigen Hotel Bristol der Elektrizitätswerkbetrieb für Salzburg die erste regelmäßige Stromlieferung auf. Und schon am 14. November 1887 waren das Rathaus und die darin untergebrachten Geschäfte an das Versorgungsnetz angeschlossen. Im Mai 1888 wurde der elektrische Aufzug auf den Mönchsberg bewilligt, der außen an der Felswand gebaut wurde.

Die Versorgung mit Elektrizität wuchs sehr rasch. 1889 waren bereits 2138 Glühlampen angeschlossen, 1890 waren im neuen feudalen „Elektrizitäts-Hotel am Makartplatz", im heutigen Hotel Bristol, alle Zimmer elektrisch beleuchtet und 1892 gab es in der Stadt bereits 4.500 Glühlampen. Der Zeitung ist zu entnehmen, daß zudem die maschinelle Kraft 4.000 Pferdestärken betrage und daß das Leitungsnetz 5.000 Meter Doppelkabel umfasse.

Am Elisabeth-Kai entstand 1896 das zweite E-Werk, 1898 wurde das Wasserkraftwerk Eichetmühle errichtet, 1901 wurde die Straßenbeleuchtung in Maxglan eingeschaltet, 1903 wurden Anif, Grödig und Morzg an das Elektrizitätsnetz angeschlossen, 1909 begann der Bau des Kraftwerkes Wiesthal, und es wurden Gneis, Niederalm und St. Leonhard elektrifiziert, 1921 folgten Himmelreich, Siezenheim, Anthering, Acharting und Hallwang.

Die Apotheke vom Nonnberg

Die wohl älteste Apotheke Salzburgs, und zwar ausdrücklich als solche eingerichtet, ist im Kloster Nonnberg. Sie funktionierte bis in die Anfänge unseres Jahrhunderts. Erst als die Apotheken gesetzlich reglementiert wurden, hörte die Betreuung der Hilfesuchenden durch die Frauen vom Nonnberg auf. Die Apotheke existiert heute noch, ist jedoch nicht zugänglich, da sie innerhalb der strengen Klausur liegt. Hilfesuchende konnten sie auch nie betreten. Es gab an der Außenmauer des Klosters eine Schnur, an der man zog, worauf es in der Apotheke läutete. Dann wurde ein Korb herabgelassen, sobald man seine Wehwehchen geklagt hatte, mit den entsprechenden Salben, Tinkturen, Heilkräutern oder was immer.

Schon die Erentrudislegende aus der Gründerzeit des Klosters besagt, daß die Heilige mit Vorliebe die Siechen wartete und kranken

Kindern ihre mütterliche Sorgfalt angedeihen ließ. Im 14. Jahrhundert hatte ja die Äbtissin Margaretha am Fuß des Nonnberges bei der St.-Erhard-Kirche ein Siechenhaus gegründet, der Beginn des späteren Erhardspitals also.

Erzbischof Paris Lodron und die Äbtissin Eva Maria Fleisch von Lerchenberg führten gemeinsam eine Reform des Klosters durch, dabei wurde auch das Apothekerwesen neu organisiert. Es wurden eine Ober- und eine Unterapothekerin ernannt, denen noch zwei Laienschwestern Hilfsdienste leisteten. In den Instruktionen wurde festgehalten, daß so viel als möglich alle Ingredienzen der Medizinen im Kloster selbst bereitet werden müßten. Das Inventar aus dem Jahre 1660 zählte die Ausstattung der Apotheke auf, darunter Brennöfen, Pressen, Mörser, Retorten usw. Es gab mehrere Reiseapotheken. Als Schutzpatron der Apotheke wurde der heilige Pantaleon verehrt, der in Frankreich, speziell in Lyon, als Patron der Ärzte verehrt wurde. In der Apotheke stand eine Skulptur des Heiligen, die zum Jahrestag des Patrons festlich geschmückt wurde, und es wurde dort dann auch die St. Pantaleonslitanei gesungen.

Im Jahr 1693 ordnete die Äbtissin Magdalena II. von Schneeweiß als eine ihrer ersten Aktionen eine Umgestaltung und Vergrößerung der Apotheke an.

Um die Wende zum 18. Jahrhundert war die Oberapothekerin Frau Maria Anna Constantia von Reischnigg in hohem Ansehen. Sie war nämlich gleichzeitig Doktorin, Apothekerin und Chirurgin. In ihrem Nekrolog ist zu lesen, ich zitiere: „Hoch zu bedauern ist ihre respektive eines Weibs-Bild ungehmein vortreffliche Apothekerkunst... Dabei sie von Jahr zu Jahr sich mehrers perfektioniert... und in solchem Ruhm und aestimation ihrer Kunst stand, daß Hoch und nieder pershonen bey ihr Rath eingeholet und Medicamente verlangt haben. Doch ist auch in ihrem Apothekergärtl wider den Tod kein Kräutl gewachsen... Et mortua est, sie ist gestorben." Das war im Jahr 1719.

Jedenfalls pilgerten viele, vor allem Frauen, unter das Apothekerfenster, um ihre Leiden zu klagen und Hilfe zu suchen. Sie erhielten nicht nur Arzneien, sondern gleichzeitig Trost und Zuspruch. Wer eine Spende geben konnte, tat dies, doch war die Hilfe grundsätzlich kostenlos und wurde daher vor allem von der ärmeren Bevölkerung in Anspruch genommen.

Meister der Irrsdorfer Tafeln

Im Salzburger Museum Carolino Augusteum hängen vier Lindenholztafeln, Teile eines Flügelaltares, die um 1520 von einem spätgotischen Bildhauer geschaffen worden sind. Sie sind heute abgelaugt, die einstmalige farbliche Fassung ist verschwunden. Als ihr Schöpfer wird der „Meister der Irrsdorfer Tafeln" bezeichnet. Diesen Notnamen erhielt der Künstler, weil er biographisch nicht faßbar ist. Seine Arbeiten sind stilistisch dem Meister „I. P." eng verwandt, von dem man auch nur die Initialen kennt und der im passauisch-salzburgischen Raum lokalisiert ist. Von diesem spätgotischen Altar sind nur diese vier Tafeln, nämlich die Verkündigung, die Heimsuchung, die Geburt Christi und die Anbetung der Könige, erhalten, vermutlich waren es die Sonntagsseiten des Flügelaltars, sowie die Schreinfigur der Madonna mit Kind im heute barockisierten Altar, wobei diese Skulptur mit einer Goldfassung versehen wurde.

Die Tafeln sind durch ihre perspektivischen Fluchten und Einblicke in Architektur von einer schier unübertrefflichen Schönheit und zeigen den Einfluß der Frührenaissance auch in Salzburg in den spätgotischen Arbeiten.

Die „Kirche Unserer Lieben Frau zu Irrsdorf", eine Filialkirche von Straßwalchen, ist auch ohne diese Tafeln einen Besuch wert, denn sie ist auf das reichste geschmückt. Vor allem fallen schon beim Betreten der Vorhalle die lebensgroßen Schnitzwerke auf den Flügeln der inneren Tür auf, die ein unbekannter Meister um 1408 geschnitzt hat, darstellend die Begegnung Mariens mit Elisabeth. Durch die Darstellung des Stifters und seines Wappens ist das Werk datierbar, denn es handelte sich um den Pfarrer Perchtold, der die Kirche erbauen ließ und auch diese Schnitzarbeit in Auftrag gegeben hat. Insgesamt ist der Kirchenraum hervorragend mit seinen gotischen Fresken an der Brüstung der Westempore und einer Verkündigungsgruppe von Hans Paldauf aus der Mitte des 15. Jahrhunderts und einer steinernen Madonna aus dem späten 14. und an der Wand des Kirchenschiffs einer Kreuzigungsgruppe des frühen 15. Jahrhunderts. Dies alles überstrahlt der hochbarocke Altar Meinrad Guggenbichlers.

Irrsdorf hieß ursprünglich Ursisdorf, und der erste Abt von Mondsee, Opportunas, der das Kloster von 778 bis 785 regierte, erwarb die Besitzung von einem Ratpald Odalman und einem Mann namens

Kerperth. Er bezahlte in Naturalien, nämlich mit Waffen und Haustieren. Ein gewisser Heimo gab einige Zeit später seinen Besitz „ad Uriesdorf" an den Salzburger Bischof, und schon um 760 ist der Ort Urisesdorf erwähnt, genannt nach seinem Eigentümer Urs. Genau gesichert ist die Weihe der Filialkirche am 18. April des Jahres 1408, wobei sie völlig verändert und neu wieder aufgebaut worden war, weshalb es also eine Vorläuferkirche gegeben haben muß. Die Weihe nahm der Weihbischof von Varna vor, dessen Siegel bei der Renovierung der Kirche im Jahr 1986 auch gefunden wurde.

1682 wurde die Kirche neu eingerichtet und zwar wurde bei Meinrad Guggenbichler in Mondsee ein neuer Hochaltar in Auftrag gegeben. Systematisch wurde in den folgenden Jahrzehnten die Kirche umgestaltet, die, obgleich nur eine Filialkirche, zu einem viel beanspruchten Wallfahrtsort wurde.

Vom bayerischen Salzburg

Salzburg wurde im Zuge der napoleonischen Kriege am 12. September 1810 dem Königreich Bayern als Provinz im Salzachkreis einverleibt. Das dauerte bis zum 1. Mai 1816, als Salzburg endgültig an Österreich fiel, jedoch ohne Berchtesgaden und den Rupertiwinkel mit den Pfleggerichten Mühldorf, Waging, Tittmoning, Laufen, Stauffeneck und Teisendorf.

Es gab sehr viele Salzburgerinnen und Salzburger, die den Bayern nachtrauerten, denn begonnen von der kurfürstlichen Zeit bis zum Ende der Bayernherrschaft war in Salzburg ein wirtschaftlicher Aufschwung eingetreten. Noch als Kurprinz war Ludwig von Bayern im November 1804 nach Salzburg gekommen, er war gerade 18 Jahre alt und verliebte sich in diese Stadt. Als er das nächste Mal kam, es war im April 1809, kam er mit seiner bayerischen Division, die den Marschbefehl nach Salzburg erhalten hatte. Es war dies im Vormarsch Napoleon Bonapartes gegen Wien. Ludwig, inzwischen Kronprinz von Bayern, nahm Quartier im Schloß Mirabell. Und als er am 14. Oktober 1810 zum Generalgouverneur des Inn- und Salzachkreises ernannt wurde, nahm er wiederum das Schloß Mirabell als seine Residenz, abwechselnd mit der Hofburg in Innsbruck. Und es wurden zünftige Feste gefeiert, eine Festbeleuchtung erhellte die ganze Stadt, vom Garten des Kapuzinerklosters aus wurde ein Feuerwerk abgebrannt, Mönchsberg, Neutor, Bürglstein waren in Licht getaucht. Bald war der Kronprinz bei den Salzburgern beliebt, vor allem als er den Mirabellgarten für die Öffentlichkeit freigab. An lauen Abenden spielte die Kapelle des Kronprinzen-Regiments, und im Heckentheater wurde Theater gespielt. Im August 1811 kam König Max Joseph von Bayern mit seiner Gemahlin nach Salzburg. Nach vielen Festen gab es Ausflüge auf den Dürrnberg mit einer Einfahrt in das Salzbergwerk, und es gab Gams- und Hirschjagden, Wanderungen etwa zu den Gollinger Wasserfällen usw. Als Wirtschaftsfaktor bedeutend wurde das sogenannte Landwirtschaftsfest, das die Kreishauptstädte gleichzeitig mit dem Oktoberfest in München veranstalteten, um neue Methoden der Agrarwirtschaft vorzustellen, um Viehzuchtwettbewerbe abzuhalten und auch um langgediente Dienstboten zu belobigen.

Die Details dieser Jahre hat vor mehr als einem Jahrzehnt die Historikerin Friederike Zaisberger aus den Akten des Landesarchivs erarbeitet und in der Zeitschrift für bayerische Landesgeschichte publiziert. Sie fand heraus, daß das Kronprinzenpaar, das seit 1813 fast ständig in Salzburg lebte, mit seiner Hofhaltung jährlich 200.000 Gulden umsetzte, die zu einem großen Teil der einheimischen Bevölkerung zugute kamen. Heimische Lieferanten kamen zum Zug, wie auch viel Personal.

Das letzte große Fest unter bayerischer Herrschaft war die Geburt des Prinzen Otto am 1. Juni 1815 in Schloß Mirabell, des späteren Königs von Griechenland, die mit 72 Kanonenschüssen der Bevölkerung bekanntgegeben wurde. Am 3. Jänner 1816 verließ das Kronprinzenpaar endgültig Salzburg, das durch den Wiener Kongreß an Österreich gegeben wurde. Ludwig trauerte und blieb auch als König von Bayern nicht nur Salzburg verbunden, sondern gab wiederholt Geld nach Salzburg, etwa als der große Stadtbrand die rechte Altstadt verheerte. Dank der Aufträge Ludwigs I. in den Marmorbrüchen am Untersberg kam viel Geld nach Salzburg, und der König weilte oft in Salzburg, hatte er doch 1851 Schloß Leopoldskron für sich gekauft.

Johann Michael Rottmayr

Lange Zeit waren in der Salzburger Residenz Restauratoren am Werk, um die prachtvollen Deckengemälde von Johann Michael Rottmayr wieder herzustellen, die schwere Schäden aufwiesen und teilweise sogar von einer Ablösung vom Untergrund bedroht waren.

Viele auswärtige Künstler, die in Salzburg tätig waren, seien es Architekten, Bildhauer oder Maler, folgten dem Ruf der geistlichen Landesherren. Die Berufung Rottmayrs aber traf einen gebürtigen Salzburger, der zu einem der wichtigsten Vollender der hochbarocken Malerei wurde.

Johann Michael Rottmayr kam am 11. November 1654 in Laufen an der Salzach zur Welt, damals ein Ort, der zum Land Salzburg gehörte. Der Vater war der Stiftsorganist von Laufen, und die Mutter Margarete Magdalena, selbst eine Malerin, war eine Tochter des Faßmalers Zehentner. Die Mutter war auch die erste Lehrerin. Mit 20 Jahren erhielt Rottmayr, soweit es nachzuweisen ist, den ersten Auftrag, nämlich ein Bild der 14 Nothelfer für die Wallfahrtskirche Maria Bühel zu malen. Dann zog der junge Künstler für 13 Jahre nach Italien. Bekannt ist, daß er in der venezianischen Werkstatt von Karl Loth tätig war, doch ist an Hand seiner Arbeitsweise anzunehmen, daß er auch in anderen Werkstätten wirkte.

Die Zeit war günstig für den 34jährigen, der um 1688 nach Salzburg zurückgekehrt war, denn es war die Zeit nach dem Sieg

Johann Michael Rottmayr (1654–1730) – Angebliches Bildnis des Künstlers, gemalt um 1780 von Georg Edlinger (1741–1819).

Bild: Carolino Augusteum

über die Türken, ganz Ungarn war ihrer Herrschaft entrissen worden. Man schickte sich an, die großen Stifte und Schlösser auf dem Lande zu bauen, in einer friedensgesicherten Landschaft, als Gloriole des christlichen Sieges gedacht. Von dem Kunsthistoriker Franz Fuhrmann stammt der Ausspruch, daß Rottmayr das für die deutsche Barockmalerei bedeute, was Fischer von Erlach für die deutsche Baukunst sei. Beide kannten einander, ja sie arbeiteten gemeinsam im Ahnensaal des Schlosses Frain in Mähren und im Schloß Schönbrunn. In Salzburg hatte Rottmayr auch die Kuppel der Dreifaltigkeitskirche ausgemalt und erhielt, schon nach Fischers Tod, den Auftrag, die Kuppel der Wiener Karlskirche zu gestalten.

Wie Fischer von Erlach vor ihm, wurde 1704 auch der Maler als Rottmayr de Rosenbrunn in den Adelsstand erhoben, was natürlich mit einer Steigerung der gesellschaftlichen Bedeutung verbunden war.

In Salzburg wurde Fürsterzbischof Ernest Graf Thun der Förderer des Künstlers, dem er alle Großaufträge seiner Zeit zuwies. Es waren dies die Deckengemälde in der Residenz, im Schloß Mirabell, in der Winterreitschule, Altarbilder in der St. Erhardskirche, in der Thunschen Kapelle in der Franziskanerkirche. Rottmayr arbeitete für seine Geburtsstadt Laufen, für das Stift Michaelbeuern und ebenso für Tittmoning oder Passau. In Wien malte er die Kuppel der Peterskirche aus, er schuf für das Stift St. Florian ein gewaltiges Altarbild. Sein Schaffen kulminierte sicherlich mit den Fresken in der Stiftskirche in Melk, der „Via triumphalis des heiligen Benedikt in den Himmel". Aus dieser wohl reifsten Zeit stammten auch die Arbeiten im Auftrage des Erzbischofs Harrach für Schloß Mirabell, die bei dem großen Stadtbrand 1818 völlig zerstört wurden. Die letzten Altarbilder für Salzburg schuf Rottmayr für Maria Bühel und die Kirche von Flachau. Er schaffte es auch noch, die Kuppel der Klosterneuburger Stiftskirche auszumalen. Am 25. Oktober 1730 starb Rottmayr in Wien. Er war einer jener Künstler, die den kulturellen Aufschwung in den kaiserlichen Landen bis heute geprägt haben.

Der Verlust von Tittmoning

Kaum jemand weiß, daß das heute bayerische Tittmoning uraltes Salzburger Besitztum gewesen ist. Im 8. Jahrhundert waren die Agilolfinger Besitzer von Tittmoning und seines weiten Umlandes. Doch Herzog Theodbert schenkte der Salzburger Kirche, und da wiederum vor allem dem Stift Nonnberg, große Besitzungen. Das Stift erhielt einen Teil des Tittmoninger Stadtgebietes, vor allem aber den Schloßberg und sehr viel Umland. Es war Erzbischof Eberhard II., der Salzburg aus dem bayerischen Herrschaftsbereich herauslösen konnte. Um sein Gebiet gegen Angriffe aus Bayern zu schützen, befestigte er die Nordgrenze Salzburgs und erwarb im Tauschwege vom Stift Nonnberg die Burg von Tittmoning. Die Urkunde ist aus dem Jahr 1234 datiert.

Als im Oktober 1314 gleich zwei römisch-deutsche Könige gewählt wurden, nämlich Herzog Ludwig von Bayern und als Gegenkönig Friedrich von Österreich, kam es zu kriegerischen Auseinandersetzungen, bei denen Erzbischof Friedrich III. von Leibnitz an der Seite Österreichs stand. Im September 1322 wurden die österreichischen Truppen bei Mühldorf schwer geschlagen. Der Salzburger Erzbischof versuchte die Kriegsfolgen zu mindern, indem er Zölle und Mauten verpfändete, er setzte sogar Burgen ein, doch Tittmoning sollte erhalten bleiben. Dort befehligte der Hauptmann Wulfing von Goldegg, der jedoch heimlich zu den Bayern stand und die Burg kampflos an die Bayern übergab.

Erzbischof Friedrich III. berichtete darüber erbittert an den Papst. In seinem Schreiben ist zu lesen: „Der Bayernherzog ließ die Türme-, die Tor- und die Mauerwächter meines Schlosses Tittmoning durch Geld, Wertsachen und falsche Versprechungen bestechen, und nachdem dieser schändliche Verrat so beschlossen war, brachen seine Kriegsscharen mitten in der Nacht in aller Stille in die Burg Tittmoning ein, besetzten die darunter liegende Stadt und metzelten die Einwohner teils mit dem Schwerte nieder, teils legten sie diese in Fesseln und die restlichen wurden zu einer erbärmlichen Flucht gezwungen..." In dieser Tonart ging es in dem Schreiben weiter. Doch Tittmoning blieb drei Jahre lang bayerisch. Ein lahmer Versuch zur Zurückeroberung wurde auf Befehl des Erzbischofs abgebrochen. Er kaufte Burg und Stadt Tittmoning von Bayern zurück und zahlte die schier unermeßliche Summe von 5.500 Pfund Salzburger Pfennigen.

Tittmoning wurde wieder auf- und ausgebaut. Erzbischof Bernhard von Rohr wählte die Burg nach seiner Abdankung als Alterssitz und starb hier 1487. Nach den Bauernkriegen der Jahre 1525 und 1526 fiel Burg Tittmoning wiederum als Pfand an Bayern und mußte ausgelöst werden. 1611 besetzte Herzog Maximilian I. von Bayern die Grenzfeste von Tittmoning, um von hier aus Jagd auf den Erzbischof Wolf Dietrich zu machen.

In der Zeit der napoleonischen Kriege kam das Ende der Burg. Im Oktober der Jahres 1800 wurde die Burg zu einem österreichischen Armeespital umfunktioniert. Fünf Jahre später, während der französischen Besatzungszeit, genau am 16. Dezember 1805, brach im Fürstenstock ein Brand aus, den die Soldaten durch das Demolieren der Dächer am Kavaliers-Zimmer-Stöckl und am Getreidekasten eindämmten. Doch der Fürstenstock mit dem Audienzzimmer, den Wohnräumen, dem Schreibkabinett, einem Billardsaal und anderen Räumen wurde nicht mehr aufgebaut, sondern die Baulücken durch kleine Zwischenbauten ausgefüllt.

Mit dem Verlust des Rupertiwinkels ging Tittmoning dann endgültig an Bayern.

Ein Salzburger Kochkünstler

Die Rückbesinnung auf heimische Küche, auf Hausmannskost, auf alte Spezialitäten ist wieder modern. Daher möchte ich an einen Mann erinnern, der eine für die Salzburger Geschichte buchstäblich köstliche Rarität geschaffen hat. Es ist Conrad Hagger, der 1719 das zweibändige Werk „Neues Saltzburgisches Koch-Buch für Hochfürstliche und andere vornehme Höfe, Clöster, Herren-Häuser, Hof- und Haußmeister, Köch und Einkäuffer" verfaßt hat.

Dieses wahrhaft kulinarische Werk war nicht für irgendwelche Hausfrauen gedacht, sondern als Berufskunde für seine „Proffessions-Verwandten" geschrieben. Der Küchenmeister verkündete stolz, sein Beruf sei eine hohe Kunst und wie sie von seinesgleichen entwickelt wurde. Denn die Menschen vor der Kochkunst, namentlich die Germanen, seien armselige Geschöpfe gewesen.

Wer war nun dieser Kochkünstler, der das Werk geschrieben hat, das keineswegs ein Kompendium heimischer Küche, sondern vielmehr europäischer Kochkunst ist? Conrad Hagger wurde 1666 zu Marbach im Rheintal geboren, lernte am Beginn seiner Karriere zwei Jahre in der „Hochfürstlichen Mund-Kuchl zu St. Gallen", das dürfte von 1678 bis 1686 gewesen sein und stand dann im Dienste eines Grafen Latour, mit dem er in den Türkenkrieg zog. Danach arbeitete Hagger am Chur-Bayerischen Hof und war in der Lehre beim Augsburger Stadtkoch Johann Ludwig Prassin. 1690 trat er in den Dienst des Bischofs von Chiemsee, 1701 wurde er – welch pompöser Titel – „Hoch-Fürstlich-Saltzburgischer Stadt- und Landschafft-Koch".

Übrigens ist nicht ganz geklärt, ob die Erstausgabe wirklich 1719 oder 1718 oder schon 1717 herauskam. Doch das ist nicht so wichtig. Wie schon gesagt, hat der hochfürstliche Leibkoch ein internationales Werk der Kochkunst vorgelegt, dem er Salzburg in den Titel schrieb, weil er eben hier in Amt und Würden an einem angesehenen Fürstenhof wirkte. In dem Kochbuch sind aber durchaus lokale Spezialitäten enthalten, etwa „Lintzer-Taig", „Geflochtner Lintzer Dorten" und man erfährt, daß Saiblinge aus dem Berchtesgadener Bartholomäussee, also dem Königssee, „Schwartzreiter" heißen. Der Koch wußte allein 417 Suppenrezepte, Pasteten und Torten spielten eine große Rolle, und Gewürze sind in einer Vielzahl aufgezählt, wie sie uns oft gar nicht mehr bekannt sind. Der Gaumenkitzel spielte sichtlich eine große Rolle. Wenn man liest, welches Angebot an Fischen und Krebsen auf dem Markt war, so kann man über den Reichtum unserer Flüsse und Seen zur damaligen Zeit nur staunen.

Das Kochbuch ist ein Stück Kulturgeschichte und es öffnet sich ein Blick in das Handelsleben Salzburgs, wenn der Verfasser etwa vom Angebot der „Specerey-Handler" spricht, wie weit die wirtschaftlichen Kontakte vor allem nach Westen und Süden reichten. Der Meisterkoch beschäftigte sich auch sehr ausführlich mit den Schaugerichten für fürstliche Tafeln, wie riesigen Pasteten mit Hilfe von Drahtgestellen geformt und wie Kopf, Flügel, Pfoten und andere Teile von Tieren zu Dekorations-Denkmälern zusammengebaut wurden. Da gab es sogar einen Adler mit Kopf und Flügeln, einen Hirschkopf mit Geweih oder zur Fastenzeit ein Fischgehäck in Form eines Hasen. Doch auch die Delikatessen klösterlicher Fastenküche sind beschrieben wie „Stockfisch auf klösterlich". Was unter der Anmerkung auf „capucinerisch zu dämpffen" zu verstehen ist, wird leider ein Geheimnis des Kochs bleiben.

Baukünstler Fischer von Erlach

Der Name Johann Bernhard Fischer von Erlach ist eng mit Salzburg und seiner Verwandlung in ein barockes Juvel verbunden. Der große deutsche Baukünstler des Barocks, der am 20. Juli 1656 in Graz als Sohn eines Bildhauers geboren wurde, war noch geprägt vom Universalismus der Renaissance. Er beherrschte alle Facetten seines Berufes, denn er war gleichzeitig Medailleur, Zeichner, Bildhauer, Architekt, Innendekorateur, Gartengestalter und vor allem Baumeister. Er setzte sich grundlegend mit Architektur auseinander und wurde durch sein Werk „Entwurf einer historischen Architektur", das 1712 erschien, zum Vorläufer kunsthistorischer Architekturforschung.

Fischer, der bei seiner Erhebung in den Adelsstand den Namen von Erlach als Adelsprädikat annahm, – seine Mutter war in erster Ehe mit dem Bildhauer Erlacher verheiratet –, erhielt zuerst eine Bildhauerausbildung und fand vor allem in Prag und in Italien zur Architektur. Er muß in Rom ein Naheverhältnis zu dem großen Architekten Giovanni Lorenzo Bernini gehabt haben. Fischer von Erlach fand eine Stelle im Atelier des päpstlichen Hofmalers Philipp Schor, wo er über Gartenbildhauereien und über die Gartenarchitektur vollends zur Architektur fand. Fischer lernte an Berninis Werken die klassische Ausgewogenheit, die er mit barockem Gestaltungswillen umsetzte. Architektur war für ihn ein plastischer Körper, und er stellte Bauten nicht zusammenhanglos in den Raum, sondern bezog vor allem das Naturlicht in seine Architektur ein.

In Wien fand Fischer von Erlach rasch Förderer und machte als Hofarchitekt Karriere. Er war fasziniert von der Bedeutung und Größe des Kaisertums, wollte in Schönbrunn das französische Versailles König Ludwigs XIV. übertreffen. Für seinen Kaiser, Joseph I., dessen Architekturlehrer er während dessen Kronprinzenzeit gewesen war, lieferte er Entwürfe über Entwürfe, die beileibe nicht alle erfüllbar waren. Doch die Karlskirche, Schönbrunn, die Hofbibliothek, um nur einige Beispiele zu nennen, machten Fischer von Erlach berühmt. Sehr rasch sprach sich herum, welch strahlendes Licht am spätbarocken Bauhimmel in Wien und in verschiedenen Städten der Monarchie aufgegangen war. Kein Wunder also, daß 1693 Fürsterzbischof Johann Ernest Thun den Architekten nach Salzburg berief.

Er schloß mit ihm einen General-Kontrakt, in dem ihm die Direktion und Obsicht über die erzbischöflichen Bauten übertragen, er aber gleichzeitig verpflichtet wurde, in den Folgejahren je dreimal nach Salzburg zu kommen, um „Ihro hochfürstlichen Gnaden bey anderen ihren gepeuen – also Gebäuden – mit guthem rat an Hand zu gehen".

In Salzburg entstanden so die Dreifaltigkeitskirche und das Priesterseminar, die Kollegienkirche, die Ursulinenkirche, die Johannesspitalskirche, die Wallfahrtskirche in Kirchental bei Lofer, aber auch der barocke Altar der Franziskanerkirche. Und Fischer von Erlach schuf die Seitenfassade des Hofmarstalls, heute Festspielhaus, mit dem herrlichen Portal, die Pferdeschwemme, die Felsenreitschule in ihrer heutigen Gestalt, das Schloß Kleßheim und nahebei das kleine Lustgebäude, das Hoyos-Schlößchen. Dem Künstler verdanken wir aber auch prachtvolle Gartenvasen für den Mirabellgarten.

Nach dem Willen des Erzbischofs hatte mit der spätbarocken Umwandlung Salzburgs der Einfluß der italienischen Architekten aufgehört. Gefragt war imperiale Größe.

Fischer von Erlach starb am 5. April 1723, er wurde in der Gruft unter St. Stephan in Wien begraben. Doch das Grab ist verschollen.

Geschichtsträchtiges Liefering

Der heutige Salzburger Stadtteil Liefering besitzt eine ehrwürdige Geschichte. Vor 15 Jahren feierte man das 1250jährige Bestehen der Pfarrkirche, die den Heiligen Petrus und Paulus geweiht ist. Als man dieses Jubiläum beging, bezog man sich auf ein Traditionsdatum. Doch mehr als bloße Wahrscheinlichkeit spricht für dieses ehrwürdige Alter, denn als Erzbischof Arn um 790 ein Güterverzeichnis anlegen ließ, war Liefering schon bischöflicher Besitz. In dem Index findet sich die Eintragung: „In Liefering Kirche mit Grundbesitz". Es bestand also nicht nur ein Kirchenbau, sondern auch Land gehörte dazu, und es ist anzunehmen, daß dieses Lieferinger Eigentum schon länger dem Erzbischof gehört hatte. Das bedeutet, daß der Bau dieses Gotteshauses zumindest in der Mitte des 8. Jahrhunderts, vielleicht sogar schon früher, erfolgt ist. 1979 führte das Museum Carolino Augusteum durch

Fritz Moosleitner archäologische Grabungen in der Kirche durch. Dabei wurden Reste der ältesten Kirche aus dem 8. Jahrhundert entdeckt. Wohl wurden bei einer späteren Erneuerung Teile dieses Baues abgerissen, doch es gelang, den Grundriß zu rekonstruieren. Es war ein rechteckiger Saal, wobei die Weite dieser kleinen Kirche 5,20 Meter betrug. Dieser vorromanische Bau zeigte einen Grundriß, der auf bayerischem Boden, dazu zählte damals Salzburg, mehrfach anzutreffen ist. Auch die Nachfolgekirchen erhielten die gleiche Ausrichtung mit dem Altarraum an der Ostwand und dem Eingang an der Südseite. Dieses älteste Lieferinger Kirchlein war etwa ein Drittel der heutigen Kirche groß, und es mußte über einen schon früher bestandenen Friedhof erbaut worden sein. Das ergaben mehrere Skelettfunde. Diese vorromanische Kirche aus dem 8. Jahrhundert ist abgebrannt. Das folgerten die Archäologen aus einer Rußschichte über dem Estrich.

Zwischen 1100 und 1150 ist dann eine zweite, eine romanische Kirche, errichtet worden. Die Längsrichtung wurde beibehalten, doch an der Westseite wurde zusätzlich ein hoher Glockenturm gebaut. Von dieser zweiten Kirche sind mit dem unteren Teil des Turmes bis zur Glockenstube und Mauerteilen des Langhauses wesentliche Reste erhalten geblieben.

Die heutige Kirche, die spätgotische Kirche, wurde am 17. August 1516 geweiht. Man hatte den romanischen Chor bis auf die Fundamente abgebrochen, um eine langgestreckte Saalkirche aufzuführen. Das Kirchenschiff wurde erhöht und mit einem Netzgewölbe eingedeckt.

Übrigens fanden sich bei den Ausgrabungen zwei Gräber der Barockzeit, eines von dem Arzt Frantz Georg Grembs, dem das Lieferinger Schloßbauerngut gehörte, und der Frau Eva Kuppers von Gemmen, die die Verlobte des Burghauptmanns Ehrgott gewesen war. Ein goldener Fingerring mit einem Habachtaler Smaragd dürfte wohl das Verlobungsgeschenk Ehrgotts, der auf der Hohensalzburg befehligte, als Wolf Dietrich dort gefangen war, gewesen sein.

Aber auch Römersteine fanden sich, so beim Unterbau des Altares, gehauen aus Untersberger Marmor. Einer ist das Stück eines waagrechten Steinbalkens, ein anderer ist mit Reliefbildern geschmückt, Amoretten bei der Weinlese. Es ist wohl ein Teil eines Grabmals. Der dritte Stein ist eine Kiste für eine Aschenurne. Die Inschrift besagt, ins Deutsche übersetzt: „Für Cocceius Cupitus, Soldat der zweiten

italischen Legion, Schreiber des Vorstands der Kanzlei des Statthalters, gestorben mit 22 Lebens- und 7 Dienstjahren. Cocceius Proculus, Benefiziarier des Statthalters, errichtete dies seinem Bruder."
Das ist Liefering, ein geschichtsträchtiger Ort.

Der „aufgeklärte" Lorenz Hübner

„Mit einem Herzen voll innigster Erkenntlichkeit für die angenehmen Mußestunden, welche mir die edle Salzburgische Nation nun schon seit mehr als acht Jahren, die ich unter die fröhlichsten meines Lebens zähle, in ihrer Mitte gegönnt hat, übergebe ich ihr diese kleine Frucht meiner Bemühungen, um etwas zu ihrem Nutzen, vielleicht auch wenn der Gedanke nicht zu stolz ist, zu ihrem Ruhme beyzutragen...". So leitete Lorenz Hübner 1792 seine Topographie von Salzburg ein. Als er ein Jahr später, also 1793, den zweiten Band herausgab, wurde er noch viel direkter: „Liebe Mitbürger. Stolz auf diese Benennung, zu welcher mich nun ein beynahe zehenjähriger Aufenthalt unter Ihnen berechtiget ... übergebe ich Ihnen den zweyten Band der Beschreibung von Salzburg...". Mit vollem Titel heißt das Werk Lorenz Hübners: „Beschreibung der hochfürstlich-erzbischöflichen Haupt- und Residenzstadt Salzburg und ihre Gegenden, verbunden mit ihrer ältesten Geschichte".

Sammler zählen diese Bücher zu den bedeutendsten Salisburgensien. Darin zu blättern ist vergnüglich, um nämlich unentwegt Bezüge von heute zur Zeit vor mehr als zweihundert Jahren herzustellen. Man kennt die Orte und Gebäude, man kennt die Namen, man erlebt ein Stück der Geschichte Salzburgs.

Lorenz Hübner stammte aus Donauwörth, wo er am 2. August 1751 geboren wurde. Der Vater war kurfürstlich-bayerischer Stadtkommandant. Nach dem Gymnasium trat Hübner in den Jesuitenorden ein, der wenige Jahre später aufgehoben wurde, also studierte er Jus, dann wieder Theologie und wurde zum Priester geweiht. 1775 wurde Hübner Professor für Französisch und Italienisch am Gymnasium in Burghausen. Die Fächer Rhetorik und Moralphilosophie kamen später hinzu, wobei er sich in der aufklärerischen Zeit Feinde schaffte. Er mußte 1779 Burghausen wegen „jugendgefährdender Ansichten" verlassen. Lorenz Hübner übernahm nun in München die Redaktion der Staatszeitung und verfaßte mehrere Schauspiele, wobei sein Stück „Camma, die Heldin Bojariens" in Bayern wegen aufklärerischer Tendenzen weder gedruckt noch aufgeführt werden durfte. Beides geschah aber in Salzburg. Als Hübner sich öffentlich für die Aufhebung des Zölibats, also der Ehelosigkeit der Priester, einsetzte, wobei er selber ehelos blieb, mußte er München verlassen. Doch der Geheimsekretär des Salzburger Landesherrn empfahl seinem Fürsten, Erzbischof Hieronymus Colloredo, Hübner nach Salzburg zu berufen. Er kam 1783, und ihm wurde die Neuorganisation der Salzburger Zeitung aufgetragen. Hübner brachte ein „Intelligenzblatt" und eine „Gelehrte Zeitung" heraus, die beide über die Landesgrenzen bekannt wurden. Doch in Bayern wurde die Zeitung wegen zu liberaler Tendenzen verboten.

Es erschienen eine Reihe von Publikationen und schließlich die beiden Bände der salzburgischen Topographie, von denen Hübner für Ausländer und Kurzreisende eine Kurzfassung schuf. Es folgten zwei weitere Bände über die Topographie des gesamten Erzstiftes, ergänzt gleichfalls durch eine Kurzfassung unter dem Titel „Reise durch das Erzstift Salzburg zum Unterricht und Vergnügen, nebst Stundenanzeiger und Straßenkarte". Das war 1794.

Nach 15 Jahren Tätigkeit in Salzburg kehrte Hübner 1799 nach München zurück, weil der aufklärungsfeindliche Kurfürst Karl Theodor durch den fortschrittlicheren Kurfürsten Maximilian abgelöst wurde. Lorenz Hübner starb überraschend am 8. Februar 1807. Seine Werke aber haben ihn überlebt.

Aus kurfürstlicher Zeit

An dem alten Haus Nr. 4 in Lofer, ursprünglich Unterbräu geheißen, dann Verwalterstöckl, ist links über der Haustüre ein mehr als zwei Meter hohes prächtiges färbiges Wappen zu sehen. Die Menschen gehen tagaus, tagein daran vorbei. Dem Salzburger Rechtsgelehrten Peter Putzer, Vorstand des Instituts für österreichische Rechtsgeschichte an der Universität Salzburg, einem gebürtigen Saalfeldner, der öfters in Lofer Zwischenstation macht, ist dieses Wappen jedoch aufgefallen, und er begann sich damit zu beschäftigen. Bald sah er, daß es sich, wie er sagt, um ein Rarissimum, also um eine überaus große Seltenheit handelt. Es ist das einzige Kurfürstlich-Salzburgische Wappen, welches als Fresko in dieser Größe erhalten geblieben ist und noch dazu an dem Ort, an dem es geschaffen worden ist. Seine Forschungen hat er unter dem Titel „Das Kurfürstlich-Salzburgische Wappen (1803 bis 1805)" in der Reihe der Kniepass-Schriften, die das Gemeindeamt Unken vertreibt, publiziert.

Das Ergebnis der Forschungen: Dieses Wappen in Lofer stellt die einzige erhaltene Darstellung des Staatssymboles des kurzlebigen salzburgischen Kurstaates, der ja nur von 1803 bis 1805 existierte, an einem Gebäude auf dem Gebiet des heutigen Bundeslandes Salzburg dar. Warum aber gerade in Lofer und an diesem Haus? Die Antwort, die Professor Putzer gibt, ist ein Kapitel salzburgischer Braugeschichte. Als das Wappen an die Wand gemalt wurde, war dieses Haus der Mittelpunkt der landesfürstlichen Hofbrauerei in Lofer, die dort schon seit 1694 bestand. Allerdings existierte das Brauhaus schon wesentlich länger. Schon 1545 wird ein Georg Kroicher als Bräu und Bürger genannt. Die privaten Besitzer wechselten rasch, und als der letzte dieser privaten Brauer hohe Schulden hatte, verkaufte er 1694 die Brauerei an Erzbischof Johann Ernest Graf Thun.

Dieser Kauf rundete den Bestand der Hofbrauereien Salzburgs ab. Am Anfang stand im späten Mittelalter Kaltenhausen bei Hallein, hinzu kamen im 17. Jahrhundert vier bis dahin private Brauereien und 1694 eben Lofer. Lofer wurde wichtig, weil dieses Brauhaus geografisch äußerst günstig lag. Die übrigen Hofbrauereien waren so verteilt, daß sie an Hauptverkehrswegen siedelten und damit auch den Absatz entsprechend optimieren konnten. Die Landesherren verhalfen ihren eigenen Hofbrauereien mit markanten Eingriffen in den Biermarkt. Es gab für ausländisches Bier Einfuhrverbote, und schon 1659 wurde der Bierzwang eingeführt, das bedeutete, daß bürgerliche, also private Bierbrauer nur im eigenen Haus ausschenken durften. Die Belieferung anderer Wirte wurde streng verboten. Diese mußten also das landesherrliche Bier aus den Hofbräuhäusern beziehen. So beherrschte der geistliche Landesherr auch den Biermarkt. Die Hofbrauereien wuchsen, und das größte Bräu in Kaltenhausen produzierte bis zu 44.000 Hektoliter jährlich.

Lofer verfügte nur über eine Pfanne zu 45 Eimern, das sind etwa 25 Hektoliter, brachte es aber auf etwa 12.000 Eimer Bier, wobei ein

Eimer mit 56 Litern zu rechnen wäre. Damit wurden große Teile des Pinzgaues versorgt.

Peter Putzer recherchierte, daß diese Biereinkünfte für das landesfürstliche Budget wichtig waren. So bestanden die Einnahmen im späten 18. Jahrhundert zu etwa einem Drittel aus dem Salzhandel, aber immerhin 6 Prozent der Landeseinnahmen flossen als Getränkesteuer in die fürsterzbischöfliche Kasse.

Die napoleonischen Kriege machten dem salzburgischen Hofbräuwesen ein Ende. Die Hofbrauereien wurden veräußert, 1808 fiel der Bierzwang weg, und 1816 wurde das Biereinfuhrverbot aufgehoben. 1812 wurde die Hofbrauerei Lofer durch Versteigerung privatisiert, und 1926 wurde der letzte Sud abgefüllt.

Nun zurück zu dem Wappen in Lofer:

Zuvor noch ein Hinweis: Wer sich dieses Wappen in Lofer ansieht, wird darunter ein Schriftband mit der Jahreszahl 1753 sehen, was ja mit dem Wappen selbst nicht übereinstimmen kann, das ja die Zeit von 1803 bis 1805 beweist. Das kommt daher, daß schon vor dem kursalzburgischen Wappen ein erzbischöfliches Wappen an der Wand existierte, welches nach 1803 durch das neue Wappen ersetzt wurde, wobei eben das alte Schriftband einfach stehengelassen wurde.

Dieses Wappen ist ein herrliches Bildprogramm, in dem der, der mit Symbolen vertraut ist, die Geschichte dieses eigenartigen Kurfürstentums nachlesen kann. Im Zuge der napoleonischen Kriege verlor der Großherzog Ferdinand, ein Habsburger, die Toskana und wurde auf Druck Napoleons mit dem neuen Kurfürstentum von Salzburg abgefunden. Als Entschädigungsländer für die verlorene Toskana erhielt Ferdinand das Erzstift Salzburg, jedoch vermindert um die Stadt Mühldorf, die an Bayern fiel. Hinzu kam die gefürstete Probstei Berchtesgaden, und zugeschlagen wurden rund zwei Drittel des Fürstbistums Passau, vor allem die Besitzungen im heutigen Mühlviertel, wobei die Stadt Passau selbst mit einem Umkreis von 300 französischen Meilen Bayern eingegliedert wurde. Und dem Kurfürstentum wurden überdies noch zwei Drittel des Fürstbistums Eichstätt zugefügt. Dieser heterogene Staat hatte sein Kerngebiet naturgemäß mit dem geschlossenen Raum Salzburg-Berchtesgaden. Damit kam also auch nur Salzburg als Residenzstadt des Kurfürsten in Frage. Am 17. Juli 1803 wurde Salzburg zum Kurfürstentum erhoben, Ferdinand war schon vorher die Würde eines Kurfürsten verliehen worden. Das Kurfürstlich-Salzburgische Wappen zeigt nun all die Attribute des neuen Kurfürstentums und des Fürsten aus altem Geschlecht, denn da sind der Bindenschild Österreichs in der Wappenmitte mit dem Erzherzoghut zu sehen, dann die Wappen Ungarns, Böhmens, Tirols, der Toskana, Lothringens und Habsburgs. Dieses Wappenbild ruht auf vier Feldern des Hauptschildes, dessen obere zwei Salzburg symbolisieren, im unteren Teil sind die Wappen von Eichstätt, Passau und Berchtesgaden abgebildet. Doch nicht einmal drei Jahre konnte Ferdinand mit seiner Familie sich des Kurfürstentums erfreuen, denn dieser Kurstaat von Napoleons Gnaden wurde durch den Preßburger Frieden 1805 aufgelöst. Aus Salzburg vertrieben, wurde Ferdinand mit dem Großherzogtum Würzburg abgefunden. Als Napoleon 1814 besiegt war, konnte er wieder in sein Stammland, die Toskana, und damit in seine Residenz nach Florenz zurückkehren. Sein Sohn Leopold aber wurde der letzte Regent der Toskana, denn 1859 mußten die Habsburger beim Zusammenwachsen des italienischen Einheitsstaates aus der Toskana weichen, und die Familie erhielt als Exilwohnsitz die Residenz in Salzburg zugewiesen. Der Teil der Winterresidenz, den sie bewohnte, heißt bis heute Toskanatrakt und ist nunmehr Sitz der Juridischen Fakultät der Universität. Und die Straße davor, zwischen Altem Markt und dem Ritzerbogen, erinnert an die kurze Zeit, in der die habsburgische Toskanalinie Salzburg von 1803 bis 1805 regierte. Es ist die Churfürststraße.

Die Leitner-Villa auf dem Mönchsberg

In einem Brief des Malers Anton Faistauer schrieb der Künstler, daß er nun auf dem Mönchsberg in der Leitner-Villa wohne und wie wunderbar diese Wohnlage sei. Es war mühsam, diese Adresse zu lokalisieren. Der Bankier Heinrich Wiesmüller, der auf dem Mönchsberg wohnt, half mir schließlich weiter, denn auch er ließ nachforschen. Die Adresse ist das Areal des heutigen Hotels Mönchstein, denn das Schloß und die nahe Villa gehörten zusammen. Und siehe da, wie immer, wenn man in Salzburgs Geschichte herumgräbt, entdeckt man höchst interessante Fakten.

Dieser Teil des Mönchsbergs hieß ursprünglich Windischberg, der einen viereckigen Turm trug, den „Tetelheimer Turm", später auch

„Mönchsteinturn" genannt. Die Tetelheimer hatten in der Mitte des 13. Jahrhunderts das Gericht um Waging inne. In der zweiten Hälfte des 14. Jahrhunderts erlosch das Geschlecht. Doch schon 1419 wird als Besitzer die Familie Fröschlmooser genannt, die den Turm bis 1565 besaß. Ende des 14. Jahrhunderts hatte ein Konrad Fröschlmoos die Agnes von Tetelheim geehelicht. 1565 verkaufte die verarmte Witwe des Christof Fröschlmooser den gesamten Besitz dem Salzburger Bürger Wolf Windisch. Demzufolge wurde die Gegend vom Kloster Mülln bis zum Bürgerholz bei der Bürgerwehr Windischberg genannt. Mehrfach wechselte dieser große Besitz den Eigentümer, kurzfristig ging er auch an das Kloster Mülln, bis 1654 die Universität das Areal erwarb, wie es heißt, „zu dem Ende, damit die Professoren bei ihren vielen Kopfarbeiten sich bisweilen erholen und frische Luft schöpfen können". Bald kam daher auch die Bezeichnung „Professorenschlößchen" auf. Schon seit 1540 bestand eine Kapelle, die der Universitätsrektor am 31. August 1661 feierlich zu Ehren der Heiligen Maria, Anna und aller heiligen Mönche neu weihte. Zur Jahrhundertfeier im Jahr 1761 zogen alle Professoren und Studenten in feierlichem Zug hinauf zu dem Schlößchen. Zeitweise war auf dem Gelände in einem kleinen Turm eine Beobachtungsstation für Astronomen eingerichtet, und hier wohnte auch einige Jahre der Schriftsteller und Publizist Lorenz Hübner, dem wir seine topografischen und historischen Beschreibungen Salzburgs verdanken.

Nach Aufhebung der Universität ließ die bayerische Regierung im November 1813 den Windischberg versteigern. Der königlich-bayerische Rat am Obersten Rechnungshof, Josef Felner, erwarb den Besitz und ließ das verwahrloste Schlößchen renovieren. Er war selten in Salzburg und beauftragte Leopold Hagenauer mit der Verwaltung des Besitzes, dessen Sohn Josef ihn im Jahr 1834 kaufen konnte. Hagenauer legte eine etwas skurrile Sammlung an, denn er erwarb Statuen, die nach dem Brand des Schlosses Mirabell im Jahr 1818 vom Dach heruntergeworfen worden waren, stellte sie in seinem Garten auf und versah sie mit recht originellen Tafeln. So stand bei einer Figur, deren Arm abgebrochen war: „Himmel, wer hätte das geglaubt! Was Krieg und Stürme nicht vermochten, dies war dem Frieden vorbehalten, mir meine Linke abzureißen." Die Details sind in der Publikation „Der Mönchsberg und seine Baulichkeiten" enthalten, wo auch berichtet wird, daß die Zarin Katharina von Rußland, als sie 1815 den Mönchsberg besichtigte, dem Josef Hagenauer, der sie führte, als Dank ihr seidenes Gürtelband überreichte.

Die Erben Hagenauers verkauften 1887 den Besitz an Karl und Kreszentia Leitner. Leitner, geboren 1855 in Mattighofen und 1911 in Salzburg gestorben, war Bankier. Er besaß eine Wechselstube im Paracelsushaus am Platzl. Er war ein in Salzburg hoch angesehener Mann, dem man viel Vertrauen entgegenbrachte und zwar so viel, daß die Salzburger rund 1 Million Gulden als Spareinlagen bei ihm einzahlten.

Dieser Privatbankier Karl Leitner, dem das heutige Schloßhotel Mönchstein und die nahegelegene, seinen Namen tragende Villa gehörte, wurde vor mehr als hundert Jahren zu einem der wichtigsten Unternehmer Salzburgs. Leitner gab seinen Mitbürgern für Spareinlagen 6 Prozent feste Zinsen. Salzburger hatten dem Bankier mehr als eine Million Gulden anvertraut. Um die Zinsen zu verdienen, kaufte Leitner die Liegenschaft an der Stelle des heutigen Hotels Bristol und errichtete im Hofraum neben dem Mirabellgarten ein elektrisches Dampfkraftwerk. An der Vogelweiderstraße hatte Leitner dafür eigens Torfgründe angekauft, um das Brennmaterial zu sichern. Die Anlage wurde mitten in der Stadt errichtet, weil es damals schwierig war, Kabelleitungen zu verlegen. Am 13. Oktober 1887 begann das E-Werk mit einem 300 PS-Motor zu arbeiten. Damit hatte Salzburg das erste E-Werk der österreichisch-ungarischen Monarchie. Das Café Tomaselli war einer der ersten Kunden. Immer mehr fanden sich ein, sie wurden pauschaliert, weil es noch keine Stromzähler gab, rücksichtslos wurde Strom verbraucht und damit begannen Leitners Sorgen. Daraufhin gründete er mit dem Architekten Demel, dem Fotografen Bertel und dem Rechtsanwalt Franz Huber die „Salzburger Elektrizitäts-Aktiengesellschaft" mit einem Kapital von 300.000 Gulden.

Um sich einen Großabnehmer zu sichern, kaufte Leitner das Steinbräugut auf der Ostseite des Mönchsbergs zwischen Müllner Kirche und Bürgerwehrsöller und erbaute hier 1889 bis 1891 das Terrassenrestaurant „Elektrischer Aufzug" und an der Außenwand des Mönchsbergs den elektrischen Aufzug, der 60 Meter hoch fuhr und zu seiner Zeit der höchste Aufzug Europas war und für die neuen Wolkenkratzer in New York als Vorbild genommen wurde. Leitner legte auch den Weg am Ostrand des Mönchsberges bis zum elektrischen Aufzug an, und er erbaute gemeinsam mit dem russischen Oberst

Paschkoff 1895 die Fahrstraße von Mülln auf den Mönchsberg. Paschkoff, aus russischem Hochadel, lebte aus religiösen Gründen im Exil und hatte sich ein Schloß an der Westseite des Mönchsbergs, auf dem Puchnerberg, anschließend an Leitners Besitz, errichtet. Paschkoff fuhr seine Straße stets vierspännig hinauf und hinab. Zwei Fünftel der Kosten des Straßenbaues mit insgesamt 30.000 Gulden hatte Bankier Leitner finanziert.

Leitner hatte noch große Pläne. Er wollte seine Mönchsbergliegenschaft mit Herrschaftsvillen verbauen. Weil aber der Druck vom Fürstenbrunner Wasserreservoir nicht ausreiche, um den Mönchsberg mit Wasser zu versorgen, wollte er auf dem Mönchsberg ein eigenes Wasserreservoir errichten. Das führte schließlich zum Gemeinderatsbeschluß, die Gaisbergwasserleitung zu erbauen, deren Quellgebiet hoch über der Stadt liegt. Dadurch war es möglich, nicht nur alle Häuser des Imbergs, sondern auch mit einer eigenen Leitung über die Nonntaler Brücke die Bauten auf dem Nonnberg, der Festung und dem Mönchsberg mit Wasser zu versorgen. Um den Wasserdruck auf die Mönchsberghäuser richtig verteilen zu können, entstand neben dem elektrischen Aufzug in der Form eines Aussichtsturmes ein neuer Wasserbehälter, der heute nach wie vor sichtbar ist und an den das Cafe Winkler anschließt.

Vor etwa 40 Jahren haben der damalige technische Direktor der Salzburger Stadtwerke, Herbert Lechner, und der ehemalige Magistratsdirektor Emanuel Jenal die Fakten dieser frühen Elektrifizierung Salzburgs zusammengetragen. Leitner mußte das Aktienkapital verdoppeln, eine Vertrauenskrise in kleine Privatbanken führte zum Zusammenbruch nicht nur des Bankhauses, sondern auch der Elektrizitätsgesellschaft, die von der Stadtgemeinde übernommen wurde. Leitner, wegen Betrugs und Veruntreuung vor Gericht gestellt, wurde unter dem Beifall der Salzburger freigesprochen.

Wolf Dietrich und Salome Alt

Die Stadt Salzburg wurde als „Weltkulturerbe" in den internationalen Katalog der UNESCO aufgenommen. Da ist es naheliegend, an Erzbischof Wolf Dietrich von Raitenau zu denken, dem wir das barocke

Stadtbild im Wesentlichen verdanken, denn er war es, der diese Stadt geformt hat. Ausgenommen die Festung, für die er kaum etwas übrig hatte – so als ahnte er, daß sie ihm zum Verließ werden sollte.

Wolf Dietrich ist eine geheimnisumwobene Gestalt, weil er durch sein Liebesverhältnis mit der Bürgerstochter Salome Alt die Phantasie der Menschen eben bis heute beflügelt. Sein Weg vom höfischen Glanz in das Elend des Kerkers, also der tiefe Fall eines Menschen, ist eine historische Betrachtung wert. Ich will versuchen, Wolf Dietrich uns heutigen Menschen näherzubringen.

Am 26. März 1559 im vorarlbergischen Lochen geboren, wuchs Wolf Dietrich in einer interessanten Familie auf. Die Raitenauer waren Besitzer des Schlosses Lochau zwischen Bregenz und Lindau, sowie des nahen Ortes Hofen. Mehrere Frauen des Geschlechtes waren Nonnen und Äbtissinnen. In der männlichen Linie sind ein Fürstabt von Kempten im Allgäu und ein Fürstabt von Murbach mit Pfründen in Kempten und in Trier zu finden. Der Großvater war kaiserlicher Rat, und der Vater Hans Werner erbte als ältester Sohn das Eigengut der Familie in Lochen. Er trat in kaiserliche Kriegsdienste und heiratete im April 1558 Helena von Hohenems. Das war ein Glückstreffer, denn das Geschlecht der Emser stand in Hochblüte. Wolf Dietrich von Hohenems hatte 1525 im kaiserlichen Heer gegen Frankreich gekämpft, dort die Bekanntschaft des Hauptmanns Johann Jakob de Medici gemacht, durch den er dessen Schwester Clara kennenlernte, die seine Frau wurde. Claras Schwester Margarete war die Mutter des Mailänder Kardinals Karl Borromäus, der 1584 starb und sehr rasch heiliggesprochen wurde. Claras Bruder Johann Angelo de Medici wiederum stand in der Gunst von Papst Paul III., der ihn 1549 zum Kardinal machte. Am 26. Dezember 1559 bestieg dieser Kardinal als Pius IV. den Stuhl Petri. Damit fielen überreiche Gnaden an die Nepoten, wie man die Anverwandten nannte. Der älteste Sohn von Wolf Dietrich und Clara von Hohenems, Jakob Hannibal, wurde Generalgubernator aller päpstlichen Truppen und konnte nun die Petersschlüssel im Familienwappen führen. Der drei Jahre jüngere Sohn Marx Sittich wurde zuerst Soldat, nämlich Landknechtsführer, sattelte aber angesichts der kurialen Verbindungen auf die geistliche Laufbahn um, wurde Bischof von Cassano und päpstlicher Diplomat. Als Dank für die Hilfe, daß Pius IV. Parteigänger der Habsburger wurde, erhob der Kaiser den Bischof und seine Geschwister in den Reichsgrafenstand.

Doch Marx Sittich kletterte noch steiler nach oben. Er wurde 1561 Kardinal und italianisierte seinen Namen in Marcus Sitticus de Altemps. Er war gleichzeitig Bischof von Konstanz, Erzpriester am Lateran, Goßpönitentiar der katholischen Kirche, Legat in Avignon, Abt von Casanova im Piemont und Probst von Santa Maria dei Miracoli in Mailand. Als Kardinal besaß er die Titelkirche Santa Maria in Trastevere in Rom, wo er auch seine Grabkapelle errichten ließ. Er baute nicht nur den Palazzo Altemps an der Piazza Navona in Rom, erwarb Herrschaften bei Viterbo und in Kalabrien, sondern baute sich die Luxusvilla Mondragone in Frascati in den römischen Albanerbergen.

Die Linie der Raitenauer konnte sich auch verbessern, wenngleich weniger prunkvoll. Werner von Raitenau kaufte Schloß Langenstein mit dem Dorf Orsingen im Hegau nördlich vom Überlinger See, war selbst aber als Obrist über zehn Fähnlein deutscher Landsknechte meist unterwegs. Kaum ein Jahr nach der Hochzeit wurde Wolf Dietrich geboren. Er hatte eine glanzvolle Zukunft vor sich.

Obwohl der Erstgeborene und der Neigung nach zum väterlichen Soldatenberuf drängend, wurde Wolf Dietrich angesichts dieser Beziehungen zum Heiligen Stuhl für den geistlichen Stand bestimmt. Selbst der zweitgeborene Sohn Hans Jakob widmete sich zuerst dem geistlichen Stand, wechselte dann aber doch zum Kriegshandwerk über. Schon der zwölfjährige Wolf Dietrich erhielt durch den Onkel Kardinal einen Domherrnsitz in Konstanz, wobei er Stimmrecht und Einkünfte erst nach vollendetem 24. Lebensjahr erhalten sollte, bis dahin aber Anspruch auf opulente Studiengelder, sogenannte Schülerpfründe, hatte. Und der Onkel sorgte weiter: Wolf Dietrich bekam die Basler Domprobstei verliehen, wurde Koadjutor der Stifte Murbach und Lüders im Elsaß, und als der Kardinal 1576 auf seinen Domherrensitz in Salzburg, den er 1560 erhalten hatte, verzichtete, setzte er die Wahl seines Neffen durch, der 1578 Domkapitular in Salzburg wurde. Einstweilen aber studierte Wolf Dietrich in Pavia und dann in Rom, bereiste Italien, Frankreich und Spanien, und als er das 24. Lebensjahr erreichte, meldete er sich am 20. September 1584 erstmals beim Domdechanten in Salzburg. Er legte den Eid als Domherr ab und mußte sich verpflichten, ein volles Jahr in der Stadt zu bleiben. Mit 23. September 1585 erhielt er die vollen Rechte.

In der Kleinstadt Salzburg fiel der elegante junge Domherr auf, der nur weltliches Gewand trug, mit einem Degen an der Seite, den er erst an der Kirchentür seinem Diener übergab, ebenso seinen Federhut, um dafür Chorrock und Barett anzulegen.

Am 25. Januar 1587 verstarb der Salzburger Erzbischof Georg von Kuenburg. Als die 13 stimmberechtigten Mitglieder des Domkapitels am 2. März zur Wahl zusammentraten, erhielt der Raitenauer schon im ersten Wahlgang mit 7 Stimmen die knappe Mehrheit. Doch das genügte. Ob es wirklich stimmt, daß ältere Kapitulare dem jungen Wolf Dietrich bloß die Stimme gaben, um zuerst einmal die Mehrheitsverhältnisse zu testen, bleibt offen. Und als die Nachricht in Rom einlangte, verlieh der Onkel Kardinal den freigewordenen Domherrensitz sofort seinem anderen Neffen, Marcus Sittikus von Hohenems. Der war gerade 13 Jahre alt geworden.

In Rom, in Wien und in München wurde die Wahl Wolf Dietrichs begrüßt. Ja, der bayerische Hof lud den jungen Erzbischof ein, die Fronleichnamsprozession in München abzuhalten. Die päpstliche Kurie gab kurzerhand die Altersdispens, weil nach dem Kirchenrecht Wolf Dietrich noch zu jung für einen Bischof war. Für den 19. Oktober 1587 wurde die Inthronisation festgelegt, und im strömenden Regen zog der Erzbischof vom Schloß Freisaal aus, wo er die Nacht vor Inbesitznahme seiner Stadt verbringen und die Verfassung beschwören mußte, in Salzburg ein. Mit diesem prunkvollen Einritt übernahm Wolf Dietrich die vollen Rechte und Würden des Landesherren. Damit das geschehen konnte, wurde Wolf Dietrich, der als Domherr nur die niederen Weihen hatte, am Tag vor dem Einzug in einem Zug vom Passauer Bischof zum Subdiakon, Priester und Bischof geweiht.

Als Wolf Dietrich von Raitenau Salzburger Erzbischof wurde, ließ er schon vor seiner Weihe erkennen, daß die Hofhaltung nun anders sein würde. Er ordnete in seiner ersten Hofkammersitzung an, daß die bisherige Tafel, an der der Erzbischof mit dem Hofstaat und mit dem Adel täglich teilgenommen hatte, aufgehoben wurde. Er lehnte es ab, in einer großen Kommunität mit seinen Untergebenen zu leben. Den Titel „Fürstliche Gnaden" wandelte er in „Hochfürstliche Gnaden" um, damit deutete er an, als Fürst eine Residenz nach italienischem Vorbild zu führen, mit dem unumschränkten Willen des Fürsten.

Der junge Fürst kümmerte sich aber sofort um die Administration im Lande, die im Argen lag. Er stellte ungetreue Bedienstete an den Pranger, setzte Beamte von höchsten Positionen bis zum Türsteher einfach ab und ließ schon am Tag nach der Inbesitznahme Salzburgs am 20. Oktober 1587 die Stände, Ritter, Lehensleute, Prälaten und Bürger zur Erbhuldigung antreten, wo sie dem Fürsten schworen, gehorsam und untertan zu sein. Die Bürger von Stadt und Land waren durchaus angetan von der Art, daß endlich mit Mißständen aufgeräumt wurde und Gerechtigkeit sein sollte.

Wolf Dietrich fuhr im Mai 1588 nach Rom, um dem Papst zu huldigen. Er stieg selbstverständlich im Palazzo seines Kardinal-Onkels ab und wurde vom Papst mit höchsten Ehren empfangen. Als er Anfang Juli 1588 zurückkehrte, ritt ihm das Domkapitel entgegen, der komplette Stadtrat empfing ihn vor den Toren und 49 Geschütze auf den Basteien schossen Salut. Wenige Tage später ließ der Erzbischof die Ältesten des Stadtrates zu sich kommen, um das Glaubensbekenntnis abzulegen. Stadtrat Tobias Unterholzer weigerte sich, weil er evangelisch bleiben wollte. Er wurde, wie die Chronik vermeldet, „abgeschafft". Im Religionsmandat vom 3. September 1588 zwang der Bischof die Evangelischen zur Auswanderung. Als 1595 die Cousine der Salome Alt, Felicitas Alt, den aus Salzburg ausgewiesenen Christof Weiß in Wels ehelichte, war die Ehe gegen das ausdrückliche Verbot Wolf Dietrichs zustandegekommen. Folglich verweigerte der Fürst die Ausfolgung der Mitgift in das habsburgische Nachbarland. Die Härte galt auch den Toten: Als ein Protestant starb und die Witwe nun bat, man möchte ihn bei seinen Vorfahren in der Kirche begraben, meinte Wolf Dietrich, wollte der Mann lebendig nicht in der Kirche sein, so bleibe er auch als Toter draußen.

Gegen die Jahrhundertwende zu wurde der Kirchenfürst jedoch immer milder, ja gegen Ende seiner Regierung duldete er die neue Religion ganz offen.

Den Salzburgern wurde der Landesherr bald nicht ganz geheuer: Er begann die Stadt großräumig umzubauen. Um diese riesige Baustelle zu finanzieren, wurden die Steuern drastisch erhöht. Es gab eine neue Alkoholsteuer, und die Steuerschraube wurde gedreht, wo immer man nur drehen konnte: Bei Mauten, Zöllen, der Landsknechtssteuer, Vermögenssteuer – es gab genug Möglichkeiten für ein Ungeld, wie die Steuern hießen. Als der Landesherr die Einkünfte aller Grunduntertanen überprüfen ließ, um die Abgaben neu festzusetzen, gab es einen Aufstand. Im Pinzgau versuchten die Bauern Hans Keil und Stefan Guthund einen Ausschuß zu bilden, um entweder eine Minderung der Steuern zu erreichen, oder aber das Land in die Hände des Bayernherzogs zu geben. Der fürstliche Pfleger zu Zell, Caspar

Vogl, der es verabsäumte seinem Herrn sofort zu berichten, wurde gemeinsam mit den beiden Rädelsführern geköpft. Gleichzeitig aber war Wolf Dietrich ein eifriger Bußprediger, der selbst die Kanzel bestieg, was für einen Bischof und Fürsten damals unüblich war.

Wie hat Salzburg nun Ende des 16. Jahrhunderts, bevor Erzbischof Wolf Dietrich mit dem Umbau der gotischen in eine barocke Stadt begann, ausgeschaut? Wo heute großzügige Plätze und breite Gassen sind, war ein verwinkeltes Gassennetz. Der riesige romanische Dom reichte weiter in den heutigen Domplatz hinein, und um den Dom gab es den Domfriedhof, mit einer Mauer umgeben. Das Rathaus mit seinen umliegenden Häusern hatte ungefähr die Form wie heute, ebenso die „Alte Milchgasse", nämlich die Sigmund-Haffner-Gasse, ebenso der Kranzlmarkt, die Getreidegasse, die Judengasse, die Goldgasse und Brodgasse. Der untere Teil des Alten Marktes existierte, vor der Hofapotheke stand das „Lasserhaus".

Die Bischofsburg, die heutige Residenz, hatte ihren Haupteingang zum Alten Markt zu, und dieser Trakt hieß Rinderholz, weil hier jener Holzbalken stand, an dem an Markttagen die Bauern ihr angebotenes Vieh anbanden. Die Räume über dem Rinderholz bildeten die Wohnung des Erzbischofs. Rinderholz und die daneben gebaute Türnitz mit einem Saal reichten etliche Meter über den heutigen Tomaselligarten hinaus. Neben der Bischofsburg ging die Käsgasse zur Franziskanerkirche, dort, wo heute neben dem gotischen Hochchor ein Tor in der Residenzfassade ist. Die Churfürststraße hieß damals Salzmarkt und war etwa halb so breit wie heute, sie mündete in die Abtsgasse, die in der heutigen Sigmund-Haffner-Gasse aufgegangen ist, und dazwischen stand ein Gebäude, in dem sich die Münze befand. Entlang der Sigmund-Haffner-Gasse standen Bürgerhäuser, den Ritzerbogen gab es nicht, denn dahinter lag der Frauengarten, der zum Kloster der Petersfrauen gehörte, in dem Wolf Dietrich dann die Franziskaner ansiedelte.

Die Bischofsburg war eine Anhäufung von Bauten aus verschiedenen Jahrhunderten. Darin waren auch Bäckerei, Schmiede, Arsenal und Bürostuben.

Der Domfriedhof, der einen weiten Teil des Residenzplatzes einnahm, wurde begrenzt durch den Domkreuzgang, an den die Domprobstei schloß, dort wo sie auch heute liegt. Es gab eine Pferdeschwemme, dahinter den Getreidekasten des Domkapitels, die heutige Domgarage, und wo die von Wolf Dietrich später errichteten

Die schöne Salome Alt – Porträt um 1590 aus der Erzabtei St. Peter.
Bild: Oskar Anrather

Wolf Dietrich von Raitenau – Porträt des Erzbischofs aus dem Jahr 1589.
Bild: Carolino Augusteum/E. Tischler

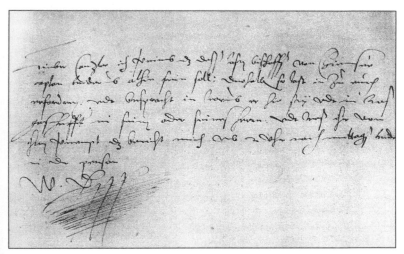

Die Handschrift Wolf Dietrichs – Eine Notiz an den Kanzler des Erzstiftes mit der eigenhändigen Unterschrift des Fürsten (um 1595).
Bild: Archiv Ritschel

Kapitelhäuser stehen, gab es kleinere Gebäude und einen sehr großen Kapitelgarten. Der ganze Verkehr wälzte sich vom Kai herkommend durch Judengasse, Getreidegasse und Gstättengasse.

An das alte Münster waren Kapellen angebaut, wie es auch vor der Bischofsburg an der Front zum späteren Residenzplatz eine Kapelle gab, ja an verschiedenen Stellen lehnten sich Verkaufsbuden an die Kirchenmauer, etwa der Messerschmiede, der Taschner und Säckler. An der Friedhofsmauer waren die Buden der Krämer oder Savoyarden, eines Petschierstechers, eines Spenglers, der Buchführer, die auch Bücher einbanden, und anderer Gewerbsleute angesiedelt.

Schon im ersten Regierungsjahr begann Wolf Dietrich zu bauen, er demolierte das Custor-Haus, den Seckauer Hof und das Ramseiderhaus, die auf einem Teil des Neugebäudes und heutigen Mozartplatzes standen, um seinen „Neubau" zu beginnen. Dieses neue Schloß sollte eine doppelte Funktion erfüllen, nämlich als erzbischöfliches Quartier während der Zeit des Umbaues der Residenz und als Absteige für hochgeborene Gäste. Der Bau gefiel dem Erzbischof nicht, weil er zu nieder war. Er ließ ihn teilweise demolieren, die Ruine blieb bis 1592 stehen, dann entstand das heutige Neugebäude, natürlich ohne Glockenspielturm und späteren Erweiterungsbau.

Es ist eine falsche Legende, daß Erzbischof Wolf Dietrich von Raitenau am großen Dombrand von 1598 eine Mitschuld hatte. Als am 11. Dezember 1598 gegen Mitternacht im Dom ein Feuer ausbrach, tuschelten die Menschen, der Fürst habe selber die Brandstiftung angeregt. Doch Wolf Dietrich versuchte, den romanischen Dom, der in seinem Inneren unzerstört war, neu eindecken und restaurieren zu lassen. Doch als eine Decke wegen baulicher Fehler einbrach, es geschah dies während einer längeren Regenperiode, faßte der Raitenauer den Plan, nun großzügig die Stadt völlig zu verändern. Im Oktober 1603 begann er 55 Häuser aufzukaufen und wegzureißen, ein Jahr später ließ er den mit hohen Kosten errichteten Palast für seinen Bruder Jakob Hannibal auf dem heutigen Mozartplatz schleifen.

Jetzt mußten italienische Baukünstler her! Die Grundidee, die Anlage des Domes mit den Plätzen, entwickelte Vincenzo Scamozzi. Der aus der venezianischen Schule hervorgegangene Architekt konnte hier planen, was ihm für eine ideale Architektur vorschwebte: Fünf Plätze. 1606 sandte Scamozzi seine Pläne, denen zufolge der Dom noch um 40 Meter länger geworden wäre. Wolf Dietrich begann den

Bau erst 1611, acht Jahre hatte der Abriß des romanischen Münsters gedauert, und so lag die riesige Baugrube brach. Man muß sich die gewaltige Baustelle vorstellen, in der Wolf Dietrich lebte. Der Residenz fügte er im Zuge des Neubaues gegen die Sigmund-Haffner-Gasse die Dietrichsruh zu, jenen Flügel, in dem Salome Alt und die Kinder wohnten und dem ein Garten vorgelagert war. Die Franziskanergasse wurde geöffnet und mit der Hofstallgasse, wo Reitschule und Stallgebäude entstanden – die heutigen Festspielhäuser – zu einer Prunkstraße, einer Via triumphalis, ausgebaut. Das Griesviertel wurde bebaut, dort entstanden die Fleischbänke. Diese Neuanlage wurde notwendig, weil Wolf Dietrich die Stadtbrücke, die Staatsbrücke, neu erbaute, die 1598 vom Hochwasser weggerissen worden war. Die neue Brücke trug Fleischbänke und Kramereien, bog sich jedoch durch, mußte also wieder abgerissen und neu gebaut werden. In Mülln wurde die Stadt mit dem Mülleggertor erweitert, die Trockenlegung des Schallmoos wurde begonnen, das Spital des Domkapitels vom Kaiviertel in das Nonntal verlegt, Franziskanerkloster und Kapuzinerkloster entstanden in ihrer heutigen Form, ebenso der Sebastiansfriedhof, in dem sich Wolf Dietrich seine Grabkapelle errichtete. Und vor der Stadtmauer entstand Schloß Altenau, heute Mirabell.

Bevor Wolf Dietrich mit dem Abriß des Domes begann, hatte er ja den Domfriedhof verkleinert und eine neue Friedhofmauer errichtet, zweigeschossig, um im oberen Geschoß, ungesehen vom Volk, von der Bischofsburg in das Neugebäude gehen zu können. Wenige Jahre später, als er den Friedhof aufließ, um sein Projekt der idealen Stadt mit den Plätzen zu verwirklichen, wurde kurzerhand auch dieser Gang wieder demoliert.

In die städtebaulichen Überlegungen Wolf Dietrichs flossen aber auch Hygienevorsorgen ein, denn mehrmals war die Pest aufgeflakkert, und Wolf Dietrich setzte drastische Maßnahmen, um Kranke zu isolieren und sperrte verseuchte Häuser.

Ein besonderes Kapitel ist die Liebesgeschichte Wolf Dietrichs mit Salome Alt.

Dieses geheimnisumwobene Verhältnis gehört ganz zentral zu Erzbischof Wolf Dietrich. Das Liebesverhältnis hat jedoch durchaus ehrfurchtgebietende Züge. Hier hielt sich ein barocker Kirchenfürst keine Mätresse, wie es vielfach geschah, sondern achtete seine Salome als verehrungswürdige Frau und Mutter.

Wie die Beziehung begonnen hat, bleibt unklar. Die Bekanntschaft ist noch in die Zeit als Domherr einzuordnen. Das läßt diese Beziehung in einem ganz anderen Licht erscheinen, denn die Salzburger Domherren waren zum Teil Söhne aus Adelsfamilien, die durch die Verleihung des Kanonikats in ihrer Existenz gesichert wurden. Sie nahmen nur die niederen Weihen und konnten somit jederzeit in den Laienstand zurückkehren, konnten heiraten, was immer wieder geschah, vor allem, wenn ältere Geschwister wegstarben und ein Nachgeborener plötzlich zur Erbfolge berufen wurde.

Die jungen Domkapitulare führten oft ein eher lockeres Leben, so daß der päpstliche Nuntius Ninguarda erbost nach Rom berichtete, daß Kapitulare Streiche verübten und maskiert des Nachts mit Musikanten und Sängern durch die Straßen wandelten. Anders Wolf Dietrich, der das eine Mädchen fand, liebte und ihm treu blieb.

Tragisch wurde diese Verbindung, als Wolf Dietrich völlig überraschend zum Erzbischof gewählt wurde und damit die höheren Weihen annehmen mußte. Einer alten Chronik zufolge kam es zur ersten Begegnung zwischen Wolf Dietrich und Salome Alt auf dem Waagplatz Nr. 1 in der Alten Stadttrinkstube. Dorthin luden die Stadträte auch Vertreter des Klerus an besonderen Feiertagen ein oder zu Hochzeiten und anderen Festen. Ob das stimmt, ist nicht feststellbar. Der junge Adelige hätte dem Mädchen auch in der väterlichen Fakturei begegnen können, wo er etwa italienische Waren bestellte. Salzburg war ja nicht groß, und man konnte einander leicht begegnen, ja mußte es wohl zwangsläufig. Zeitgenössische Aussagen bezeugen, daß Salome Alt als das schönste Mädchen Salzburgs galt, das einem höchst ehrbaren Hause entstammte. Urgroßvater Alt war aus Augsburg zugewandert. 1474 wurde Ludwig Alt Bürger von Salzburg und 1498 verlieh der deutsche König Maximilian I. der Familie ein Wappen, einen silbernen Fisch auf blauem Grund. Kaiser Karl IV. setzte dem Wappen als Krönung einen Turnierhelm auf und adelte den Träger dieses Wappens. Alt heiratete eine Nichte des Bischofs von Chiemsee, also des Salzburger Weihbischofs. Sein Sohn Ludwig wurde Stadtrat und war zeitweise Bürgermeister. 1541 wurde auch er geadelt. Die Familie wohnte in der Pfarrgasse 8, der nachmaligen Sigmund-Haffner-Gasse. Der zweite, jüngere Sohn, Wolf Alt, setzte neun Kinder in die Welt, darunter Wilhelm, der 1525 geboren wurde. Dieser Wilhelm ehelichte Magdalena Unterholzer, die wiederum fünf Kinder gebar, das fünfte war Salome, die am 21. November 1568 geboren wurde. Wilhelm Alt, Großhändler und Frächter, wurde Salzburger Ratsherr und besaß das Haus Sigmund-Haffner-Gasse 6, zwei Häuser in der Bergstraße usw.

Als Salome 17 Jahre alt war, starb der Vater, er erlebte also die Werbung des Raitenauers um die schöne Salome nicht mehr.

Die Salzburger Bürgerstochter Salome Alt wird geschildert als hochgewachsene Frau mit rötlichem Haar, hochgezogenen Brauen und großen strahlend-hellen Augen, eine edle Person, im Stil der Zeit erzogen. Das heißt ein bißchen Bildung, ein bißchen Religion und umfangreiches Wissen als Hausmütterchen. Bei Salome aber kam noch eine Bildung in Geschäftsdingen hinzu, denn schon als Kind half sie in der Faktorei, vor allem aber dem Bruder, als der Vater gestorben war, denn die älteren Schwestern wohnten nicht mehr zu Hause.

Als Erzbischof Wolf Dietrich Salome zu sich in die Residenz holte, handelte er urplötzlich als Renaissancefürst nach dem Motto Macchiavellis, wonach der absolute Herrscher niemandem Rechenschaft schulde und als unanfechtbare Person ja über dem Gesetz stehe.

Wie Salome in die Residenz kam, ist ungeklärt. Eine Legende sagt, sie soll eines Morgens dort aufgewacht sein. Das ist unglaubwürdig. Sie soll von einer Veranstaltung in der Stadttrinkstube weggeholt und zum Fürsten gebracht worden sein. Das wäre immerhin möglich, denn wir wissen, daß die Familie höchst betroffen und daß es eine fast überstürzte Flucht gewesen war. Natürlich dauerte es nicht lange, und in Salzburg hatte sich herumgesprochen, welche peinliche Affäre die Familie Alt getroffen hatte. Aber – die Firma Alt blieb Hoflieferant, die Geschäfte also blieben unberührt.

Das ist aus der Zeit heraus zu erklären. Es war kein Einzelfall, daß ein hoher fürstlicher und auch gleichzeitig geistlicher Würdenträger eine Liebschaft hatte. Ins Gerede kam sie erst, als sich zeigte, daß Wolf Dietrich, der die Frau nach und nach zur Tafel beizog und sich offen zu ihr bekannte, sie geradezu als Eheweib behandelte. Die Familie wurde in den Jahren immer größer – 15 Kinder gebar Salome ihrem Wolf Dietrich, möglicherweise waren es sogar 16. Dieses 16. Kind wäre Magdalena von Altenau, die in Niederösterreich mit Gabriel Gerhardt von Falbenstein, der in Diensten des Stiftes Göttweig stand, verheiratet war. Sie fehlt im offiziellen Stammbaum.

Salome sprach von dem Mann, an dessen Seite sie lebte, stets als „meinem gnädigsten Herrn".

Wolf Dietrich erbaute für sie Schloß Altenau als Landsitz, heute Schloß Mirabell, ließ von der Residenz aus in die Franziskanerkirche ein Gebetsstübchen bauen, indem er die Kirchenmauer durchbrach, damit Salome so dem Gottesdienst beiwohnen konnte, und schuf ihr einen eigenen Wohnbereich im heutigen Toskanatrakt der Residenz.

Die Geschichte von der angeblichen Scheinehe stimmt aller Wahrscheinlichkeit nach. Der Erzbischof hat mehrmals in Rom um Ehedispens angesucht, hat die Lage verkannt und dürfte die Frau, die von Gewissensbissen gequält wurde, durch eine Scheintrauung beruhigt haben. Nach dem Sturz Wolf Dietrichs hat Salome bei den Einvernahmen durch den Sondernuntius Diaz, wie Protokolle im Vatikan belegen, erklärt, sie sei rechtmäßig Wolf Dietrich zugetan.

Bezeichnenderweise wurde im ganzen Verfahren gegen Wolf Dietrich nie negativ gegen Salome Stellung bezogen. Sie war auf Bitten Wolf Dietrichs samt den Kindern vom Kaiser mit dem Prädikat von Altenau in den Reichsadelsstand erhoben worden mit der Begründung, „indem sie bei einer fürnemen geistlichen Person, welche dem Hl. Römischen Reich und des kais. Majestät höchst löbl. Haus Österreich nicht wenig gedient, etliche Kinder Manns- und Weibsstammes erzeugt".

Wolf Dietrich von Raitenau stürzte wegen seiner Auseinandersetzung mit Herzog Maximilian von Bayern. Maximilian war das Haupt der Katholischen Liga, um den neuen evangelischen Glauben zu bekämpfen. Wolf Dietrich entzog sich den Verpflichtungen dieser Liga und peilte Neutralität an. Maximilian wiederum bezeichnete den Erzbischof als einen Menschen mit einem „zwielichtigen Lebenswandel".

Die Fehde der Nachbarn hatte einen handfesten Hintergrund, nämlich das Salz. Herzog Maximilian wollte aus den Salzverträgen zwischen den beiden Ländern aussteigen. Der bayerische Anteil an der Salzgewinnung war zu klein, und es mußte sehr aufwendig geschürft werden. Salzburg wiederum brauchte die bayerischen Straßen- und Wasserwege, um das Salz aus den Salinen abzutransportieren. Es war 1610, als eines Tages die Halleiner Salzfertiger an den bayerischen Grenzen in Schärding und Braunau vor der Tatsache standen, daß Bayern doppelte Einfuhrzölle verlangte. Wolf Dietrich meinte, das Salz sei schon ab der Übernahme in Hallein bayerisches Eigentum geworden, auf das man nicht noch einmal Zoll schlagen könne. Maximilian taktierte klug. Wolf Dietrich wurde schließlich wütend und verkündete, man solle also die Verträge „zu Wasser gehen lassen". Bayern hatte es darauf angelegt, aber Salzburg stand nun als jene Partei da, die die Verträge brach. Salzburg erbaute nun eine neue Straße, um das in Fässer verpackte Salz einerseits über St. Wolfgang nach Oberösterreich und andererseits durch Saumpfade über das Gebirge nach Tirol, also in habsburgische Lande zu bringen. Daraufhin stieg in Bayern der Salzpreis stark an. Im Sommer 1611 ließ Wolf Dietrich durch seine Soldaten die Straße von Schellenberg nach Hallein, wie auch die anderen Ausfuhrwege Berchtesgadens besetzen, wodurch das Gebiet abgeschnitten war.

Bayern ließ nun seinerseits eine neue Straße bauen, die Salzburger Gebiet nicht mehr berührte. Als jedoch in Berchtesgaden eine zweite Sudpfanne errichtet wurde, um mehr Salz zu produzieren, eskalierte der Streit. In der Nacht vom 7. auf 8. Oktober 1611 besetzten einige hundert Soldaten Berchtesgaden, die dortigen Mannen wurden entwaffnet und Brücken und Wege zerstört. Erst zwei Tage später schlug Wolf Dietrich dem Herzog Maximilian brieflich vor, ein unparteiisches Schiedsgericht einen Vergleich ausarbeiten zu lassen. Doch der Brief endete mit den Worten, daß Wolf Dietrich seine Rechte bis zum letzten Blutstropfen verteidigen würde.

Der bayerische Herzog ließ bei Burghausen am Inn etwa 10.000 Mann aufmarschieren. Schlau ließ er das Domkapitel wissen, er sei mit ihm ja nicht im Kriege und würde, wenn er dem Erzbischof mit Waffen gegenübertreten werde, die Rechte des Kapitels nicht antasten. Das Kapitel taktierte vorsichtig zwischen Erzbischof und Herzog, wobei die in Salzburg residierenden Kanoniker voreinander einen Eid ablegten, es zu keinem Krieg mit Bayern kommen zu lassen.

Wolf Dietrich gab sich zuerst martialisch, doch rasch schlug seine Stimmung um, er wurde weinerlich. Er war gesundheitlich angeschlagen, im Winter 1604 hatte er einen Schlaganfall erlitten. Alle diplomatischen Versuche, einen Frieden herzustellen, scheiterten. Wolf Dietrich bot die Landwehr auf, ließ die Orte und Befestigungen bemannen. Doch als sich die Stadt Tittmoning nach einem Tag Gegenwehr ergeben mußte, geriet der Bischof in Panik und beschloß zu fliehen. Am 23. Oktober 1611 morgens verließ Salome von Altenau mit den Kindern und mit sieben mit Wertsachen, Gold und Kleidern bepackten Wagen die Residenzstadt. Gegen 8 Uhr Abend ritt Wolf Dietrich durch das Steintor hinaus. Er sollte als Gefangener wiederkehren.

Als Erzbischof Wolf Dietrich am 23. Oktober 1611 vor den anrückenden bayerischen Truppen aus Salzburg geflohen war, übernahm das Domkapitel die Regierungsgeschäfte. In Wolf Dietrichs Kassa fand sich nur ein geringer Betrag, also mußte die Bürgerschaft sofort 21.000 Gulden aufbringen, um die salzburgischen Truppen, die Wolf Dietrich mobilisiert hatte, zu entlassen. Die Besetzung von Berchtesgaden wurde aufgehoben, und mühsam erreichte das Kapitel, daß Maximilian nicht mit seinem ganzen Heer in die Stadt einzog, sondern sich mit drei Fähnlein Soldaten begnügte, das waren 800 Mann. Der Bayernherzog wollte zuerst die Hohensalzburg besetzen, war dann aber mit einer kleinen bayerischen Besatzung in der Stadt zufrieden, die noch dazu unter den Befehl des Domkapitels gestellt wurde. Am 26. November 1611 ritt Herzog Maximilian an der Spitze von nochmals 800 Mann und 200 Reitern unter dem Titel eines „Protektors" in die Stadt Salzburg ein.

Während Salome Altenau und die Kinder nach Wels fuhren, floh Wolf Dietrich ins Gebirge. Er stieg zuerst im Pfarrhof von Altenmarkt ab, fuhr dann weiter nach Schloß Moosham im Lungau, wohin er seinen Bruder Rudolf von Raitenau, den Vizedom von Friesach, bestellt hatte. Der Flüchtling war erschöpft. Erst am zeitigen Morgen des 27. Oktober 1611 verließ er Moosham. Seine Beine waren angeschwollen, er fuhr in der Kutsche. Nur etwa 20 Kilometer vor dem schützenden Gmünd, – die befestigte Stadt war Salzburger Besitz –, holten fünf bayerische Reiter den Flüchtling ein. Die Gefangennahme erfolgte schon auf Kärntner Seite, weshalb später Erzherzog Ferdinand, dem Kärnten gehörte, protestierte. Doch Herzog Maximilian von Bayern entgegnete, die Grenzverletzung sei ohne sein Wissen geschehen und es könne einem Jäger ja passieren, daß sich seine Hunde über Reviergrenzen verirrten.

Der Erzbischof wurde vorerst in der Festung Hohenwerfen inhaftiert. Eine Delegation des Kapitels bot ihm für den Fall der Resignation jährlich 30.000 Gulden Pension an und die Zusicherung, das Gut seiner Familie würde nicht angetastet werden. Der Gefangene versuchte zu taktieren, seine Stimmungen schlugen jäh um, einmal kämpferisch, dann resigniert, dann aufgebracht, dann wieder sich selber beklagend. 1905 wurden bei einer Restaurierung in Hohenwerfen an die Wand geschriebene Sgraffiti frei, die der Historiker Franz Martin als Handschrift Wolf Dietrichs erkannte. Die an die Wand geschriebenen Zeilen sind leider nicht mehr sichtbar. Doch die Zeilen sind überliefert. Wolf Dietrich hatte folgendermaßen gereimt:

Gibt in der Welt viel Trug
Tue Recht und fürcht die (Lug),
Damit war ich betrogen,
Ich tat Recht und ward (verlogen)
Lieb ist Laydes Anfangkh,
Über kurz oder langkh. W. D., also mit den Initialen Wolf Dietrichs unterschrieben.

Gegen Ende November 1611 wurde der Gefangene von Werfen nach Salzburg gebracht, abgeschirmt von 75 Musketieren. Die Eskorte gelangte am 23. November um 5 Uhr früh durch das Nonnberger Tor über den Hohen Weg in die Hohensalzburg. Wolf Dietrich wollte schnurstracks in die Fürstenzimmer gehen, doch der bayerische Offizier drohte Gewalt an, wenn er nicht freiwillig aus diesen Räumen ginge.

Nun begann das Tauziehen um das künftige Schicksal des Fürsten und Erzbischofs.

Als Erzbischof Wolf Dietrich um die Form seiner Abdankung kämpfte, sah es zuerst so aus, als ob er eine Pension erhalten und freigelassen werden sollte. Hektische Post wanderte zwischen den Interessensparteien hin und her, von München nach Rom, von Salzburg nach Rom, von Wolf Dietrich nach Rom usw. Seine zittrige Schrift läßt erkennen, daß er damals schon ein gebrochener Mann war. Rom entsandte den spanischen Magister und Prälaten Antonio Diaz, Mitglied des vatikanischen Staatsrates, als Sondernuntius nach Salzburg. Er erreichte Wolf Dietrichs Auslieferung in päpstlichen Gewahrsam und ließ 21 Soldaten nach dem Muster der Schweizergarde in eine gelb-rote Uniform einkleiden und vereidigte die Soldaten in St. Peter. Nach langwierigen Verhandlungen war Wolf Dietrich am 17. März 1612 zur Resignation bereit. In der Sakristei in der Nonnberger Stiftskirche las der Nuntius Wolf Dietrich die Rücktrittsurkunde vor. Dieser feilschte noch um die Höhe der Pension und um Gelder, die er für Salome und die Kinder in Tirol angelegt hatte. Die Zukunft für sich und die Familie waren die wichtigsten Forderungen. Schließlich legte er seine Hand an die Brust als Zeichen der Zustimmung. Tags darauf schrieb Wolf Dietrich an den Papst, man solle ihn freilassen und ihm die Schuldbriefe für seine Kinder übergeben. Vergeblich. Die Zeit verstrich. Am 18. März 1612 wurde sein Vetter Marcus Sittikus von Hohenems zum neuen Erzbischof gewählt.

Sicher, man wollte Wolf Dietrich freilassen. Marcus Sittikus wollte, daß sein Vorgänger verpflichtet werde, in Rom zu residieren. Rom stimmte zu, verschob aber die Freilassung, weil man nicht wußte, was man mit dem abgesetzten Fürsten tun sollte. Herzog Maximilian von Bayern war nicht interessiert, den Raitenauer nach Rom zu lassen, wo dieser für sich hätte gut Wetter machen können.

Wolf Dietrich konnte sich relativ frei innerhalb der Festung bewegen. Doch als er unbedacht äußerte, er habe zwar als Bischof resigniert, betrachte sich aber noch immer als Fürst von Salzburg und werde den neuen Kaiser um eine Entscheidung bitten, ordnete der Nuntius strengere Haft an. Mit zwei Franziskanern und drei Dienern wurde Wolf Dietrich im Hohen Stock der Festung eingesperrt. Jeder Verkehr mit der Außenwelt wurde verboten. Es sind jene Zimmer, in denen heute das Rainermuseum untergebracht ist. Bei einem Türbogen ist noch die Durchreiche sichtbar, durch die die notwendige Versorgung durchgeführt wurde. Der Gefangene schmuggelte Briefe aus der Haft. Systematisch wurden dadurch die Haftbedingungen schlechter, so daß sogar die Fenster komplett vernagelt wurden. Die Brüder Wolf Dietrichs reisten zum Papst und zum Kaiser. Zum Schluß teilten nur mehr zwei Patres und ein Barbier die Haft Wolf Dietrichs. Ein Fluchtplan dreier Soldaten, die sich hohen Lohn erhofften, wurde durch Zufall entdeckt; zweien gelang die Flucht, einer wurde nach der Tortur zum Tod verurteilt und hingerichtet.

Schließlich ließ man die Brüder Wolf Dietrichs an den diversen Höfen gar nicht mehr vor. Die Interventionen hörten auf.

Wolf Dietrich, aber auch seine Begleitung, hatten vom Sommer 1612 bis zu seinem Tod am 16. Jänner 1617 nie mehr die mit Brettern verschalten Stuben des Hohen Stockes verlassen dürfen. Es gab keinen Ausgang, keinen Spaziergang, keine Besuche.

Am 15. Jänner 1617 erlitt Wolf Dietrich einen sechs Stunden dauernden epileptischen Anfall. In der darauffolgenden Nacht wurde er zusehends schwächer, am Morgen des 16. Jänner 1617 wiederholte sich der Anfall. Marcus Sittikus wollte auf die Festung fahren, doch Glatteis hielt ihn auf. Als er hörte, sein Vorgänger liege in Agonie, kehrte er wieder um.

Wolf Dietrich wurde am 19. Jänner 1617 in der von ihm erbauten Gabrielskapelle auf dem Sebastiansfriedhof zu Grabe gelegt, entgegen seinen Anordnungen mit riesigem Pomp.

Die Idylle von Maria Kirchental

Besucht man die Wallfahrtskirche Maria Kirchental oberhalb von St. Martin bei Lofer, so fragt man sich, wie es kommt, daß an einem so abgelegenen Ort in einem Hochtal, das nur schwer zugänglich gewesen ist, denn die Zufahrtsstraße existiert knapp 50 Jahre, ein Kirchenbau des berühmten Barockarchitekten Johann Bernhard Fischer von Erlach steht. Dieser im Volksmund „Pinzgauer Dom" genannte Bau ist ja wahrhaftig ein Juwel in der traumhaft schönen Gebirgslandschaft im Talschluß des „Kircher-Tals". Der Name kommt daher, daß der unterhalb gelegene Ort St. Martin bis zum Jahr 1803 dem Augustiner Chorherrenstift St. Zeno in Reichenhall zugehörig war. Die Einwohner des Kirchweilers und die sogenannten Umwohner, die noch zum Kirchensprengel gehörten, waren die „Kircher". Und diese Kircher hatten in dem Hochtal zu Füßen der Loferer Steinberge Weide- und Holznutzungsrechte. Ein besonders frommer Knecht baute um 1670 eine kleine Holzkapelle, denn Rupert Schmuck konnte seine Arbeitsstätte im Sommer nicht verlassen, um die Messe in der Pfarrkirche St. Martin im Ort zu besuchen, und so baute er seine eigene Andachtsstätte, die kaum zwei Jahrzehnte später einer schon gemauerten Kapelle weichen mußte.

Als die Pfarrkirche St. Martin barockisiert wurde, wußte man mit einer gotischen Skulptur einer thronenden Muttergottes mit Kind nichts anzufangen und man stellte sie 1689 in

Die Wallfahrtskirche Maria Kirchenthal – Aquarellierte Zeichnung von Bernhard Fiedler (1816–1904) aus dem Jahre 1869. Bild: Carolino Augusteum

die Kapelle im Kircher-Tal. Die Holzknechte und Sennerinnen erzählten alsbald, der Blick dieser Madonna sei tieftraurig, ja zuweilen weine sie. Das sprach sich in der ganzen Gegend herum und immer mehr Menschen kamen, um die „Liebe Frau vom Kirchertal" zu besuchen und um zu beten.

Als Erzbischof Johann Ernest Graf von Thun davon erfuhr, stieg er selbst im Jahr 1691 zu der Kapelle auf, Untersuchungen der Diözesanbehörden aber auch aus Rom folgten. Schließlich wurde dieser Ort zum Gnadenort erklärt und die Wallfahrt dorthin bewilligt.

Der Erzbischof hatte aus Wien Fischer von Erlach nach Salzburg berufen, denn nun setzte nach den italienischen Architekten die Berufung österreichischer Barockbaumeister und Architekten ein. Und er bekam so auch den Auftrag, diese Wallfahrtskirche zu errichten. 1694 war der Bauplan fertig, und fünf Jahre später stand der Bau, dessen Innenausstattung noch zwei Jahre länger brauchte. Doch zu Mariä Geburt im Jahre 1701 weihte der Bischof von Seckau, Rudolf Graf von Thun, ein Neffe des Salzburger Erzbischofs, die Wallfahrtskirche. In harter Arbeit hatten die Bewohner St. Martins und Wallfahrer Felsbrocken, Ziegel, Kalk, Bausand und was immer der Bau benötigte, in das Hochtal geschleppt, um zu dem Bau beizutragen. Es hatte sich nämlich gezeigt, daß die veranschlagten 40.000 Gulden nicht ausreichten, weil vor allem die Transportkosten explodierten. Viele Salzburger Gemeinden spendeten, und der Erzbischof zahlte manche Rechnungen aus seiner Privatschatulle. Aus dem Salzburger Land, aus dem Bayerischen und dem Tirolischen zogen Prozessionen betend, singend den Berg hinan zur Wallfahrt nach Maria Kirchental. Wenn auch nicht in dieser Dichte, so ist dennoch der Wallfahrtsort begehrt geblieben und wird regelmäßig besucht. Mehr als zweitausend Ex-Voto-Tafeln, also Votivbilder mit oft rührenden Szenen, bezeugten Hilfsbitten, Danksagungen und Gelübden. Etwa die Hälfte davon sind heute noch erhalten und in einer eigenen Sakristei aneinandergefügt aufgehängt. Dieser Teil der Kirche kann nur mit einer Führung besucht werden, weil die Diebstahlsgefahr leider zu groß ist. Mit dem alten Regenshaus, dem Mesnerhaus und dem Talwirtshaus rings um die Kirche ist ein friedliches Ensemble in dem Talschluß geschaffen worden, das jeden Besucher beeindruckt.

Die Hohensalzburg

Die Festung Hohensalzburg ist das Wahrzeichen der Stadt. Aber gleichzeitig auch ein weithin sichtbares Zeichen landesherrlicher Macht. Es gab Zeiten, in denen die Silhouette der Festung den Bewohnern nicht krönender Abschluß der Stadt war, sondern als Bedrohung durch die starke Hand des Landesherrn schien, der den Bürgern Rechte, die andere freie Städte längst errungen hatten, verwehrte. Diese riesige Anlage der Festung ist eine Stadt für sich: zum einen Schloß der Fürsten mit allem, was dazugehörte, sei es der Fechtboden, der Getreidespeicher, die Bäckerei, die Tischlerei, die Schmieden, die Ställe usw., und zum anderen ausgedehnte Kaserne, Festungsgänge und Wälle, aber auch Gefängnis, ja Kerker. Auf jeden Fall ist es ein mächtiges Bollwerk, das niemals erobert worden ist. Ein einziges Mal wurde es kampflos den Feinden überlassen, und zwar am 15. Dezember des Jahres 1800, als durch Mirabell- und Klausentor französische Truppen in die Stadt eindrangen und sie besetzten. Es war auch in der mehr als siebenhundertjährigen Geschichte das erste Mal, daß fremde Soldaten – ein französischer Hauptmann mit siebzig Mann – den Festungsbereich betraten.

Sechs Jahrzehnte später, im Jahre 1861, bewilligte Kaiser Franz Josef I. die „Abdankung" der Hohensalzburg und auch der Stadt als Festung, und fünf Jahre später schenkte er der Gemeinde anläßlich der 50jährigen Zugehörigkeit Salzburgs zur österreichischen Monarchie mit „Allerhöchster Entschließung" die Festungswerke zwischen Linzer Tor und dem Schloß Mirabell bis an die Salzach. Salzburg drohte bereits aus den Nähten zu platzen, und die Demolierung dieser Festungswerke ließ daher auch nicht lange auf sich warten. Jahrzehntelang ging die Mär, nur eine knappe Stimmenmehrheit hätte in diesen späten Sechzigerjahren des 19. Jahrhunderts verhindert, die Festung abzureißen, um das Steinmaterial und Mauerwerk für die Salzach-Regulierung zu verwenden. Ein Salzburger Historiker konnte vor etlichen Jahren nachweisen, daß dieses Gerücht auf einem Mißverständnis beruhte, daß man die Festung mit den städtischen Festungswerken, die damals geschleift wurden, verwechselt hat. Doch bis zum Ausgang des Ersten Weltkriegs diente die Festung als Kaserne und Gefängnis, obwohl schon 1891 eine Festungsbahn errichtet wurde, um das Bollwerk dem Fremdenverkehr zu erschließen. 1925 wurde die Festung einer ihrer letzten Funktionen beraubt. Es wurden die Alarmschüsse bei Feuer und Hochwassergefahr eingestellt, weil es nun das Telefon gab.

Die Hohensalzburg entstand durch die Jahrhunderte hindurch als das gemeinschaftliche Werk fast aller Erzbischöfe, denn die Vielfalt von Festungswerken entstand nach Bedarf und naturgemäß in Anpassung an die verbesserte Waffentechnik. Schon vor der ersten Burg hatten Kelten und Römer auf dem Festungsberg gesiedelt, wenngleich in vermutlich geringem Ausmaß. Das wissen wir aus den Ausgrabungen der letzten Jahre. Der Mittelteil der Anlage auf der höchsten Erhebung des Festungsberges geht in die Zeit des Investiturstreites zurück, als sich Erzbischof Gebhard durch seine Papsttreue Kaiser Friedrich Barbarossa zum Feind gemacht hatte. Wir kennen die erste Festung nicht. Da sie 1077 in aller Eile errichtet werden mußte, dürfte es nur ein einfacher Bau aus Holzpalisaden gewesen sein. Erzbischof Konrad I. baute dann einen Wohnturm, den er 1111 beziehen mußte, weil sein Verbleiben in der Stadt zu unsicher geworden war. Die Auseinandersetzung zwischen Papst und Kaiser hatte Furchen im Domkapitel und durch die Adelsfamilien gezogen. Im Kapitel und unter den Ministerialen gab es eine Verschwörung gegen den Erzbischof, der die Festung schleunigst uneinnehmbar machte.

Das Wappen mit der Rübe – Leonhard von Keutschach war der wichtigste Bauherr der Festung Hohensalzburg, der sich mit seinem Wappen vielmals verewigte. Bild: Archiv Ritschel

So wie Erzbischof Konrad I., der von 1106 bis 1147 regierte, lebten auch die Erzbischöfe Bernhard von Rohr, er regierte von 1466 bis 1482, und Johann von Gran, 1482 bis 1489, meist auf der Burg. Johann sorgte dabei für die Wohnlichkeit der Räume, denn von ihm stammt die spätgotische Ausstattung des Hohen Stokkes, des fürstlichen Pallas. Von dem romanischen Wohnturm Konrads ließ er nur die Außenmauern stehen, zog Gewölbe ein, rundbogige Türen, setzte größere Fenster ein und verschalte die Decken mit Holz. Aus dem roten Adneter Marmor entstanden wunderschön gedrehte Säulen. An diesem Hohen Stock und am großen Schüttkasten sind auch die Wappen Erzbischof Johanns angebracht – die ältesten in Stein gehauenen Fürstenwappen Salzburgs. Während des Umbaues des Hohen Stockes hatte der Erzbischof wohl im Schüttkasten gewohnt und auch dort sein Wappen angebracht. Auch sein Nachfolger, Graf Friedrich von Schaunburg, starb nach nur vierjähriger Regierungszeit auf der Festung. Übrigens: Landesherr war Schaunburg nur dem Namen nach, denn in Wirklichkeit war eine Frau Regentin des Landes gewesen, mit der er 14 Jahre zusammengelebt und einen Sohn gezeugt hatte, der die Bürger wegen seiner Verschwendungssucht ständig gegen sich aufbrachte. Frau und Sohn wurden nach dem Tod des Landesherrn verhaftet, vor Gericht freigesprochen, aber des Landes verwiesen.

Der wichtigste Bauherr der Hohensalzburg aber war Erzbischof Leonhard von Keutschach, der von 1495 bis 1519 regierte. Das ist schon allein daran zu erkennen, daß er auf der Festung 57 Mal sein Wappen, die Rübe, anbringen ließ. Um den Wohntrakt, also den Hohen Stock, stellte er 1496 die alles beherrschenden viereckigen Türme. Es sind dies Reck-, Hasen- und Geyerturm; ein Vorgänger, Erzbischof Kardinal Burkhart von Weißpriach, hatte bereits 1465 vier Rundtürme errichtet, von denen noch drei, nämlich der Trompeter-, Arrestanten- und Glockenturm erhalten sind. Erst durch die Ausgrabungen der letzten Jahre wissen wir, daß Leonhard eine romanische Kirche abreißen ließ, um mehr Platz für seine Wohngemächer im Hohen Stock zu bekommen und dafür eine neue Festungskirche, St. Georg, wie wir sie heute kennen, erbauen ließ, an deren Außenwand er sich riesengroß auf einem Reliefbild des spätgotischen Bildhauers Hans Valkenauer in vollem Ornat darstellen ließ. Der Keutschacher hielt sich am liebsten in der Festung auf. Deshalb ließ er ja die Innenbauten erweitern und prunkvoll ausstatten, wie es sich für einen Fürsten des Heiligen Römischen Reiches eben geziemte. Die Goldene Stube und die verschiedenen Ritterstuben geben uns einen guten Eindruck davon.

Und so bauten die Erzbischöfe weiter, etwa Matthäus Lang von Wellenburg, der den Sperrturm mit dem späteren Namen „Bürgermeister" 1523 nach einem Aufstand der Bürgerschaft zur Verstärkung errichten ließ, oder die dreißig Meter hoch aufragende Kuenburgbastei und schließlich die Verbindung der eigentlichen Festung mit den Vorwerken der Stadt zu einem ganzen Festungskomplex durch Erzbischof Paris Lodron in den Wirren des Dreißigjährigen Krieges, aus denen er Salzburg heraushalten konnte. Die steilen Hänge zur Festung, die völlig kahlgeschlagen waren, gaben der Anlage schon einen höchst bedrohlichen Anstrich.

Maria Vinzenz Süß, Gründer des Museums

Der Salzburger Museumsverein hat kürzlich sein 75. Bestandsjubiläum gefeiert. Das landes- und stadtgeschichtliche Museum Carolino Augusteum selbst ist jedoch mehr als doppelt so alt. Und es ist ein Beispiel für die Initiative eines Menschen, was er erreichen kann, wenn er eine Idee hartnäckig verfolgt. Am 1. Oktober 1835 gab der städtische Steuer- und Cassieramtskontrollor Maria Vinzenz Süß im Salzburger Amts- und Intelligenzblatt bekannt, daß auch Salzburg ein „förmliches Provinzialmuseum" besitze. Das war gar nicht so leicht zu verwirklichen. 1803 hatte das Land Salzburg seine Souveränität verloren, und als es 1816 endgültig an Österreich kam, wurde es als Salzachkreis der oberösterreichischen Verwaltung unterstellt. Da Linz ein eigenes Landesmuseum ins Leben rief, gab es Proteste gegen solche Versuche in Salzburg, so daß rechtlich gesehen nur ein städtisches Museum gegründet werden konnte, wenngleich seine Aufgabe von Anbeginn an die eines Landesmuseums gewesen ist. Vinzenz Maria Süß, am 15. Jänner 1802 in Weißenbach am Attersee geboren, hatte eine Ausbildung als Lehrer, wurde jedoch 1829 Steuer- und Cassieramtskontrollor des Stadtmagistrats Salzburg und hatte ganz auf sich allein gestellt und ohne alle Mittel begonnen, Salisburgensien, auf welcher Ebene auch immer, für ein Museum zusammenzutragen. Er wollte nicht, daß nach all den Verlusten, die Salzburg bereits erlitten hatte, die Reste womöglich nach Linz abwandern könnten. Er fand Helfer, die in den einzelnen Orten im ganzen Lande für ihn tätig waren. Er fand Mandatare, die sich in den Dienst der Sache stellten, und Bürgermeister Alois Lergetporer unterstützte tatkräftig das neue Museum. Schließlich gab Linz nach. 1843 wechselte Süß seine berufliche Position, er wurde Verwalter des Leihhauses. Bis 1844 existierte das Museum ausschließlich von Spenden aus der Bürgerschaft. 1850 übernahm auf Bitten Salzburgs die Kaiserinwitwe Carolina Augusta die Schirmherrschaft über das Museum, und 1852 ging es dann in städtische Verwaltung über.

Maria Vinzenz Süß wurde 1852 Ehrenbürger der Stadt Salzburg, damit erkannte die Stadt an, welch wertvolle Sammlung sie in ihre Betreuung übernommen hatte. Am Anfang hatte Süß zwei Räume des städtischen Getreidemagazins am Unteren Gries zur Verfügung bekommen, wo Zeugnisse der Landesgeschichte, militärhistorische Gegenstände, Bücher, Urkunden, Münzen, Mineralien, Pflanzen, Bilder und Möbel untergebracht werden mußten.

Im Jahr 1855 wurde Süß zum Konservator der Baudenkmale des Kronlandes Salzburg, also zum Landeskonservator, ernannt. Aus seiner Feder flossen auch mehrere Publikationen, wie „Die Bürgermeister von Salzburg 1433 bis 1840" oder „Die mittelalterlichen Burgen und Schlösser im Herzogtume Salzburg", aber auch ein Kompendium mit Salzburger Volksliedern und eine Buchdrucker- und Buchhandelsgeschichte aus dem Erzbistum. Als Süß 1863 in den Ruhestand trat, war er am Ende seiner physischen Kraft, völlig verbraucht. Nun wendete er sich voll seinen Sammlungen zu, um sie zu inventarisieren. Inzwischen war aus der Einmann-Sammlung ja ein echtes Museum entstanden, mit Gemälden, Stichen, Zeichnungen, Skulpturen, Münzen, Möbeln, Musikinstrumenten, naturwissenschaftlichen Gegenständen, Mineralien, volkskundlichem Gerät und anderem mehr. Der urnenfelderzeitliche Bronzehelm vom Paß Lueg, der Halleiner Flügelaltar mit der Anbetung der Heiligen Drei Könige, die Valkenauer Plastiken für das geplante Kaisergrab in Speyer usw. gehörten bereits dem Museum. Doch der Gründer selbst hatte nicht mehr lange Zeit, denn mit 66 Jahren, am 5. Mai 1868, verstarb er.

Der Fund von der Maschlalm

Im Salzburger Museum Carolino Augusteum waren anläßlich der 75. Bestandsfeier des Museumsvereins jene Gegenstände und Bilder ausgestellt, die der Museumsverein in 75 Jahren seines Bestehens für das Museum erworben hat. Zu einem Gegenstand ist nun auch in der Schriftenreihe „Das Kunstwerk des Monats" aus der Feder des Landesarchäologen und Kustos der archäologischen Abteilung des Museums, Fritz Moosleitner, eine höchst interessante Beschreibung erschienen. Es handelt sich um das originale Fragment eines Halsreifens mit Petschaftenden, also Siegeln aus massivem Gold aus dem 4. Jahrhundert vor Christus. Nach dem Fundort auf der Maschlalm im Seidlwinkltal trägt dieser Fund auch den Titel „Goldener Halsreif von der Maschlalm". Es ist ein Fragment, denn es ist nur das eine Siegelende mit dem Knauf und wunderschönen Verzierungen und einem etwa 11 cm langen Rest des glatten Reifens. Doch man weiß aus wenigen Vergleichsstücken dieser keltischen Kunst, wie das gesamte Stück ausgesehen hat, und so liegt neben dem Fragment auch die komplette Rekonstruktion dieses Halsschmucks. Das Stück beweist die hohe Entwicklung der Kunst der Kelten, die griechische und etruskische Formen aufgenommen, aber völlig eigenständig verändert haben.

Doch mir geht es hier nicht um die kunsthistorische Wertung, sondern um das Schicksal dieses Fundes. Es war im Frühjahr 1874, als der ungarische Taglöhner Josef Miksa im Bereich der Maschlalm, in etwa 1400 Meter Seehöhe, beim Ausgraben eines Wurzelstocks diesen goldenen Rest des keltischen Halsreifens fand. Er schwieg darüber. Etwa zwei Jahrzehnte später, er war inzwischen wieder in Ungarn, zeigte er seinen Fund einem Vergolder. Der verständigte die Behörden. Gegen den Finder wurde eine Untersuchung durchgeführt, der Fund selber wurde 1902 in das ungarische Nationalmuseum in Budapest gebracht. Ungarische Behörden wandten sich nun an das Carolino Augusteum mit der Bitte, die Angaben des Taglöhners zu überprüfen. Das Museum wollte den Fund natürlich nach Salzburg bekommen. Das k. k. Ministerium für Kultus- und Unterricht schaltete sich ein, die Verhandlungen zogen sich über mehrere Jahre dahin. Schließlich kam das Fragment 1911 nach Salzburg.

Hier bildete dieser Teil des Halsringes eines der Glanzstücke, international von Fachleuten untersucht, denn bisher wurden insgesamt nur zehn solcher Halsreifen gefunden.

Drohende Luftangriffe führten dazu, daß ab 1944 wichtige Gegenstände ausgelagert wurden. Zusammen mit der Münzsammlung kam auch der Halsring in den Wolf-Dietrich-Stollen des Halleiner Salzbergwerkes. Der war militärisch bewacht, nach Kriegsende übernahmen amerikanische GIs die Bewachung. In dieser Zeit gingen Teile des Münzschatzes verloren, aber auch der keltische Halsring.

1972 erschien ein amerikanischer Münzhändler im British Museum in London und bat um Begutachtung eines Halsringfragmentes. Die zuständige Kustodin für keltische Kunst, Catherine Johns, war fasziniert, glaubte an ein Original, blätterte in einem Werk über frühe keltische Kunst und fand darin das Fragment abgebildet mit dem Hinweis, das liege im Salzburger Museum. Sie glaubte nun eine perfekte Kopie gesehen zu haben. Ein Jahr später traf sie bei einer Tagung in Laibach den Salzburger Dozenten Norbert Heger vom Institut für Alte Geschichte und Altertumskunde, der bei einem Abendessen ihr Tischnachbar war. Sie erzählte ihm von ihrer Entdeckung und hatte nichts vom Diebstahl des Reifens gewußt. Das Museum trat nun mit dem Händler in Kontakt, doch die geforderte Summe war nicht aufzubringen. 1977 schließlich sollte der Halsreifen in London versteigert werden. Eine Intervention führte dazu, daß das Stück zurückgezogen wurde. Schließlich war der amerikanische Händler mit 15.000 Schweizer Franken plus zweier Eintrittskarten für die Festspiele zufrieden. Doch der damalige Verwaltungsrat lehnte den Ankauf ab. Die Direktorin Friederike Prodinger bat nun den Museumsverein um Hilfe. 1978 kehrte der Keltenfund nach Salzburg zurück.

Ein vergessener Salzburger

„Er geht schnell, spricht schnell, schreibt schnell und denkt auch schnell", so wurde ein Salzburger bezeichnet, in seiner Zeit ein höchst bedeutender Mann, der völlig dem Vergessen anheimgefallen ist. Es handelt sich um Johann Paul Harl, der am 9. Juli 1773 in Hof bei

Salzburg, also im Flachgau, geboren worden ist. Er besuchte in der Stadt das Akademische Gymnasium, das Priesterseminar und schließlich die Universität. Mit 27 Jahren war er selber bereits Professor für Pädagogik an der Hohen Schule Salzburgs. Er publizierte fleißig, und bald drang sein pädagogischer Ruf weit über Salzburg hinaus. Doch schon 1803 verließ er plötzlich Salzburg, übersiedelte nach Berlin, wo er als Privatgelehrter lebte. Eine Arbeit nach der anderen entstand, so das Werk „Beförderung der Nationalkultur", dann die „Neue Galerie der Charlatanerien, Unvollkommenheiten, Vorurteilen, Mißbräuche und Karikaturen aller Nationen und Stände". Für die Schrift „Über die zweckmäßige Beförderung der Nationalindustrie, Landes-, Kultur- und Nationalreichthum" bekam er von der „Ökonomischen Societät" in St. Petersburg den 1. Preis zugesprochen.

Als Harl sich mit der Flurbereinigung nach der Säkularisierung, also der Aufhebung der geistlichen Fürstentümer, befaßte, sandte ihm König Friedrich Wilhelm von Preußen nicht nur ein persönliches Handschreiben, sondern verlieh ihm eine Professur für Philosophie und Kameralwissenschaften an der Universität Erlangen. Seine Vorlesungen waren stets überfüllt, seine Vorträge wurden mit Beifall beklatscht, und im Jahr 1805 schrieb Harl sein Werk „Grundlinien einer Theorie des Staates, des Geldes und der Staatswirtschaft", wofür sich nicht nur der König, sondern auch Kurfürst Max Joseph von Bayern bedankten. Von 1806 bis 1815 gab er eine Zeitschrift heraus, die sich mit all seinen Themen befaßte und seine „Enzyklopädie der gesamten Geld-Wissenschaft" brachte ihm nicht nur Ansehen, sondern Mitgliedschaften in verschiedenen Institutionen usw. ein. Werk um Werk entfloß seiner Feder.

Der Salzburger Pädagoge August Stockklausner hat vor 25 Jahren an diesen Salzburger erinnert, der internationalen Ruf besessen hat und dann so total vergessen wurde. Dabei arbeitete er Tag und Nacht, kam manchmal zwei und drei Nächte lang nicht aus den Kleidern. Harl wurde 1827 zum Ritter der Französischen Ehrenlegion ernannt und wurde zwei Jahre später Mitglied der Preußischen Akademie der Wissenschaften. 1842, genau am 4. Oktober, trat Harl mit Bewilligung König Ludwigs I. in den Ruhestand. Doch er bewältigte die Situation nicht. Er, der so rastlos tätig gewesen ist, kam mit der Pensionierung nicht zurecht. Seine Frau Nanette meldete schon am 30. November 1842 dem Senat der Universität Erlangen, daß sich ihr Mann das Leben genommen habe. Stockklausner meinte in seiner

Untersuchung, daß die „Allgemeine Deutsche Biographie" Johann Paul Harl negativ einstufe, daß dieser Mann aber ein wichtiges Glied in der Kette der Entwicklung vom Kameralismus zu einer modernen Wirtschaftswissenschaft gewesen sei. Wie gesagt, ein Gemeindekind aus Hof, ein Salzburger, hochgestiegen und verehrt – und dann total vergessen.

Der Sammler Freiherr von Moll

Das kleine Bergbaumuseum im früheren Fürsterzbischöflichen Verweshaus, das 1593 gebaut wurde, im Ortsteil Hütten in Leogang ist nicht nur einen Besuch wert, sondern gibt Anlaß, an einen bedeutenden Salzburger zu erinnern, nämlich an Karl Maria Ehrenbert Freiherr von Moll, der von 1760 bis 1838 lebte. Und warum gerade im Zusammenhang mit Leogang und seinem Museum? Im Mineralienkabinett sind Leihgaben aus zwei Pariser berühmten Mineraliensammlungen, nämlich dem Nationalmuseum für Naturgeschichte und der Sammlung der Schule der Minen. Diese Stücke stammen aus der zu seiner Zeit berühmtesten Naturaliensammlung, eben des Freiherrn von Moll. Als im Zuge der napoleonischen Kriege die Franzosen in Salzburg einrückten, wurde Moll persönlich unter den Schutz der Besatzungsmacht gestellt, aber auf dem Wunschzettel waren Teile seiner Sammlungen vermerkt, die als Kriegsbeute nach Paris gebracht wurden. In Leogang be-

Porträt des Freiherrn von Moll (1760–1838) – Bildnis von Barbara Krafft (1764–1825) im Salzburger Landesarchiv. Bild: Carolino Augusteum

zeichnet man es als ein kleines Wunder, daß es gelungen ist, etliche Mineralien aus den Leoganger Stollen, die in der Moll-Sammlung waren, als Dauerleihgaben nach Salzburg zurückzuholen.

Dieser Freiherr von Moll ist überhaupt ein interessanter Mann, denn er zählt, was kaum bekannt ist, zu den Vätern des Münchner Oktoberfestes. Er war, als Salzburg zu Bayern gehörte, Vorstandssekretär des Landwirtschaftlichen Vereins in Bayern und war einer der Initiatoren des 1811 erstmals durchgeführten landwirtschaftlichen Festes, aus dem sich dann in der Folge das Münchner Oktoberfest entwickelt hat.

Moll war der Sohn eines Salzburger landesfürstlichen Pflegers, der 1760 in Thalgau geboren und von Kaiser Joseph II. in den Freiherrnstand erhoben wurde. Er wuchs allerdings im Zillertal auf, wo er bereits Italienisch und Französisch lernte, und studierte an der Ritterakademie in Kremsmünster. Dort gab es bereits naturwissenschaftliche Sammlungen, die den jungen Studiosus so beeindruckten, daß sie fortan sein Leben mitbestimmten. Er war ein Mann der Aufklärung, trat jedoch in den Hofdienst und wurde schon mit 30 Jahren Direktor der Fürsterzbischöflichen Hofkammer. Als er im Jahr darauf auch die Direktion des Salz-, Münz- und Bergwesens übernahm, konnte er mit seinem Sammeln sozusagen ins Volle greifen. Doch gleichzeitig sorgte er sich um die Bergleute, für die er eine eigene Bergwerksbruderschaft schuf, um bei Krankheitsfällen zu helfen und Waisenkindern eine entsprechende Erziehung angedeihen zu lassen.

Als die persönliche Sammlung zu groß wurde, kaufte Moll im Nonntal das Gut Neudeck. Sein privates Museum war bestückt mit Mineralien, mit präparierten Insekten, Fischen, Vögeln, tierischen und menschlichen Mißbildungen und er besaß ein Herbarium, in dem mehr als 2000 Arten von Pflanzen vertreten waren. Nicht genug. Es gab eine eigene kulturhistorische Sektion mit Kostümen, volkskundlichen und Kultgeräten, mit zeichnerischen Darstellungen der verschiedenen Arbeiten auf dem Lande, aber auch eine Modellsammlung von Städten an der Salzach, eine Porträtsammlung berühmter Salzburger und seine Bibliothek umfaßte mehr als 80.000 Bücher.

Diese Sammlung wanderte 1805 zuerst nach München und wurde von 1807 bis 1824 im ehemaligen Kloster Fürstenfeldbruck aufgestellt. 1814 begann Freiherr von Moll etwa 50.000 Bücher an die Universitätsbibliothek Moskau gegen eine Leibrente zu liefern, fast 20.000 Bücher kaufte das Londoner Britische Museum. Das Naturalienkabinett wanderte schließlich in die Königliche Akademie der Wissenschaften und die Restbibliothek ging an die Münchner Hof- und Staatsbibliothek. Am 31. Jänner 1838 starb Moll in Augsburg, wohin er nach seiner Pensionierung übersiedelt war. Er war ein Humanist, aber gleichzeitig der Aufklärungszeit verbunden.

Woher der Name Pfefferschiff kommt

Um Schloß Söllheim, zwischen Mayrwies und Hallwang gelegen, rankt sich so manche Geschichte. Der Name taucht in der 1. Hälfte des 12. Jahrhunderts auf, als Pezili de Selheim als Zeuge auftrat. In der 2. Hälfte des 12. Jahrhunderts schenkte Adelheid de Saldersheime ihr gleichnamiges Gut dem Domkapitel. Im 15. Jahrhundert, genau in einer Urkunde vom 4. November 1433, scheint ein Friedrich Gawchsperger zu Selhaim als Besitzer auf, der 1455 Sitz und Gut zu Selheim dem Salzburger Bürger Hans Prazl verkaufte. 1538 ging die Liegen-

Das Ensemble von Schloß Söllheim – Bleistiftzeichnung von August Fischbach (1828–1860). Bild: Carolino Augusteum/R. Poschacher

schaft an Jakob Strasser, Domrichter zu Salzburg, der sich fortan zu Soldhaim nannte. Die Verlassenschaftskuratoren seines Sohnes übergaben den Ansitz dem Erzbistum. Die Erzbischöfe vergaben das Gut gegen ein jährliches Kastengeld als Bestandslehen, bis 1650 der Bürger und Fleischhacker Mattheus Reitsamer Söllheim um 800 Gulden kaufte. Und nun wird es interessant, denn die Witwe Reitsamers, Eva Stiglerin, verkaufte 1784 das Gut um den stattlichen Betrag von 2.400 Gulden an Johann Kaufmann, Bürger und Handelsmann in Salzburg. Dieser erbaute die Antoniuskapelle, ein neues Wirtschaftsgebäude und das Schloß, das 1699 vollendet war. 1694 wurde der Kaufmann mit dem Prädikat von Saalhamb von Kaiser Leopold I. geadelt. Johann Kaufmann stammte aus Meran und war bei einem Salzburger Kaufherrn als Handelsgehilfe tätig. Sein Geld machte er, so heißt es, mit dem Venedigerhandel. Als nämlich ein Gewürzschiff als verloren gemeldet wurde und niemand mehr an eine Rettung glaubte, soll Kaufmann für wenig Geld das Schiff gekauft haben. Er soll das Gelübde getan haben, dem heiligen Antonius eine Kapelle zu bauen, sollte das Schiff wieder auftauchen. Der heilige Antonius, der Antonerl, wird ja seit altersher angerufen als Helfer für verloren geglaubte Dinge. Das Schiff tauchte tatsächlich auf, und Kaufmann war durch die kostbare Gewürzladung zu einem reichen Mann geworden. Er kaufte sich Söllheim als Sommersitz, und niemand Geringerer als der italienische Architekt Gaspare Zuccalli, der in Salzburg als Baumeister tätig war, soll diese Kapelle geplant haben. Übrigens: Solche Gewürzschiffe nannte man im Handelsjargon Pfefferschiffe, wodurch auch der Name des im ehemaligen Mesnerhaus untergebrachten Gastronomiebetriebes erklärbar wird.

Daß diese Legende einen ernsten Hintergrund hat, beweist die Genehmigung des hochfürstlichen Konsistoriums vom 26. November 1685, in Söllheim „zu Ehren seines absonderlich erkiesten Patrons und Vorstehers" eine Kapelle erbauen und dort täglich eine Messe zelebrieren zu dürfen. Trotz des wütenden Einspruchs des Pfarrers von Bergheim, dem schon die Wallfahrtskirche Maria Plain viel Klingelgeld wegnahm. Der Bischof von Chiemsee weihte die Kapelle ein, und am 21. Juli 1686 las Abt Edmund von St. Peter die erste Heilige Messe.

1710 errichtete Kaufmann ein Fideikommiß für die Nachkommen seiner Tochter, die den Hofkammerrat Johann Christof Pauernfeind von Eys geheiratet hatte. Ein Jahr später starb Kaufmann und hinterließ das für die damalige Zeit wirklich riesige Vermögen von über hunderttausend Gulden. Das Nachlaßinventar umfaßte hunderte Gemälde, Elfenbeinschnitzereien, Majoliken, Zinngeschirr, kostbare Möbel. Söllheim fiel schließlich an die Enkel Kaufmanns und 1832 ging der Besitz an den bürgerlichen Franz Schwarzacher, doch sechs Jahre später wurde es gerichtlich feilgeboten und vom bürgerlichen Weingastgeb Georg Weikl erstanden, der dort eine „wirksame Badeanstalt in Gicht, Hautausschlägen und Anschoppungen des Unterleibs", wie es in einer Ankündigung hieß, etablierte. 1843 kaufte Maria Gräfin Thun-Hohenstein Schloß Söllheim, deren Nachkommen das Schloß noch immer besitzen.

Der Fall eines Landeshauptmannes

Die Amtsenthebung des freiheitlichen Landesrates Karl Schnell hat im Herbst 1997 viel Staub aufgewirbelt. Man sprach von einem singulären Fall. Das stimmt nicht, denn, was heute kaum mehr jemand weiß, vor 50 Jahren wurde der amtierende Landeshauptmann Ing. Albert Hochleitner Knall und Fall seines Amtes enthoben. Was war geschehen?

1945 war der Beamte Dr. Adolf Schemel im Mai mit Einverständnis der Besatzungsmacht zum Landeshauptmann bestellt worden. Nach den ersten freien Wahlen wurde der für die Volkspartei kandidierende Beamte im Landwirtschaftsministerium, Ing. Albert Hochleitner, vom Landtag einstimmig zum Landeshauptmann gewählt. Im Spätherbst 1947 gab es von kommunistischer Seite her mediale Angriffe gegen den Salzburger Landeshauptmann, die der kommunistische Abgeordnete Ernst Fischer dann im Parlament vorbrachte. Hochleitner wurde vorgeworfen, ohne Zustimmung des Innenministeriums im Alleingang einem Herrn Friedrich Bohnenberger die österreichische Staatsbürgerschaft verliehen zu haben. Gerüchte besagten, die Frau des Landeshauptmannes habe ein Collier erhalten und Hochleitner selbst wurde mit hohen Schweizer-Franken-Beträgen in Verbindung gebracht. Nicht genug: Bohnenberger habe in der NS-Zeit in Österreich Betriebe arisiert. Bundeskanzler Leopold Figl forderte am 30. November 1947 bei einer Rede in Braunau mit scharfen Worten die sofortige Demission seines Parteifreundes Hochleitner, der noch am selben Tag dem Präsidenten des Salzburger Landtages, Hell, seine Demission anbot.

Interessant ist, daß Hochleitner zu keinem der Vorwürfe befragt wurde, daß keine Salzburger Behörde oder Partei befaßt war, so daß die Forderung Figls wie eine Bombe einschlug. Am 4. Dezember trat der Salzburger Landtag zusammen. Ein gemeinsamer Antrag von Volkspartei und Sozialisten besagte, der Landtag möge die Demission annehmen und Hochleitners Forderung zustimmen, die gesamte Angelegenheit zu untersuchen. Der Antrag wurde aber nicht zur Abstimmung gebracht, sondern dem Verfassungs- und Verwaltungsausschuß des Landtages zur weiteren Beratung zugewiesen. Als ein sozialdemokratischer Abgeordneter protestierte, weil nicht abgestimmt wurde, unterbrach Präsident Hell die Sitzung für fünf Minuten, um dann den staunenden Abgeordneten zu verkünden: „Ich teile dem Hohen Hause mit, daß ich den Herrn Landeshauptmann seines Amtes enthoben habe." Dann folgte der Nachsatz: „Wir gehen in der Tagesordnung weiter."

War es also nun eine Demission oder eine Amtsenthebung? Das ist für Juristen interessant, für den Menschen Hochleitner war es jedoch ein tiefer Fall, den er sichtlich nie mehr überwand.

Wenige Tage später erklärte der Präsident der Wirtschaftskammer, Ausweger, bei einer Versammlung in St. Johann im Pongau, Hochleitner sei das Opfer einer Intrige. Er zitierte einen ominösen Brief aus der Schweiz, in dem es hieß: „Wenn es unseren gemeinsamen Anstrengungen gelingt, Bohnenberger die Staatsbürgerschaft noch im Jahre 1947 zu entziehen ... haben wir gewonnen, da wir nicht mehr mit Bohnenberger zu verhandeln haben, sondern nur noch mit der Clearing", gemeint war die Schweizer Abwicklungsstelle der Washingtoner Zentrale für deutsche Vermögenswerte. Es sei um 500.000 Franken für den Bundesschatz gegangen. Dazu muß man wissen, daß Bohnenberger in Zürich ein Verlagsunternehmen besessen hat. Bis heute sind die Tatsachen nicht wirklich geklärt. Es stellte sich jedoch heraus, daß Bohnenberger kein Ariseur gewesen war, daß Hochleitner keinerlei Bereicherung zuzuschreiben war, und schließlich teilte das Innenministerium lakonisch mit, keinen Grund zum Einschreiten in der betreffenden Staatsbürgerschaftsangelegenheit zu finden.

Hochleitner kehrte jedoch nie mehr in die Politik zurück.

Xandi Schläffer, der Krippenbauer

„Ganz langsam, ganz still, fängt es wieder an, als wenn's schon wieder Weihnacht werden wollte. Wundervolle Schönheit, Freude und Innigkeit leuchtet uns aus diesem kleinen, großen Wörtchen Weihnacht entgegen. Kein Fest im bunten Kranze der kirchlichen Feiern hat eine solche Fülle an beseligendem stillen Glücke, Liebe, Freude und Gnade der Menschheit..." So beginnt ein Text, den Xandi Schläffer als „Gedanken eines Pinzgauer Krippenmandls" niedergeschrieben hat. Er rühmt darin, wie vielfältig in allen Bereichen der Künste das Weihnachtsgeheimnis gewürdigt wird. Dann schreibt er: „Die volkstümlichste und originellste Ausprägung fand das Weihnachtsgeschehen jedoch erst in den Krippen, in denen das Volk – ob reich oder arm, hoch oder niedrig – ganz nach seinem Empfinden, nach seinem Sinn den heiligen Bericht zu deuten pflegte. Seit Jahrhunderten gehörte die Krippe zu einem richtigen Weihnachtsfest in der Familie."

Pinzgauer Weihnachtskrippe – Xandi Schläffer schuf diese Krippe im Jahr 1962.
Bild: Foto Factory

Der das geschrieben hat, wußte, wovon er sprach: Alexander Schläffer, liebevoll allseits nur Xandi genannt, geboren am 30. Jänner 1899 und gestorben am 18. November 1984, war gebürtiger Pinzgauer, Saalfeldener und Kind einer traditionsreichen Färberfamilie. Er wurde Helfer im väterlichen Betrieb, vor allem in der dabeiliegenden Landwirtschaft. Dann kam der Erste Weltkrieg. Schläffer wurde in der tristen Nachkriegszeit Hilfsarbeiter und Feuerwehr-Sanitäter, der spitalsbedürftige Menschen auf einem Handwagerl zur Bahn brachte. Und er wurde schließlich Baumwärter, also Obstbaumpfleger. 1925 traute ihn Weihbischof Filzer mit seiner Frau Katharina im Dom zu Salzburg. Im Zweiten Weltkrieg war Schläffer als Sanitäter und Krankenpfleger eingesetzt. Auch diese Nachkriegszeit ließ der Familie bloß ein karges Leben. 1950 erlitt der Sohn Franzl einen Bergunfall, querschnittsgelähmt bediente er danach Tag und Nacht das Funkgerät der Bergwacht. Und er half seinem Vater beim Restaurieren alter und beim Bauen neuer Krippen.

Xandi Schläffer hatte sich schon seit seiner Schulzeit zum Weihnachtsgeschehen magisch hingezogen gefühlt. Er bastelte Krippen, legte jedes Geld, das er nur irgendwie entbehren konnte an, um alte Krippen oder einzelne Figuren anzukaufen. Er tauschte selbstgebaute Krippen ein gegen alte Heimatkrippen. Schließlich fand er zu seinem ureigenen Stil, die Hausformen seiner Pinzgauer Heimat für das Krippengeschehen nachzubauen und die Figuren mit heimatlichen Trachten zu versehen. Köpfe, Hände und Füße wurden aus einer Masse geformt, die Körper aus Draht und dann die Figuren mit einem durchtränkten Tuch angezogen, das sich formen ließ und schließlich erhärtete.

Schon 1936 wurde im Neuschmied-Stall das erste Krippenmuseum durch Fürsterzbischof Waitz eingeweiht. Es gelang Schläffer, den Bestand über die NS-Zeit hinüber zu retten, und 1955 entstand in einem Nebenraum der Saalfeldener Dekanatskirche wiederum ein Krippenmuseum. Nachdem aber die Gemeinde das Schloß Ritzen erworben hatte, konnte am 7. November 1965 hier die bedeutendste Krippenschau des gesamten Alpenraums eröffnet werden.

Schläffer-Krippen sind weit über Österreichs Grenzen hinaus bekannt. In Kirchen, in Sammlungen, in privaten Häusern stehen diese bezaubernden Arbeiten eines einfachen Menschen mit hoher künstlerischer Begabung, tiefem Glauben – und einem selbsterworbenen kunsthistorischen Wissen.

Xandi baute nur für den eine Krippe, der ihm zu Gesicht stand. Er hatte so viele Aufträge, daß er sie nicht erfüllen konnte. Und viele Teile dieser Krippen konnte er nur in der Weihnachtszeit gestalten, in der „heiligen Zeit", wie er mir einmal sagte. Geld war ihm nicht wichtig. Er mußte vielmehr wissen, wo seine Krippe eine Heimstatt hatte.

Aus der Nachkriegszeit

„Ab Mittwoch neuer Schilling". Mit dieser Schlagzeile erschienen die „Salzburger Nachrichten" am 5. Dezember 1947, nachdem der Alliierte Rat der Besatzungsmächte dem „Währungsschutzgesetz" seine Zustimmung erteilt hatte. Am 9. Dezember wurde der Wortlaut des Gesetzes verlautbart, am 10. Dezember trat es in Kraft, und vom 11. bis 24. Dezember 1947 lief die Umtauschfrist für den neuen Schilling. Durch diese Abschöpfungsaktion sollte der Schilling stabiler und der Geldumlauf massiv verringert werden. Ab diesem Termin hatten die Geldnoten und Münzen nur mehr mit einem Drittel ihres Nennwertes Zahlkraft, ab 25. Dezember 1947 erloschen sie als geeignetes Zahlungsmittel.

Da Schulden, Forderungen, Preise gleich blieben, setzte eine ungeahnte Hektik ein.

Der 9. Dezember, also der letzte Tag der alten Schillingwährung, ließ Schlangen vor Postämtern und Banken entstehen. Aus hartnäckigen Steuerschuldnern wurden begeisterte Steuerzahler und generell versuchte jeder, so er konnte, alte Verbindlichkeiten zu bereinigen.

Die meisten Geschäfte hatten schon vormittags geschlossen. Die Trafiken waren zu, weil die Tabakregie mit Zurückhaltung von Rauchwaren das getan hatte, was man allen Geschäftsleuten unter Strafandrohung verboten hatte.

Einer Zeitungsmeldung ist zu entnehmen: Die Beamten und Angestellten der Post standen vor einer Riesenaufgabe, der sie mit Hingabe nachkamen. Hunderte telegraphischer Postanweisungen wurden buchstäblich noch in letzter Minute aufgegeben. Auch bei den städtischen Kassen staute sich die Menge derer, die ihre dem Verfall preisgegebenen Geldsorten noch anzubringen versuchten.

Pro Person gab es eine Kopfquote von 150 Schilling, die 1:1 umgetauscht wurde. Alles übrige Geld wurde einem Drittelumtausch unterworfen. Hochbegehrt waren daher kinderreiche Familien, die wenig Geld besaßen und bei denen man „Kopfquoten" unterbringen konnte. Sehr rasch zeigte sich, daß geschickte Menschen es verstanden, durch Lücken des Währungsschutzgesetzes zu schlüpfen.

Die Geschichte eines Bauern machte die Runde, der mühsam in der Familie 150 Altschillinge zusammenkratzte, einen Schein auf sich ausstellte und dann bei seiner Raiffeisenkasse die alten in 150 neue Schillinge umtauschte. Flugs ging er zu seinem Kaufmann, ließ sich für seine 150 neuen Schillinge 450 alte geben, füllte den Umtauschschein nun für seine Frau und Kinder aus und wechselte wiederum bei der Kasse 1:1 ein. Da er noch weitere Kinder, aber auch Schwiegerkinder, Eltern, Onkel und Tanten hatte, konnte er durch diese wunderbare Geldvermehrung plötzlich einen Haufen Geld vor sich sehen, den er nie für möglich gehalten hätte.

Mein Gewährsmann für diese Geschichte erzählte mir, dieses schlaue Bäuerlein habe von nun an tagtäglich genau die Zeitung studiert, um ja keinen neuen Währungsumtausch zu verpassen. ...

Und es gibt nicht wenige Leute, die sich daran erinnern, daß Gläubiger plötzlich nicht zu sprechen, ja gar nicht zu finden waren, sogar verreisten, um ja keine alten Schillinge entgegennehmen zu müssen, denn dann wäre die Schuld praktisch mit einem Drittel der Summe erloschen gewesen, denn mehr war eben das Geld nicht mehr wert.

Bei den Postämtern blieben knapp vor dem Inkrafttreten des neuen Schillings Stöße telegraphischer Geldanweisungen hängen, die nicht mehr zugestellt werden konnten, obwohl allein beim Hauptpostamt Residenzplatz zwanzig Zustellboten eingesetzt waren, die weit über ihre Dienstzeit hinaus arbeiteten.

Noch etwas geschah Ende 1947.

Fürsterzbischof Andreas Rohracher konnte im Dezember 1947 wieder in das Bischofspalais am Kapitelplatz einziehen. Wieder einziehen? Nun, Rohracher, der als letzter Salzburger Oberhirte den Titel Fürsterzbischof trug, zog persönlich vor 50 Jahren erstmals in das Palais ein, aus dem sein Vorgänger Fürsterzbischof Sigismund Waitz von den Nationalsozialisten vertrieben worden war.

In den frühen Morgenstunden des 12. März 1938 klirrten im erzbischöflichen Palais Fensterscheiben. Männer der SA und Hitlerjungen hatten die Scheiben eingeschlagen, das Palais umstellt und den Erzbischof damit unter Hausarrest gesetzt. Das dauerte bis zum 16. März, also drei Tage. Dann gelang Universitätsprofessor Pater Benedikt Probst eine Intervention bei Vizekanzler Glaise-Horstenau, der nun veranlaßte, daß dem Bischof die Bewegungsfreiheit zurückgegeben wurde.

Der bischöfliche Bau wurde jedoch 1939 beschlagnahmt, nach einer wüsten Nazidemonstration mußte Waitz sein Palais verlassen und im Stift St. Peter Zuflucht suchen. Damit war der Salzburger Bischof an sich dorthin zurückgekehrt, wo einst die ersten Salzburger Bischöfe herstammten.

Als Landesherren hatten sie sich ja zuerst die Bischofsburg und seit Wolf Dietrich von Raitenau die hochfürstliche Residenz erbauen lassen. Die strahlenden Barockfürsten wohnten zudem noch in den Schlössern Mirabell oder Hellbrunn. Hinzu kamen Jagdschlösser und Burgen, später auch das Lustschloß Kleßheim.

Als der letzte regierende Erzbischof Hieronymus Colloredo aus Salzburg vor den Franzosen flüchtete, blieb die Stadt von 1800 bis 1823 ohne hier residierenden Hirten. Der erste der nicht regierenden Salzburger Erzbischöfe, Augustin Gruber, lebte im Chiemseehof. Seinem Nachfolger, dem nachmaligen Kardinal Friedrich Fürst von Schwarzenberg, wurde von den kaiserlichen Behörden der Wallistrakt der Residenz zugewiesen, Fürsterzbischof Maximilian von Tarnoczy wiederum erhielt Schloß Mirabell als Wohnung.

Jahrzehntelang versuchten die Erzbischöfe, eine Regelung zu finden, die für einen Metropoliten würdig wäre. 1864 erhielt so der Erzbischof das heutige Palais am Kapitelplatz als ständigen Wohnsitz. Dabei wurden zwei ehemalige Kanonikalhöfe, nämlich jener des Grafen Waldstein und der des Grafen Attems, nach Plänen des Münchener Architekten Georg Schneider, zu einem Bauwerk verschmolzen.

Nun, im Jahre 1938 wurde dieses Palais Sitz des SS-Oberabschnittes Alpenland. Eine Girlande verzierte das oberste Geschoß, und aus den Fenstern oberhalb des Portals ragten im zweiten Stock die Hakenkreuzfahne und das schwarze Banner der SS mit den weißen Runen heraus. Auf dem Kapitelplatz gab es wiederholt Aufmärsche der schwarz uniformierten SS.

Für die Kirche Salzburgs war es keine leichte Zeit. Und als Andreas Rohracher, der als Kapitelvikar und Weihbischof die Diözese Gurk leitete, zum Salzburger Erzbischof gewählt wurde, kam es bei seiner

Inthronisation am 10. Oktober 1943 zu einem Eklat. Während die Gläubigen in der Kirche mit dem neuen Erzbischof die Messe feierten, zogen Horden der Hitlerjugend singend und brüllend um den Dom.

Als nun Rohracher im Dezember 1947 das Palais beziehen konnte, waren dort etliche Umbauten vorgenommen und die Hauskapelle zerstört worden. Doch es war für den Erzbischof ein erster Lichtblick, denn bei Kriegsende zeigte die Bilanz, daß das Knaben- und Priesterseminar geschlossen waren, daß die Theologische Fakultät nicht mehr bestand, daß 66 Priester und 45 Theologiestudenten Wehrdienst leisten mußten, daß 14 Priester in Konzentrationslagern waren, wovon 4 starben, Klöster, etwa der Kapuziner oder der Franziskaner, wo die Gestapo hauste, waren aufgehoben waren. Der Dom und auch andere Kirchen waren durch Bomben zerstört.

Nach Ende des Zweiten Weltkriegs waren die Österreicher, die in Kriegsgefangenschaft geraten waren, von den Westalliierten meist sehr rasch nach Hause entlassen worden. Anders war es mit den Gefangenen in der Sowjetunion. Erst am 12. September 1947 kam der erste Heimkehrertransport mit 1.199 Gefangenen in Wiener-Neustadt an. Eine vieltausendköpfige Menschenmenge jubelte, als die 45 Waggons mit den Heimkehrern eintrafen. Es gab herzzerreißende Szenen. Vielfach waren die Männer ausgemergelt, krank. In diesem ersten Transport waren auch 66 Salzburger.

Transport um Transport rollte nun heimwärts nach Österreich. Die Zeitungen veröffentlichten die Namenslisten der Heimkehrer, die atemlos von den Angehörigen Kriegsgefangener gelesen wurden, ob nicht endlich der eigene Mann, Vater oder Bruder dabei sei. Den Ankommenden reckten sich die Hände vieler Menschen entgegen mit Bildern als vermißt gemeldeter Soldaten, bewegt von der Hoffnung, vielleicht doch eine positive Antwort oder eine Sicherheit über das Schicksal des Verschollenen zu bekommen.

Samstag mittags des 13. September 1947 kamen diese ersten Salzburger Heimkehrer am Hauptbahnhof an. Landes- und Stadtregierung, Kirche und Vereine, Pfadfinder und eine riesige Menschenmenge empfing begeistert diese ersten freigelassenen Gefangenen. Am 25. September war bereits der sechste Transport in Salzburg eingetroffen und wiederum wogte die Begeisterung. Anfang November 1947 schrieb ein Tiroler Heimkehrer einen Dankbrief nach Salzburg. Darin heißt es: „Wenn wir schon überall auf dem Wege von Wiener-Neustadt bis Innsbruck freundlich empfangen und beschenkt wurden, so hat doch Salzburg an Liebenswürdigkeit und Herzlichkeit der Behandlung alle anderen Orte übertroffen. ... Nach dem Erlebten kam uns dieses Wohlwollen und diese Güte wie ein seliger Traum vor..."

Bis Ende des Jahres 1946 waren fast 12.000 Salzburger aus der Kriegsgefangenschaft heimgekehrt und zwar aus den Vereinigten Staaten von Amerika, England, Frankreich, Norwegen, Jugoslawien und der Sowjetunion. 1947 schätzte man die Zahl der noch in Kriegsgefangenschaft befindlichen Salzburger auf ungefähr 10.000 Mann. Der Großteil kam im Zuge der Heimkehrertransporte in den späten vierziger Jahren nach Hause, doch die letzten Kriegsgefangenen wurden erst nach Abschluß des Staatsvertrages im Jahr 1955 repatriiert, vor allem dann, wenn sie zusätzlich zur Gefangenschaft zu einer Haftstrafe verurteilt worden waren.

Österreicher wurden früher entlassen als deutsche Kriegsgefangene, daher haben viele deutsche Soldaten aus den bayerischen Grenzgebieten benachbarte österreichische Dörfer oder Städte als Heimat angegeben und waren eben auch nach Salzburg gebracht worden. Hier hatte sich ein Schlepperdienst etabliert, der die Soldaten über die grüne Grenze schaffte, weil sie offiziell ja gar nicht die Staatsgrenze passieren konnten. Von Kaltenhausen führte eine der Hauptrouten zur Scharte zwischen den beiden Barmsteinen nach Schellenberg. Dort übernahmen Vertreter des Roten Kreuzes den Weitertransport der glücklichen Heimkehrer.

Diese humanitäre Leistung klingt heute ganz harmlos, war jedoch zu ihrer Zeit ein spektakuläres und keineswegs ungefährliches Unternehmen unter den Augen der Besatzungsmächte beiderseits der Grenzen. Wobei auch hier bezeugt ist, daß oftmals amerikanische Besatzer weggeschaut haben, die durchaus Kenntnis von dem Menschenschmuggel hatten.

Festungsberg und Bäume

Die Baumrodungen an der Nordseite des Festungsberges Ende November und Anfang Dezember 1997 erzeugten beträchtlichen Aufruhr in Salzburg. Das geschieht immer, wenn ein Baum fällt – und hier waren es viele. Dabei ist zweifellos zwischen mutwilligem Abholzen und landschaftspflegerischem Verhalten zu unterscheiden. Überalterte Bestände müssen durchgeforstet werden. Sie gefährden sonst Menschen und umliegende Gebäude.

Hier nun war es noch etwas ganz anderes. Die Festungsverwaltung hat in einem mehrjährigen Verfahren Gutachten eingeholt, die Schäden genau feststellen lassen und war verpflichtet, den Festungsberg zu sanieren. Die Wurzeln der mächtigen Bäume haben dem Felsboden Schäden zugefügt. Um die Schäden beheben zu können ist es notwendig, vorher den Hang zu roden. Anschließend soll er mit einem niederwachsenden Busch- und Baumbestand wieder grün werden. Aber es soll kein Hochwald sein, denn den gab es hier nicht. Selbst Fotos aus der Nachkriegszeit, ja sogar der späten Fünfzigerjahre belegen, daß ständig gerodet wurde, weil der Baumbewuchs niedriger gewesen ist.

Bis 1860 war die ganze Stadt Salzburg eingestuft als „Fester Ort", also als Festung und die Hohensalzburg selbst, die als Kaserne diente, mußte ein freies Schußfeld haben. Ja Gebäude, die in der Schuß-

Festungsberg ohne Bäume – Stich von Johann August Corvinus (1683–1738) nach einer Zeichnung von Franz Anton Danreiter (gestorben 1760) aus dem frühen 18. Jahrhundert.
Bild: Archiv Ritschel

linie lagen und Häuser, die an den verschiedenen Verteidigungs- und Stadtmauern errichtet wurden, durften nur gebaut werden, wenn die Bauherren sich verpflichteten, im Kriegsfall diese Häuser auf eigene Kosten zu beseitigen, um die Verteidigungsbereitschaft der Festung nicht zu gefährden.

Im gesamten Festungsrayon durften kein Waldungen, Baumschulen, lebende Hecken, Gräben oder Dämme angelegt werden, um eben den Festungscharakter zu erhalten.

So wie sich heute die Festung dem Betrachter zeigt, so haben die Vorfahren jahrhundertelang zur Festung emporgeblickt, wie sie wuchtig aus dem Dolomitfelsen ihre Mauern aufsteigen läßt.

Am 4. Jänner 1860 wurde mit Allerhöchster Entschließung des Kaisers „der fortifikatorische Rayon der Befestigung aufgehoben".

Militärisch blieb die Festung Hohensalzburg übrigens bis zum Jahr 1942, als sie dem Reichsgau Salzburg geschenkt wurde. Diese Schenkung war allerdings mit der Einschränkung verbunden, daß bis zum Kriegsende das Militär die Nutzungsrechte innehatte. Im frühen 19. Jahrhundert war die Festung Artilleriekaserne. Vor dem Ersten Weltkrieg wurde sie auch Militärgefängnis. Nach Kriegsende gestattete das Bundesheer den Pfadfindern, den Vereinen Wandervogel, Jung Österreich und anderen auf der Festung eine Jugendherberge zu unterhalten. Diese Vereinsgemeinschaft hielt jedoch nur von 1921 bis 1924. Im Jahr darauf etablierte das Salzburger Landesjugendamt gemeinsam mit dem Deutsch-Österreichischen Jugendbund eine Herberge für Mädchen in der Kaserne des Hohen Stocks und für Burschen im Arbeitshaus. 1933 wurde die Herberge geschlossen, weil wiederum Soldaten auf der Festung Einzug hielten. 1938 zog dann das Militär endgültig ab. Auch das ist eine Facette der Geschichte der Festung.

Jedenfalls ist dieses Denkmal, das ja Wahrzeichen unserer Stadt ist und weltweit zu den bedeutendsten und größten historischen Bauten zählt, eine Verpflichtung. Eine Verpflichtung nämlich, dieses Bauwerk auch kommenden Generationen zu erhalten.

Die Lederwasch-Dynastie

Wer Tamsweg besucht, bewundert auf dem Hauptplatz des Ortes das Rathaus, das in der Mitte des 16. Jahrhunderts erbaut wurde. Prächtig sind das Portal und die herausragenden Erker, sowie die an die Wand gemalten Fresken. Doch erst seit 1895 ist dieser Bau Rathaus. Vorher war er stets, wenn auch in vielfach wechselndem Privatbesitz. Und die Fresken bezeugen die Anwesenheit des Malers Gregor – genannt der IV. –, Lederwasch, der das Haus von 1775 bis zu seinem Tod im Jahr 1792 besessen hat. Er war der bedeutendste Vertreter einer Familie, die achtzehn Malerpersönlichkeiten hervorgebracht hat.

Es ist lohnend, sich dieser Familie zuzuwenden, denn sie hat ihren eigenen Stellenwert in der Kunstgeschichte Salzburgs. Die Lederwasch besitzen sicher keinen international bedeutenden Namen. Sie haben mit ihren Arbeiten das Gesicht vieler Orte Salzburgs, auch in der Stadt Salzburg, aber auch in den benachbarten Ländern Bayern, Oberösterreich und vor allem in der Steiermark mitgeprägt.

Die Generationengeschichte der Lederwaschs ist untrennbar mit der Wallfahrtskirche St. Leonhard verbunden, denn mehr als zweihundert Jahre lang waren die Lederwasch neben ihren Berufen gleichzeitig Mesner von St. Leonhard mit dem Wohnrecht im Mesnerhaus samt den dazugehörigen Pfründen und Einkommen. Als der letzte männliche Lederwasch ausschließlich Töchter hinterließ, weil der einzige Bub nach wenigen Tagen Erdenleben verstarb, verschwand der Name Lederwasch nach dem Tod des Heliodorus Theobaldus 1897 aus den Annalen. Doch auch die heutige Mesnerfamilie geht verwandtschaftlich zurück auf die weiblichen Lederwasch-Nachkommen.

Erstmals wird ein Hans Lederwisch aus Reichenau in Kärnten im Jahr 1465 im Bruderschaftsbuch von St. Leonhard genannt. Im Tamsweger Bürgerbuch findet sich im Jahr 1572 die Eintragung, daß ein Klement Lederwasch, ein Leinenweber, als Bürger aufgenommen worden ist, der ein Haus an der Murbrücke, das heute gesperrte Gasthaus zur Murbrücke, besessen hat. Von drei Söhnen wurde Matthias der Stammhalter, der 1613 als Schuhmacher das Bürgerrecht erhielt. Von seinen Kindern ist Gregor Lederwasch zu nennen, der beim Tamsweger Maler Onophrius Rosenhaymer den ersten

Unterricht erhielt und 1665 erstmals in der Jahresrechnung als Messner von St. Leonhard genannt wird. 1617 erteilte das Pfleggericht Moosham dem Mesner die Bewilligung, Branntwein auszuschenken, um so die Wallfahrer nach mühsamem Anstieg laben zu können. Und heute noch ist das Mesnerhaus seines vorzüglichen Vogelbeerschnapses wegen berühmt, der allerdings nur an bevorzugte Gäste in geradezu homöopathischen Dosen vergeben wird. Zu kostbar ist das Naß, und die Besucher sind zu zahlreich geworden.

Dieser Gregor I. Lederwasch war dreimal verheiratet, hatte aus den ersten beiden Ehen 13 Kinder, die dritte Ehe blieb kinderlos. Der älteste Sohn Christoph wurde hochfürstlicher Kammerdiener und Hofmaler in Salzburg, der zweite Sohn Johann Chrysostomus wurde Maler in Oberösterreich oder Bayern. Aus der zweiten Ehe wurde Matthias Maler in München, und Gregor II., das siebente Kind, übernahm den Mesnerdienst in St. Leonhard und wurde Maler und zugleich Stammhalter der Familie. Es würde zu weit führen, die lange Liste der Malerarbeiten aufzuzählen. Vor allem waren die Lederwaschs sogenannte Faßmaler, was nun nicht heißt, daß sie Fässer bemalten, sondern daß sie Altäre, Figuren, Einrichtungen und ähnliches mit künstlerischen Fassungen versahen. Zugleich aber malten sie Fresken und Altarbilder. Die Bedeutung der Familie nahm zu.

Christoph Lederwasch, der älteste Sohn des Tamsweger Malers Gregor I. Lederwasch, wurde 1681 Hofmaler und Kammerdiener in Salzburg. Er schmückte die St.-Anna-Kapelle in der Franziskanerkirche, die Grablege der Familie Kuenburg, aus und entwarf und bemalte die Triumphpforten, die anläßlich der 1100-Jahr-Feier des Erzstiftes 1682 bei den Dombögen errichtet wurden. Max Gandolf hatte seinen Hofmaler zur besseren Ausbildung nach Rom geschickt, von wo er sein barockes Formen- und Farbgefühl mitbrachte und mit seiner bodenständigen Maltradition verknüpfte. Er hielt nicht nur diese Ehrenpforten, sondern auch die große Domprozession anläßlich des Jubiläums in Kupferstichen fest.

Mit Johann Michael Rottmayr malte Lederwasch in der Winterreitschule, heute Teil des Festspielhauses, das große Deckenfresko des Türkenstechens. Arbeiten in der Residenz, in der Erhardkirche im Nonntal, in der Kirche von Anif, Deckenbilder in mehreren Sälen des Stiftes Kremsmünster sind nur einige Stationen seines Malerlebens.

Wichtig wurde als Stammhalter jedoch Gregor II., der hauptsächlich als Faßmaler tätig war, aber auch zwei Gemälde für den Altar

„Mariä Vermählung" in einer Seitenkapelle der Kirche St. Leonhard malte. Als er 1725 starb, wurde der älteste Sohn Gregor III. Mesner zu St. Leonhard, der für die Kirche Fastenbilder schuf und auch für die neue Pfarrkirche in Tamsweg arbeitete. Bei seinem frühen Tod im Jahr 1740 war der älteste Sohn Gregor IV. erst 13 Jahre alt. Doch dieser Maler, der zuerst in Kärnten und Krain auf Wanderschaft ging um zu lernen, wurde der wichtigste Vertreter der Malerdynastie. Gregor IV. war jedoch nicht nur Maler, sondern gleichzeitig auch Geometer. Weil er so viele Aufträge hatte, überließ er das Amt des Mesners seinem Sohn Gregor V., und er erwarb das heutige Rathaus am Hauptplatz Tamswegs. Erzbischof Hyronimus von Colloredo wollte ein Moos am Fuß des Untersberges bei Salzburg vermessen und entwässern lassen. Ein französischer Ingenieur wurde engagiert, doch außer Spesen blieb seine Arbeit erfolglos. Da wurde dem Erzbischof der Mesner von St. Leonhard vorgeschlagen. Als der schlichte Mann vor dem Erzbischof stand, war der Landesfürst keineswegs angetan von dem Vorschlag, Lederwasch mit der Arbeit zu betrauen. Doch als dieser den Plan des französischen Experten studiert hatte und nun sein Urteil abgab, war der Landesfürst überzeugt, den richtigen Mann vor sich zu haben. Mit zwei Brüdern, nämlich dem Mesner von Ramingstein und jenem von Seethal, machte sich Gregor an die Arbeit, und es gelang tatsächlich, das Walserfeld zu entwässern. Der französische Ingenieur hatte 10.000 Gulden gekostet, Lederwasch verlangte nur 300. Daraufhin wollte der Fürsterzbischof dem Künstler zumindest einen Ehrentitel geben, doch, wie die Chronik sagt, war es „demselben hierum nicht weiter zu tun". Im Grund- und Hypothekenbuch des Marktes Tamsweg wird Lederwasch dennoch als „Hochfürstlicher Ingenieur" bezeichnet.

Die große Familie, 12 Kinder überlebten den Vater, und das große Haus verschlangen Geld. Die Vermögensverhältnisse blieben angespannt, so daß Lederwasch ein eigenhändiges Bittgesuch an den Landesfürsten richtete, datiert vom Juni 1790: „Ich Endesunterzeichneter, habe vor etlichen Jahren in das Refektorium der PP. Kapuziner in Tamsweg 14 Bilder von Ordensheiligen und ein Großes Ecce-homo-Bild ex gratis gemalt... Dieweilen das Kloster überbauet wird und solche Bilder ohnehin nicht gebraucht werden, ist mein untertäniges Bitten, diese zu meinem dermalen ohnehin recht kümerlichen Unterhalt verwenden zu dürfen. Gregori Lederwasch, Maler und Geometer zu Tamsweg."

Sowohl in St. Leonhard wie auch in der Pfarrkirche in Tamsweg sind die Arbeiten der verschiedenen Maler der Familie Lederwasch zu sehen. Doch dazu noch zwei Tips. In der Sparkasse der Gemeinde hängt das Selbstbildnis Gregors IV., der sich mit Pinsel und Palette in den Händen porträtiert hat. Hinter ihm steht seine Frau Katharina und seitlich dahinter der älteste Sohn Gregor V. Es ist ein durchaus eindrucksvolles Porträt eines sehr ernsthaften Künstlers. Im früheren Gasthof zur Post wiederum existiert ein getäfeltes Zimmer. Auf den 16 Bildern in Temperamalerei sind biblische Darstellungen zu sehen, die zum Teil sich auf das eheliche Leben beziehen. Als „Krönung" ist ein von Lederwasch gefaßtes und bemaltes Bett zu besichtigen. Dies alles ist ein Werk Gregors IV., eine Hochzeitsgabe, als die Tochter Katharina den Besitzer des Gasthofes Josef Taferner, genannt Leisnitzbräuer, ehelichte.

Der Künstler zog weit umher. Er arbeitete im Kloster Admont, malte für das Kapuzinerkloster zu Wolfsberg in Kärnten Altarbilder und im Refektorium ein riesiges Bild des letzten Abendmahles. Er lieferte Bilder für die Pfarrkirche im steirischen St. Michael, aber auch für die Kapuziner in Murau. Und in diesem Ort siedelte sich ein Sohn Gregors IV., Johann Lederwasch, an, der es zu etlicher Berühmtheit brachte.

Nach Christoph und Gregor IV. Lederwasch wurde der 1756 in Tamsweg geborene Johann der dritte bedeutende Maler aus dem Geschlecht der 18 Lederwaschs. Johann war von 1768 bis 1774 Lehrjunge bei dem Bildhauer Johann Baptist Hagenauer in Salzburg. Seine malerische Breite reichte von religiösen Motiven über Genrebildern zu Bauernszenen. In einem Künstlerlexikon wurde er als „steirischer Teniers" bezeichnet. Von ihm sind ein Kreuzbild in der Schatzkammer zu Spital am Pyhrn, Altarbilder in der Kirche zu St. Veit, ein Altarbild des heiligen Rupert im Stift Admont, Bilder in der Pfarrkirche und in der Kirche der Kapuziner von Murau, wo sich auch der sogenannte „Josefinische Kreuzweg" befindet. Der Name stammt daher, daß Kaiser Josef II. in der Säkularisierung der Kirche strenge Maßstäbe setzte. So waren Kreuzwegandachten, Fastenpredigten, Aufstellung der Weihnachtskrippe und des Heiligen Grabes und vieles andere verboten worden. Der zuständige Bischof hatte, weil sich die frommen Bauern wehrten, eine Abschwächung der Vorschriften erreicht, und er ließ nun von Johann Lederwasch in dramatischen Bildern einen Kreuzweg, eben den „Josefinischen Kreuzweg" malen. Das letzte 13. Bild trägt die Jahreszahl 1808.

Im Auftrag Erzherzog Johanns zeichnete Johann Lederwasch 16 Gouachen mit bodenständigen Trachtendarstellungen. Dafür wurde Johann Lederwasch als erster und einziger der Malerdynastie in den Adelsstand erhoben.

Die Säkularisierung, also die Verweltlichung des gesamten Lebens, führte dazu, daß immer weniger Aufträge für kirchliche Kunst erteilt wurden. Johann Lederwasch zog von Murau nach Graz, wo er jedoch völlig verarmt starb.

Was die Familie Lederwasch heraushebt aus dem großen Künstlerkreis ihrer Generationen ist nicht nur die Tatsache, daß diese Familie neben- und hintereinander 18 Maler hervorgebracht hat, sondern daß sie geprägt worden ist von ihrer engen Verbindung mit der Kirche. Zentrales Stammhaus war durch 200 Jahre das Mesnerhaus in St. Leonhard. Ein Amt, das diese Männer ausfüllte und ihnen zudem noch eine, wenn oft auch schmale, materielle Sicherung gab. Diese Grundhaltung, verbunden mit kindhafter Frömmigkeit und den Erlebnissen und Erfahrungen europäischer barocker Malerei, hat den Stil der Lederwasch geformt.

Man schläft fest und katholisch

„Auf der Suche nach einem Gasthof gingen wir über die Salzachbrücke. Wie Verstorbene sahen die hohe Festung und die steilen Berge auf uns herab. Der Mond war aufgegangen, das wunderliche Salzburg glich einer steilen katholischen Kirche mit hohen Altären von schwarzem Marmor. Die einzelnen halb italienischen Häuser am Flusse sahen wie kleine Betaltäre aus, und die Sterne strahlten Segen, Musik und Glanz bischöflicher Gewänder vom Hochaltare. Nur die Salzach, die tief unter der Brücke volle, hohe Wellen warf, störte die Kirchenstille."

Der so seinen Eintritt nach Salzburg beschrieb, war der schlesische Theaterkritiker und Redakteur der „Eleganten Zeitung" und junge Autor Heinrich Rudolf Laube. 1806 geboren, konnte Laube im Juli 1833 seinen Plan einer längeren Reise verwirklichen, die von Leipzig aus über Bayern nach Salzburg und dann nach Tirol führte, von dort ging es über Norditalien und das südliche Österreich nach Wien und schließlich über Mähren und Böhmen wiederum nach Leipzig. Diese Reise fand ihren Niederschlag in den „Reisenovellen", deren zwei erste Bände im Frühjahr 1834 erschienen.

In Österreich ist Heinrich Rudolf Laube vor allem als Direktor des Wiener Burgtheaters bekannt, dem er von 1849 bis 1867 vorstand und dieser Bühne europäische Bedeutung gab. Und von 1872 bis 1874 und nochmals von 1875 bis 1880 war Laube Leiter des Wiener Stadttheaters.

Die Reisenovellen sind durchzogen von der revolutionären Idee eines einigen Deutschland, war ja doch Laube als Burschenschafter tätig, der wenige Jahre nach seiner Reise sogar zu Festungshaft verurteilt wurde.

Doch lesen wir weiter, was Laube noch über Salzburg zu sagen hatte: „Es dünkte mich, wir kämen in eine Stadt, die seit zwei Jahrhunderten hinter den hohen Bergen vergessen worden sei. Als ich an die Haustür eines Gasthofes schlug, erschrak ich vor dem Lärm, den dieses Pochen in der schlafenden Gebirgsstadt hervorrief. Ich pochte einige Male. Es regte sich niemand. Man schläft fest und katholisch in Salzburg. Leise fing es an zu regnen und uns war noch kalt von der Fahrt. Ich fluchte, da öffnete eine blinzelnde Köchin mit ausgespannten leeren Zügen und ließ uns ein. Ich konnte nichts Besseres tun als schlafen gehen... Salzburg liegt an beiden Ufern der Salzach, rings von Bergen umschlossen, die sich nicht allmählich aus der Erde heben, sondern aus plattem, horizontalem Boden aufragen. Das Auge wird von ihrem Anblick wie geblendet. Es ist, als komme man in ein fremdes Theater, und das Lampenlicht lasse die Augen zuerst erblinden. Man hört Worte, aber keine Reden, sieht Figuren, aber keine Charaktere. Der Blick findet manche Schönheiten, kann sie aber noch nicht zur Harmonie zusammenschließen... Als ich am nächsten Morgen wieder auf der Brücke stand, und die alte Sonne mir warm und lachend in die Augen schien, als die Salzach morgenvergnügt durch ihr Bett sprang, und von oben herunter die Festung und der Mönchsberg im Morgenscheine wie junge Ritter aussahen, da gefiel es mir wohl. Voll fröhlicher Hoffnung stieg ich hinauf zu den Bergen. Der Weg nach dem Kapuzinerkloster geht mitten aus der Stadt steil hinauf. Ein Mönch stand am Wege und betete. Die braune Kutte stach widrig schmutzig von der Reinheit seiner Umgebung ab. ... Oben hinter dem Kloster begann ein fröhlicher grüner Wald, in dem ich höher und höher stieg. Es ist keiner der geringsten Vorteile des Lebens in Salzburg, so schnell mitten aus der Stadt in einen rauschenden Bergwald steigen zu können."

Laube meinte nach seinem Spaziergang durch die Stadt, daß alle Bildsäulen auf die Sinnlichkeit des Krummstabes in Salzburg deuteten. Abschließend vermerkte er nach dem Besuch Hellbrunns: „Wir waren betrübt, daß die schönen Gemächer des bischöflichen Freudenschlosses jetzt schon so leer ständen; etwas Sünde und viel Freude sind doch besser als viel Tugend und säuerliche kleine Vergnügen."

Soweit Laube über Salzburg.

Zum Gedenken an Meister Pacher

Das genaue Datum ist nicht bekannt, doch jährt sich 1998 zum 500. Mal der Todestag des berühmten bildenden Künstlers Michael Pacher. Der Todestag läßt sich jedoch eingrenzen, denn Meister Pacher war zu diesem Zeitpunkt in Salzburg tätig, um seinen Altar in der Franziskanerkirche aufzustellen. Noch am Samstag nach Ulrich, das war am 8. Juli 1498, zahlte der Zechpropst der Pfarrkirche für das Tafelwerk 30 Pfund an Pacher aus, und am 18. November desselben Jahres bestätigte sein Eidam, also Schwiegersohn, Caspar Newnhauser, der mit Pachers Tochter Margarethe verheiratet war, den Empfang von 300 Gulden als Restsumme für die Errichtung des Altares. Das bedeutet also, daß Michael Pacher in der Zeitspanne dazwischen gestorben sein muß. Den genauen Tag kennen wir nicht, und wir wissen auch nicht, wo genau der Künstler begraben worden ist. Voraussichtlich in dem der Kirche umliegenden Pfarrfriedhof, doch sind diese Gräber verschollen.

Michael Pacher stammte aus dem Eisacktal bei Neustift. Heute noch gibt es den „Bacherhof" oberhalb des Stiftes, den Friedrich Pacher, der gemeinsam viel mit Michael vor allem für das Stift gearbeitet hat, besessen hat. Von 1467 bis 1483 war ein Leonhard Pacher Propst von Neustift, möglicherweise ein Onkel, der die beiden förderte. Das Geburtsdatum Michael Pachers ist unbekannt, er dürfte zwischen 1430 und 1435 zur Welt gekommen sein. Als er die Bruneckerin Ottilia ehelichte, schlug er auf deren Hof hoch oben im Pustertal seine Werkstatt auf. Langsam verbreitete sich der Ruf und drang auch bis nach St. Wolfgang, wo er den heute noch erhaltenen riesigen Altar in der Wallfahrtskirche schnitzte.

Als in Salzburg die romanische Kirche durch einen gotischen Hochchor ergänzt wurde, schrieb die Bürgerschaft im Mai 1484 an den Passauer Künstler Rueland Frueauf, er möge auf ihre Kosten nach Salzburg reisen, weil man eine Tafel für die Liebfrauenkirche bestellen wolle. Doch am 26. August desselben Jahres, also drei Monate später, hatte den Auftrag bereits Michael Pacher erhalten. Es war der Bürger und Stadtrat Virgil Hover, der dem einflußreichen Hans Elsenheimer den Maler und Bildschnitzer aus Bruneck vorgeschlagen hatte. Man nahm den Vorschlag gerne an, denn Hover versprach, 1.000 Gulden zur Verfügung zu stellen. Schon am 9. September 1484 schrieb Virgil Hover aus Kufstein nach Salzburg, er habe mit Meister Michel nicht nur gesprochen, sondern auch 100 Gulden Vorschuß auf das Tafelwerk gegeben. Der Schnitzmeister habe inzwischen auch schon in Salzburg mit Meister Leonhard dem Zimmermann, und Ulrich dem Tischler des zu schlagenden Holzes wegen gesprochen.

Vermutlich 1495 kam Michael Pacher nach Salzburg und richtete sich seine Werkstätte beim Seidenater Gabriel ein, für die die Bürgerschaft jährlich 11 Pfund Mietzins bezahlte.

Als Pacher starb, war der Altar im Wesentlichen fertig. Wir können uns heute dieses Meisterwerk schwer vorstellen. Es läßt sich nur erahnen. War der Schrein des Flügelaltars geöffnet, so war nur Schnitzwerk sichtbar, weil

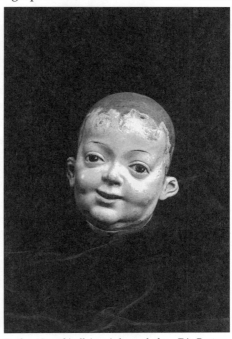

Pachers Jesuskindlein wiederentdeckt – Die Restaurierung der Franziskanerkirche brachte 1983 zutage, daß der Kopf des ursprünglichen gotischen Kindleins zu einem Engel umgearbeitet worden war.
Bild: Foto Factory

auch die Flügel Reliefs aufwiesen. Es waren Szenen des Alten Testaments in typologischer Gegenüberstellung zu Szenen des Neuen Testaments, eine für Flügelaltäre ungewöhnliche Komposition. Erhalten hat sich nur ein Rest der Tafel mit der Versenkung des Josef durch seine Brüder im Brunnen, die beim Zerlegen eines alten Sakristeischrankes wieder entdeckt worden ist. Nach dem Abbrechen des Altares im Jahre 1709 wurde dieses Tafelbild, ein Teil davon, eben als Schrankwand verwendet.

Von dem gesamten riesigen Altar ist ausschließlich die Gnadenmadonna erhalten geblieben, die so vom Kirchenvolk verehrt wurde, daß sie im neuen barocken Altaraufbau von Bernhard Fischer von Erlach den zentralen Platz erhielt. Doch im späten 19. Jahrhundert wurde das von Pacher geschnitzte Jesuskind durch eine neue Figur ersetzt. Warum ist nicht genau feststellbar. Ich glaube, eine Erklärung zu wissen: Das Pacher-Kindl hatte an seinen Armen Scharniere, um die Figur den verschiedenen Hochfesten entsprechend zu bekleiden. Nun kam dieser Brauch aus der Mode, unbekleidet aber wirkte damit das Jesuskind plump. Also wurde eine neue Figur an seine Stelle gesetzt. Doch ein Handwerker oder herzhafter Bruder der Franziskaner schummelte den Kopf des Jesuskindes, umgearbeitet zu einem Englein, in die Engelschar, die die Muttergottes umschweben. Bei der Restaurierung der Franziskanerkirche in den Jahren 1981 bis 1983 wurde dieser Kopf, der so gar nicht zu den anderen Engeln paßt, als Pachersches Schnitzwerk entdeckt.

Madonna und Kopf des Jesuskindes sind die Reste des gewaltigen unersetzlichen Flügelaltars von Michael Pacher.